基于数学核心素养的题源教学法研究

邓军民 / 著

东北师范大学出版社

长 春

图书在版编目（CIP）数据

基于数学核心素养的题源教学法研究 / 邓军民著
. — 长春：东北师范大学出版社，2020.8
ISBN 978-7-5681-7088-8

Ⅰ.①基… Ⅱ.①邓… Ⅲ.①中学数学课—教学研究
—高中 Ⅳ.①G633.602

中国版本图书馆CIP数据核字（2020）第162910号

□策划创意：刘　鹏
□责任编辑：徐小红　刘贝贝　　□封面设计：姜　龙
□责任校对：刘彦妮　张小娅　　□责任印制：许　冰

东北师范大学出版社出版发行
长春净月经济开发区金宝街 118 号（邮政编码：130117）
电话：0431-84568115
网址：http：//www.nenup.com
北京言之凿文化发展有限公司设计部制版
北京政采印刷服务有限公司印装
北京市中关村科技园区通州园金桥科技产业基地环科中路 17 号（邮编：101102）
2022年6月第1版　2022年6月第1次印刷
幅面尺寸：170mm×240mm　印张：14.75　字数：255千

定价：45.00元

我国近年来的基础教育课程改革，通过学科课程标准和中高考考试大纲等重要文件，提出了新课程背景下的学科核心素养和关键能力培养的要求. 2011—2013 年，教育部组织了对高中数学课标实验稿实施情况的调查研究. 2014 年 12 月，教育部召开《普通高中课程标准》修订工作启动会暨第一次工作会，标志着高中课程标准修订工作正式拉开了帷幕. 在这次修订稿中，不仅对高中数学课程结构、学业质量标准、高考改革等方面进行改进，更重要的是将数学核心素养写入标准，这预示着高中数学核心素养在一段时期内都是重点研究问题，并以此指导数学课程的组织与实施. 在坚持"四基"的合理内核下，通过合理的数学情境，在感悟数学基本思想、积累基本活动经验的同时，形成和发展核心素养成为数学学科教学的核心要求. 经过多方研讨和论证，在《普通高中数学课程标准（修订稿）》中，不仅把数学素养列入课程目标，并且明确了数学素养的界定，提出了六大数学核心素养：数学抽象、逻辑推理、数学建模、数学运算、直观想象、数据分析.

近几年，关于数学核心素养的培养方法以及如何围绕数学核心素养组织课堂教学，许多专家、学者以及数学教学一线教师纷纷提出自己的见解. 随着新课程标准的修订，关于课堂教学的改革也如火如荼地进行着. 变式教学、学案导学、小组合作等课堂教学改革，推动了高效课堂的发展，大大促进了教学质量的提升，同时也存在着一些亟待解决的问题. 如何把数学核心素养的培养和高中数学课堂教学结合起来，探索出一套行之有效的教学方法？如何让学生摆脱题海战术，如何从流于表面的浅层次思考和机械式的训练，进入到由数学最本质最核心的知识衍生出来的一系列数学问题的深层次思考？如何把握问题的本质特征，总结出解决问题的一般方法？作为基础教育的一线教师，在多年的教学实践中，我一直在教学的过程中思考，在探索的过程中实践，力求摸索出一条基于学生数学核心素养和学科能力培养的教学之路. 新课程标准的修订和数学六大核心素养的提出给了我很大的启发，结合教学的实际，我编写了《基于数学核心素养的题源教学法研究》一书，目的是为广大一线中学教师提供借鉴，也是对我多年数学教学理念的总结和体现．本书力求解决以下几个问题：

第一，结合高中数学教学实际，对数学核心素养的概念进行解读，从理论和实践两个层面出发，把数学核心素养和数学教学结合起来，用教育理论指导教学实践．

第二，提出高中数学题源教学法的构想，以课本或教辅的基础例题为题源，探索题源教学的基本途径和表现形式，研究题源教学法在数学六大核心素养培养中的应用，力求在教学中实现核心素养培养和学科能力提升的课程目标．

第三，对数学六大核心素养的培养方法进行了研究，对学生目前在核心素养各方面的现状和特征做出分析，分别提出主要的培养方法．

第四，结合高中数学的知识点和内容，以具体的教学内容为典例，把核心素养的培养方法和教学实际结合起来，使理论"落地"，使具体的知识点和通过知识点希望达到的核心素养培养目标结合起来，使核心素养的培养目标更加明晰具体，在教学中更具有可操作性和指导意义．

在高中数学教学中，如何培养学生的数学核心素养，是一个十分复杂而涉及广泛的课题，本书仅是初步的、粗浅的探讨，试图把当前数学教育研究理论与实践相结合，力求探索出一条高中数学核心素养的培养之路．但由于认识、水平有限，谬误疏漏在所难免，不足之处希望得到教育界同仁的指正．

路漫漫其修远兮，吾将上下而求索！长风破浪会有时，直挂云帆济沧海！愿以此和大家共勉，相信在广大数学教育工作者的共同努力下，数学核心素养的培养之路一定会越走越宽．

邓军民

2019 年 9 月

第 一 章

数学核心素养概念解读

第一节　什么是核心素养

一、素养的含义和特征

什么是素养？百度百科是这样解释的：素养，一是指修习涵养，二是指平素所供养。素养二字出自《汉书·李寻传》："马不伏历，不可以趋道；士不素养，不可以重国。"素养是指一个人的修养，与素质同义。当然，素养与素质同义，这一说法还有待商榷，从广义上讲，素养包括道德品质、外表形象、知识水平与能力等各个方面。在知识经济的今天，人的素养的含义大为扩展，它包括思想政治素养、文化素养、业务素养、身心素养等各个方面。

素质就是一个人在社会生活中思想与行为的具体表现。在社会上，素质一般定义为：一个人文化水平的高低；身体的健康程度；家族遗传于自己的惯性思维能力和对事物的洞察能力，管理能力，智商、情商层次高低以及职业技能所达到的级别的综合体现。素质其本源为沟通的层次和传达的印象品位，分专业素质和社会素质。人的素质包括自然素质、心理素质和文化素质。素质只是人的心理发展的生理条件，不能决定人的心理内容与发展水平，人的心理活动是在遗传素质与环境教育相结合中发展起来的。而人的素质一旦形成就具有内在的相对稳定的特征，所以，人的素质是以人的先天禀赋为基质，在后天环境和教育影响下形成并发展起来的内在的、相对稳定的身心组织结构及其质量水平。当我们区分素质和素养时，我们强调前者是先天的禀赋，后者是后天的产物。这一点尤其表现在生理方面。我们讲生理素质而不讲生理素养，就是因为两者存在先天和后天的差别. 从广义角度讲, 素质是素养的上位概念: "人的素质经由生理、心理、文化、思想等不同层次, 不断提升, 逐步完善; 从生理、心理, 到文化、思想, 素质的可塑性即可教性、可学性逐渐增强, 也就是说, 先天禀赋成分逐渐减少, 而后天教养、素养成分逐渐增加."

修养是指经过自我修炼而形成的素养, 指人的综合素质, 它强调自我教育在素养形成中的作用. 公共场合有人吸烟、大声喧哗、随地吐痰等, 这些行为都会受到谴责, 我们不去做这样的事情, 我们努力做一个更好的人, 这就是个人的修养, 也叫作个人的涵养, 这让我们与众不同, 修养既能凸显自我教育的意义, 又能反映素养的实质和内涵. 在素养的形成过程当中, 自我教育起到了关键性的作用, 一个人如果没有自我教育能力, 如果没有自我教育的意识, 外在的教育根本进不了他的内心, 教育也就失去了它的作用, 素养也就无从谈起.

从个人的角度来讲, 素养是个体的习惯、习性; 从社会的角度来讲, 素养是一种社会存在, 一种社会价值, 一种人类文明. 从根本上讲, 人是环境的产物, 环境中每个成员的言行, 都是个人成长过程中的一个写照, 也将感染着这个人的思想感情与行为规范, 左右着这个人的生活态度与生活习惯. 可以说, 环境对一个人的影响是潜移默化的, 除了有形的模仿, 也有无形的塑造. 一个人的素养——学识、智慧、道德、态度、品格、思想、精神等一定会通过其言行举止和精神状态表现出来, 随便一个人迎面走来, 他的举手投足, 他的一颦一笑, 他的整体气质, 都能表现出他的素养.

一个人如何认识世界, 如何思考问题, 主要反映了这个人在智力、学识上的素养. 从个体的角度来看, 思维方式是个体思维的深度、类型、思路的综合表现, 是一个人认知素质的核心. 美国著名的教育学家克洛威尔曾经说过: "教育面临的最大挑战, 不是技术, 不是资源, 也不是责任感, 而是发现新事物的思维方法." 从学生学习的角度分析, 思维方式反映了学生认识事物的立场和视角, 也决定了他们解决问题的思路和方向, 对学生的学习质量和水平具有根本的制约作用. 学校和教师要将培养学生的科学思维方式提升到发展学生的学习能力, 关乎人生长远发展的高度来认识. 首先, 我们要注重科学精神和客观性思维能力的培养, 即培养学生用事实进行论证、用逻辑进行推理的思维能力. 其次, 我们要注重批判性思维和能力的培养, 即注重培养学生独立、个性、新颖的思维能力和想象能力. 再次, 我们要注重把单向思维的培养修正为双向思维的培养.

知识、能力、素养三者都是人所具有的, 同时也是可以相互转化的. 知识、能力可以转化为素养, 素养也可以转化为知识、能力, 三者相互联系, 相互依存. 就结构而言, 知识在人的外层, 能力在人的中层, 素养在人的内层, 也就是说, 素养跟人的关系最紧密. 知识、能力一般只停留在人的认知领域, 而素养则进入到人的情感、精神领域, 和人的整个生命融为一体, 变成了人的一种习惯、气质、性格, 所以素养会在一切场合和一切活动中自然表现出来, 这是素养最本质的特点.

二、核心素养的内涵

"核心素养" 这一概念, 首次出现于《教育部关于全面深化课程改革落实立德树人根本任务的意见》(2014 年 3 月) 中. 接着在《中国学生发展核心素养》(2016 年 9 月) 中又具体准确地充实了它的内容. 核心素养的提出, 对学生的人格发展、学习能力及教育的未来愿景方面提出了更加顺应时代的要求. 这一概念的提出是落实 "立德树人" 政策的一项重要举措, 适应了未来时代的变化, 提升了我国的教育自信与文化自信, 为未来人才教育规格树立了模范. 核心素养是其他素养发展的基础, 是个人深层次发展和可持续发展的基础. 众所周知, 基础教育就像地基, 只有地基牢固了, 才有能力支撑起形态各异、风格各异的建筑物. 基础教育的本质就在于它的基础性, 它是与处在基础教育阶段的学生特点相联系的, 它的特征就像是生命科学实验的培养基, 其作用是为处在本阶段的学生进入下一个阶段去发展和成长奠定基础. 能力和品格是人的两种最宝贵的精神财富, 一方面, 它们具有相对的独立性, 表现为它们有各自的内涵、特点和形成机制. 另一方面, 它们又具有内在的关联性, 表现为彼此在内涵上有交叉, 在形成上相互促进. 在核心素养的培养上, 我们强调两者的互动和融合.

"核心素养" 概念并不是我国首创, 国际上有众多的国家、组织都提出过 "核心素养" 的概念, 而且不同国家与组织对公民 "核心素养" 的发展期望均不约而同地指向自身的生活工作能力以及自我实现方面所要具备的素养. 因 "核心素养" 出现于 21 世纪, 含义也适用于 21 世纪的公民, 所以 "核心素养" 也被称为 "21 世纪素养". 想要摸清楚 "21 世纪素养" 就必然要知道本时期的时代特征. 首先, 信息时代通信技术的使用使人类社会中一些简单工作让位于计算机编程技术, 新知识、新技术、新观念的交流成为全球贸易发展的核心. 由此, 人类社会开始进入 "知识社会", 在知识社会中, 社会上流通的商品不再是以实际的货物为主, 而是变成了个体人的知识、思想、技术. 根据欧洲经济学家列维和莫奈的观点, 在这样的知识社会中人们需要具备 "专家思维" 和

"复杂交往"，这两种能力或许是对"21世纪素养"最浓缩的概括．"专家思维"是一种认知性素养，这种素养应用于一定的问题情境中，在解决问题的过程中惯用的手段不能发挥效果时，"专家思维"能够使个体创造新的方法来解决问题．"复杂交往"是一种非认知性素养，它是指个体能够在复杂陌生、不可控制的环境中，通过提供语言阐述和示例来帮助对方掌握复杂的概念，以此为交往的中介，将被动的交往转化为主动，促成复杂对话的发展和延续．在21世纪的知识社会中，基础的劳动由计算机胜任，人类应发挥更高层次的社会价值才不会被社会淘汰，必须发展计算机所不可能具备的复杂能力，这类复杂能力以"专家思维"和"复杂交往"为主．这样，人类就会由工业时代以付出体力的工作者转变为信息时代以付出创造力的思考者．其次，社会信息技术和全球化的发展，使得社会信息和文化信息日益充满人们的日常生活，个体怎样处理多元复杂的信息与文化，怎样平衡复杂的多元人际关系，怎样化解人与复杂社会的矛盾，这些都是未来个体要应对的难题，相应的未来教育也要依据这些社会实际来变革．再次，信息社会的信息洪流让社会更加地变幻莫测，个人将如何在多变的环境中坚守自身的发展．个体的生活被海量的信息包围，饱受信息过载压力与信息选择的审美疲劳，在虚拟的信息洪流中自我概念极易模糊，如何在信息世界中认识自我及世界，如何在信息世界中生存与发展又是21世纪的人类所要面对的问题．总而言之，信息时代经济新模式的变革导致职业形态更新，社会生活方式的突破使个人自我实现的途径发生改变，社会形态中的具体变化都会促使教育的改变，社会发展对人才的需求的变化，首先应该变的就是教育．由此，顺应历史与未来的"核心素养"概念便悄然出现．

学生发展核心素养，主要是指学生应具备的适应终身发展和社会发展需要的必备品格和关键能力．学生发展核心素养，根本出发点是将党的教育方针具体化、精细化，落实立德树人的根本任务，培养全面发展的人，提升21世纪国家人才的核心竞争力．核心素养是全面发展的具体化，但核心素养的建立不能是全面发展内涵的简单的逻辑展开，核心素养应体现时代的要求和特点，即反应新时期社会对人才的新要求．当今时代，科技进步日新月异，知识经济迅猛发展，全球化、信息化步伐明显加快，对人的素养的要求也发生着明显的变化．实际上，核心素养的提出本身也是时代的产物，时代发展对人的素养提出了新的要求，若我们的学生因为缺乏或缺失某些重要的素养而跟不上时代的发展，就会影响自身和社会的发展。为此，当前我们要特别强调创新精神、实践能力、团队精神、合作能力等，这也是我们研究核心素养必须关注的重要内容.

发展学生核心素养并不是中国21世纪才新出现的教育理念，20世纪末期，为了冲破应试教育对学生发展的限制，激发学生所有的教育可能，中国开始全面实施素质教育．素质教育以提高受教育者的多方面素质为目标，本身也包含了发展学生核心素养的成分．进入21世纪以来，国家颁布了新的教育改革纲要，其中表示"素质教育是改革发展的主题，重点是培养学生的创新精神、社会责任感与实践能力."从这里已经可以看出教育改革的目标已经悄然接近核心素养所倡导的"立德树人"的教育核心观念．"立德树人"的改革新要求在2013年提出，相关文件中指出教育要结合学生的个性发展规律、未来社会对人才规格的需要，把"全面发展的人"的总要求与社会主义核心价值观的相关内容恰当结合，具体细化．通过教育发展的这一大致变革过程告诉我们，"核心素养"及以此为主题的教育改革，是从历史的发展中总结经验，辩证、科学地发展而来．

第二节　学科核心素养的形成

一、从三维目标到核心素养

从形成机制来讲，核心素养来自三维目标，是三维目标的进一步提炼与整合，是通过系统的学科学习之后而获得的；从表现形态来讲，核心素养又高于三维目标，是个体在知识经济、信息化时代，面对复杂而不确定的情景，综合应用学科的知识、观念和方法解决现实问题时所表现出来的必备品格与关键能力．"培养什么样的人，怎样培养人"的问题一直以来都伴随着教育事业，事实上"核心素养"要回答的问题正是如此．历来的教育改革均是为了培养推动未来社会的人才力量，但不同时期的社会需要不同规格的人才，不断变化的社会导致对人才规格的需求也在发生变化，所以不同时期的教育变革对"培养什么样的人，怎样培养人"的回答也不同．以"双基"和"三维目标"为关键词的教育改革，是我国在本时期的改革之前对教育目标与途径的定位．从"双基"到"三维目标"，由重视基础层面的文化与能力到更关注学生情感态度与价值观．从"三维目标"到"核心素养"是将目标与内容重新打破再组合的变革，把对学生在知识、技能、过程、方法方面的要求综合为学生成长过程中必备的能力，把情感态度价值观糅合为学生内在的素养品德．由此可知，优秀的能力、健康的身心、良好的品德就是核心素养的意义体现．从"双基"到"三维目标"再到"核心素养"的教育改革并不是相互孤立存在的，后者并不是对前者的替代，前者也没有因后者的出现而失去意义，它们三者是继承、革新的辩证发展关系．纵观三次教育改革，"双基"是外在的，它从学科的角度出发，主张学生知识的吸收和技能的掌握．"三维目标"是内外兼备的，"核心素养"关注的则是学生的内在统一的发展，从学生本身出发来划定学科和课程的内容与方法，并力求改变学生的内在，使之获得良好的素养．"核心素养"并不是教育为迎合时代变革而提出的表面工程，而是各位教育研究者在历来教育改革中的经验总结，依据当下的社会发展现实并预估未来的教育发展情况探索总结的成果．

究竟怎样才能把学科知识转化为学科素养呢？我们知道，学科知识只是形成学科素养的载体，是不能直接转化为素养的，学科活动才是形成学科素养的渠道．学科活动就是对学科知识进行加工、消化、吸收，并在此基础上进行内化、转化、升华．在这个过程里面，三维目标的"过程与方法"起着不可替代的作用．但是"过程与方法"毕竟不是素养本身，它只是形成素养的媒介，起到了桥梁的作用．学科核心素养是学科特征和教育内涵的有机融合，从"三维目标"到"核心素养"，是学科教育在高度、深度、广度、内涵上的提升，是学科教育对人的真正的回归．学科核心素养的提出，意味着学科教育模式和学习方式的根本变革．

二、学科核心素养的内涵

俗话有云："巧妇难为无米之炊．"学科核心素养不可能凭空形成，学科知识是学科核心素养形成的主要载体．那么新的问题又来了：什么样的学科知识才有利于学科核心素养的形成？怎样选择、组织、设计学科知识才有利于学科核心素养的形成？这些问题值得我们中学老师用心去思考．

知识具有三个不可分割的组成部分：第一就是符号表征；任何知识都是以特定的符号作为表征的，符号所表征的是人类关于世界的认识所达到的程度，即关于世界的知识，知识其实反映的是人类认识的成果，是以理论化的符号形式呈现的；第二就是逻辑形式，知识的逻辑形式是指人认知世界的方式，具体包括知识构成的逻辑过程和逻辑思维形式，任何知识的形成，都经历了分析与综合、归纳与演绎、类比与比较等逻辑思维过程，都包含了概念、判断、推理等逻辑思维形式，逻辑形式体现的是人认识世界的方式和过程，没有逻辑形式的知识是不存在的；第三就是意义，知识的意义是其内在的促进人的思想、精神和能力发展的力量，是知识与人的发展之间的一种价值关系，知识蕴含着对人的思想、情感、价值观乃至整个精神世界具有启迪作用的普适性的意义，这种普适性的意义的存在，可以使学生通过知识的学习而建立起自己的价值观.

　　如果说学科知识是学科核心素养形成的主要载体，那么学科活动则是学科核心素养形成的主要途径，素养只有在需要素养的活动中才能形成. 完整的学科活动应该包括实践活动和认识活动两个方面，实践活动是一种主观见之于客观的过程，而认识活动则是一种客观见之于主观的过程. 实践是认识的基础，实践决定着认识的产生、发展，是认识的检验标准和最终目的，认识对实践又具有指导作用. 学生在学科学习活动中的实践和认识的关系也是如此，学生在学习活动中的实践和认识具有自身的特殊性，最终目的除了为了认识世界和改造世界之外，也是为了自身的发展，即学科核心素养的形成.

　　学科教学的实质就是学科活动，这里面包括了教师教的活动和学生学的活动，其中学的活动是根本，学科教学的过程也就是学科活动的过程. 对我们数学学科来说，数学素养是主体在经历的数学活动中产生的，它很难通过传授来获得，其生成依赖于主体对数学的体验、感悟、反思和总结. 数学学习是一种活动，这种活动与游泳、骑自行车一样，不经过亲自体验，仅仅靠纸上谈兵，仅仅靠看书本、听讲解、观察他人的演示，是永远学不会的.

　　学科活动中的实践，本质上是一种学习，即实践型的学习或学习型的实践. 现代脑科学研究表明：大脑本身并不能独立完成高级认知活动，大脑和身体与外部世界的互动对于理解高级认知过程起着关键性的作用. 因此教师在教学过程中，要注意引导学生在参与互动中学习，在交往中学习，在体验中学习，在游戏中学习，在探究中学习，在生活中学习，在各种亲自操作和实践活动中学习，让作为主体的学生的身体进入教学中，发挥身体知觉的认知能力，让学生把每一种感官都调动起来，以自己的方式来与物体交流，让线条、色彩、形状成为对事物的思考方式，打通感官之间的屏障，联络感官之间的感觉，达到对事物本质的认识. 学习不仅要用自己的脑子思考，还要用自己的眼睛看，用自己的耳朵听，用自己的嘴巴说，用自己的手去做，也就是说，用自己的身体去亲自经历、体会，用自己的心灵去亲自感悟、领会，这不仅是理解知识的需要，更是激发学生的生命活力、促进学生生命成长的需要. 学生单靠动脑，只能理解和领会知识，如果加上动手，他就会明白知识的实际意义，如果再加上心灵的力量，那么认识的所有大门都将在他面前敞开，知识将成为他改造事物和进行创造的工具．著名的教育家杜威认为：个体要获得真知，就必须在活动中主动体验、尝试、改造，必须亲自去做，因此经验都是从"做"中得来的．

学习与应用相辅相成，相互促进．我们要将用知识作为学知识的重要目的，强调学习知识的目的在于运用知识与社会实践，学以致用，学而无用的知识使人迂腐，学而有用的知识使人聪明；我们要将用知识作为学知识的一种手段和方法，强调知识的运用可以促进知识的学习，可以发挥以用促学的作用，陶行知先生非常强调知识的运用，甚至提出要以"用书"来替换"读书"，在他看来，书只是一种工具，就像锯子、锄头一样，都是给人用的；我们要将用知识的过程看作是学知识的过程，这也是"用中学"的本义，认为知识的运用过程也包含着知识的学习过程，或者知识运用本身就是一种知识学习过程．学生的学习有其自身的特点，我们不否定"用前学"即先学后用的意义，但是我们同时还要倡导"用中学"，也就是边用边学或边学边用，努力把知识的学习过程渗透到知识的运用过程当中去，这种学习方式更有利于把知识转化为素养．

俗话有云："唯有智慧才能启迪智慧，唯有素养才能培养素养．"学科教师是学科核心素养形成的主要条件，要从知识教学转变为素养教学，教师必须从指示型教师转变为素养型教师．素养来源于知识技能，又高于知识技能，素养是智慧，是文化，是一种精神．教师的核心素养包括学科素养和教育素养．

一位真正的数学教师是一个体现了数学、生活在数学中的教师，从一个更强意义上说，他就是数学的某个人．这种境界包含了一位数学教师对于数学的痴迷和深爱，并包含着一位数学教师的数学天赋．自古以来，优秀教师都表现出对所教学科和内容的热爱，并在唤起学生对学科的热爱中获得满足．教师对学科的爱和投入，会明显地影响自己的学生对学科的态度．实践证明，那些在学科教学中体验到价值、意义、激情、快乐的教师，会向自己的学生传达一种强有力的邀请意愿，并邀请学生来分享这种体验，从而提高学生的学习兴趣，使学生相信学习的内在价值．痴迷与深爱自己所教的学科，能够使教师在学科教学中体验到价值、意义、激情、快乐，这就是教师学科素养的具体表现．

学科核心素养包括教师对学科知识之外或潜藏于学科知识之中的学科文化、学科思想、学科方法等的系统把握和感悟．

第一，学科核心素养是深刻的．深刻，也就是可以一针见血、入木三分．名师之所以能够成为名师，首先在于他能够深入钻研、分析、理解教材，看透教材的编写意图，挖掘出教材内容的内涵和精髓．具有深厚素养的老师的课堂，用一个成语来概括是最恰当不过的，那就是：深入浅出．教师把教材钻得深、悟得透，这样讲起课来就简单、易懂，能够讲到关键处，能够一语中的、一语解惑、一语启智．教师课堂上一句精辟的话语，常常能让学生终生难忘，一辈子都觉得萦绕脑海，受益匪浅．

第二，学科核心素养是独到的．独到，也就是独具慧眼．独到的见解实际上是一种创造性思维，这种思维的明显特点就是独创性．独创性是思维最宝贵的品质，任何新见解、新理论、新方法都是独创性思维的产物，教师的创造性教学正是源于教师的独创性思维．

第三，学科核心素养是广博的．广博，也就是广阔博大．在科学知识的海洋里，我们教给学生的教科书上的那一点基础知识，应该是沧海一粟．名师不仅仅是他那一门学科领域的专家，应该是博览群书的饱学之士，古今中外、五湖四海、上下五千年、纵横八万里，他都应该有所涉猎，能开拓知识面，深挖知识层、口含灵珠、游刃有余，讲起课来即可左右逢源、随手拈来、旁征博引、妙趣横生，令学生流连忘返．这样的课堂教学活动，是教师在吸取了人类文明史的丰富营养后，厚积薄发的艺术精品，能够让学生有"听君一席话，胜读十年书"的收获．

教育素养则来自教师对教育教学规律，特别是对学生学习规律的尊重、敬畏以及深刻的理解、掌握和自觉而成熟的应用与贯彻；来自教师对学生学习潜能的信赖与开发，对学生独立学习能力的爱护与保护，对学生人格和个性的尊重与欣赏．曾经有人说过："平庸的教师只是叙述，一般的教师是讲解，优秀的教师是示范，伟大的教师是启发．"启发就是一种教育素养，启发是有条件的，就事论事、照本宣科是谈不上启发性的，只有当教师对教材有深刻独到的见解时，他在课堂上才能游刃有余、指导有方、循循善诱，使自己的课堂散发出诱人的魅力，这才是真正意义上的启发．富有灵气的教师善于激疑布惑，诱导学生向着未知领域探幽发微，把学生带进一种"山穷水尽疑无路"的困境，然后恰当地点拨提示，让学生又有"柳暗花明又一村"的豁然开朗．

第三节　什么是数学核心素养

一、数学核心素养的表现

数学核心素养是数学课程目标的集中体现，是具有数学基本特征的思维品质、关键能力以及情感态度与价值观的综合表征，是在数学学习和应用中逐步发展起来的，这个定义，揭示了数学核心素养在数学能力表现方面的整体属性，也表明了数学核心素养是学而知之而非与生俱来的.

在社会心理学中，情境是指影响事物发生或对机体行为产生影响的环境条件，以及在一定时间内各种情况的相对的或结合的境况. 这里的情境，就是指为了数学学习的需要，对数学概念或问题所创建的具体背景，包括生活情境、科学情境、文化情境和数学情境等. 这里的问题即在特别的情境中所呈现出来的数学问题. 好的情境和问题，是培养数学核心素养的载体，学习者对情境和问题的理解和接受能力，是表现其核心素养的重要方面.

情境与问题，往往是数学学习内容中最重要的现行组织者，是促进数学概念形成和发展的土壤，现行高中数学教材中每一章起始部分的章头图和引言，就是为相应章节内容的学习创设的先行组织者. 通过情境和问题，促进数学概念的形成，这是数学学习的重要过程.

案例 1：已知函数模型求解实际问题

例 1： 为了降低能源损耗，某体育馆的外墙需要建造隔热层，体育馆要建造可使用 20 年的隔热层，每厘米厚的隔热层建造成本为 6 万元. 该建筑物每年的能源消耗费用 C（单位：万元）与隔热层厚度 x（单位：cm）满足关系：$C(x) = \dfrac{k}{3x+5}$（$0 \leqslant x \leqslant 10$，$k$ 为常数）；若不建隔热层，每年能源消耗费用为 8 万元. 设 $f(x)$ 为隔热层建造费用与 20 年的能源消耗费用之和.

（1）求 k 的值及 $f(x)$ 的表达式.

（2）隔热层修建多厚时，总费用 $f(x)$ 达到最小？并求最小值.

解析：

（1）当 $x=0$ 时，$C=8$，$\therefore k=40$，

$\therefore C(x)=\dfrac{40}{3x+5}$（$0\leqslant x\leqslant 10$），

$\therefore f(x)=6x+\dfrac{20\times 40}{3x+5}=6x+\dfrac{800}{3x+5}$（$0\leqslant x\leqslant 10$）.

（2）由（1）得 $f(x)=2(3x+5)+\dfrac{800}{3x+5}-10$.

令 $3x+5=t$，$t\in[5,35]$，

则 $y=2t+\dfrac{800}{t}-10\geqslant 2\sqrt{2t\dfrac{800}{t}}-10=70$（当且仅当 $2t=\dfrac{800}{t}$，即 $t=20$ 时等号成立），此时 $x=5$，因此 $f(x)$ 的最小值为 70.

$\therefore$ 隔热层修建 5cm 厚时，总费用 $f(x)$ 达到最小，最小值为 70 万元.

【思维升华】

1. 求解已知函数模型解决实际问题的关注点.

（1）认清所给函数模型，弄清哪些量为待定系数.

（2）根据已知利用待定系数法，确定模型中的待定系数.

2. 利用该函数模型，借助函数的性质、导数等求解实际问题，并进行检验.

训练1：已知某服装厂生产某种品牌的衣服，销售量 $q(x)$（单位：百件）与每件衣服的利润 x（单位：元）的函数解析式为

$$q(x)=\begin{cases}\dfrac{1260}{x+1},\ 0<x\leqslant 20,\\[2mm]90-3\sqrt{5x},\ 20<x\leqslant 180,\end{cases}$$ 求该服装厂所获得的最大效益是多少元.

解析：

设该服装厂所获效益为 $f(x)$ 元，

则 $f(x)=100xq(x)=\begin{cases}\dfrac{126000x}{x+1},\ 0<x\leqslant 20,\\[2mm]100x(90-3\sqrt{5x}),\ 20<x\leqslant 180.\end{cases}$

当 $0<x\leqslant 20$ 时，$f(x)=\dfrac{126000x}{x+1}=126000-\dfrac{126000}{x+1}$，

$f(x)$ 在区间（0，20]上单调递增，

所以当 $x = 20$ 时，$f(x)$ 有最大值 120000.

当 $20 < x \leqslant 180$ 时，$f(x) = 9000x - 300\sqrt{5}x\sqrt{x}$，

则 $f'(x) = 9000 - 450\sqrt{5}\sqrt{x}$，

令 $f'(x) = 0$，$\therefore x = 80$.

当 $20 < x < 80$ 时，$f'(x) > 0$，$f(x)$ 单调递增，

当 $80 \leqslant x \leqslant 180$ 时，$f'(x) \leqslant 0$，$f(x)$ 单调递减，

所以当 $x = 80$ 时，$f(x)$ 有极大值，也是最大值 240000.

由于 $120000 < 240000$.

故该服装厂所获得的最大效益是 240000 元.

数学建模是数学核心素养的一个重要组成部分，所以数学建模活动与数学探究活动作为一个重要的主题，贯穿于整个高中数学课程的始终，数学应用意识是数学建模能力的重要基础，也是各类考试评价的热点题材，表现数学应用意识的情境与问题，在数学中十分常见. 如何从具体的情境与问题中提炼出数学本质，并进行数学运算、数据分析或推理论证，是解决问题的关键，也是情境与问题教育价值的重要内涵之一.

案例 2：构建指数（对数）型函数模型

例 2： 一片森林原来面积为 a，计划每年砍伐一些树，且每年砍伐面积的百分比相等，当砍伐到面积的一半时，所用时间是 10 年，为保护生态环境，森林面积至少要保留原面积的 $\dfrac{1}{4}$，已知到今年为止，森林剩余面积为原来的 $\dfrac{\sqrt{2}}{2}$.

（1）求每年砍伐面积的百分比.

（2）到今年为止，该森林已砍伐了多少年？

解析：

（1）设每年砍伐面积的百分比为 x（$0 < x < 1$），

则 $a(1-x)^{10} = \dfrac{1}{2}a$，即 $(1-x)^{10} = \dfrac{1}{2}$，解得 $x = 1 - \left(\dfrac{1}{2}\right)^{\frac{1}{10}}$.

故每年砍伐面积的百分比为 $1 - \left(\dfrac{1}{2}\right)^{\frac{1}{10}}$.

（2）设经过 m 年，剩余面积为原来的 $\dfrac{\sqrt{2}}{2}$，则 $a(1-x)^m = \dfrac{\sqrt{2}}{2}a$，把 $x = 1-$

$\left(\dfrac{1}{2}\right)^{\frac{1}{10}}$ 代入，即 $\left(\dfrac{1}{2}\right)^{\frac{m}{10}} = \left(\dfrac{1}{2}\right)^{\frac{1}{2}}$，即 $\dfrac{m}{10} = \dfrac{1}{2}$，解得 $m = 5$. 故到今年为止，该森林已砍伐了 5 年.

【思维升华】

1. 指数函数、对数函数模型解题，关键是对模型的判断，先设定模型，将有关数据代入验证，从而确定参数，求解时要准确进行指数、对数运算，灵活进行指数与对数的互化.

2. 实际问题中有些变量间的关系不能用同一个关系式给出，而是由几个不同的关系式构成，如出租车计价与路程之间的关系，应构建分段函数模型求解. 但应注意以下两点：①分段要简洁合理，不重不漏；②分段函数的最值是各段的最大（或最小）值中的最大（或最小）值.

训练2：（1）某单位为鼓励职工节约用水，做出了以下规定：每位职工每月用水不超过 $10\ \mathrm{m}^3$ 的，按每立方米 m 元收费；用水超过 $10\ \mathrm{m}^3$ 的，超过部分加倍收费. 某职工某月缴水费 $16m$ 元，则该职工这个月实际用水为（　　）

A. $13\ \mathrm{m}^3$　　　　B. $14\ \mathrm{m}^3$　　　　C. $18\ \mathrm{m}^3$　　　　D. $26\ \mathrm{m}^3$

（2）（2017·北京卷）根据有关资料，围棋状态空间复杂度的上限 M 约为 3^{361}，而可观测宇宙中普通物质的原子总数 N 约为 10^{80}，则下列各数中与 $\dfrac{M}{N}$ 最接近的是（　　）

（参考数据：$\lg 3 \approx 0.48$）

A. 10^{33}　　　　B. 10^{53}　　　　C. 10^{73}　　　　D. 10^{93}

解析：

（1）设该职工用水 $x\ \mathrm{m}^3$ 时，缴纳的水费为 y 元，

由题意得 $y = \begin{cases} mx & (0 < x \leqslant 10) \\ 10m + (x-10) \cdot 2m & (x > 10) \end{cases}$，

则 $10m + (x-10) \cdot 2m = 16m$，解得 $x = 13$.

（2）$M \approx 3^{361}$，$N \approx 10^{80}$，$\dfrac{M}{N} \approx \dfrac{3^{361}}{10^{80}}$，

则 $\lg \dfrac{M}{N} \approx \lg \dfrac{3^{361}}{10^{80}} = \lg 3^{361} - \lg 10^{80} = 361\lg 3 - 80 \approx 93$，$\therefore \dfrac{M}{N} \approx 10^{93}$.

答案：（1）A；（2）D.

知识与技能是数学能力结构的整体表述，包括基础知识、基本方法、基本

思想和基本活动经验（简称四基）四个维度．这里的基础知识，指的是陈述性知识，包括各种概念、原则和理论等；这里的基本方法，指的是程序性知识，包括如何从事并完成各种活动的技能；这里的基本思想，指的是统领基础知识和基本方法的灵魂；这里的基本活动经验，指的是建立在数学学习过程中所形成的具有数学特征的思维品质、关键能力、情感态度和价值观．

作为知识与技能的提炼，数学思想方法的整合和运用是不可或缺的部分．函数与方程的思想、转化与化归的思想、数形结合的思想、分类讨论的思想等，是从宏观上描述数学思想方法的维度，数学学习中，在这几个数学思想方法的宏观指向的基础上，要力求具体化和问题化，在具体问题的解决过程中，将对数学思想方法的理解和掌握落到实处．

案例 3：转化与化归的数学思想

例 3：（1）（一题多解）函数 $f(x) = \begin{cases} x^2 + x - 2, & x \leq 0 \\ -1 + \ln x, & x > 0 \end{cases}$ 的零点个数为（   ）

A. 3　　　　　　B. 2　　　　　　C. 1　　　　　　D. 0

（2）（2019 · 安庆二模）定义在 **R** 上的函数 $f(x)$，满足 $f(x) = \begin{cases} x^2 + 2, & x \in [0, 1) \\ 2 - x^2, & x \in [-1, 0) \end{cases}$，且 $f(x+1) = f(x-1)$，若 $g(x) = 3 - \log_2 x$，则函数 $F(x) = f(x) - g(x)$ 在 $(0, +\infty)$ 内的零点有（   ）

A. 3 个　　　　B. 2 个　　　　C. 1 个　　　　D. 0 个

解析：

（1）**解法一：**由 $f(x) = 0$ 得 $\begin{cases} x \leq 0, \\ x^2 + x - 2 = 0 \end{cases}$ 或 $\begin{cases} x > 0, \\ -1 + \ln x = 0, \end{cases}$ 解得 $x = -2$ 或 $x = e$.

因此函数 $f(x)$ 共有 2 个零点．

解法二：函数 $f(x)$ 的图像如图 1 - 3 - 1 所示，由图像知函数 $f(x)$ 共有 2 个零点．

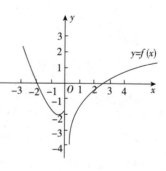

图 1 - 3 - 1

（2）由 $f(x+1) = f(x-1)$，即 $f(x+2) = f(x)$，知 $y = f(x)$ 的周期 $T = 2$.

在同一坐标系中作出 $y = f(x)$ 与 $y = g(x)$ 的图像，如图 1 - 3 - 2 所示．

由于两函数图像有 2 个交点，所以函数 $F(x) = f(x) - g(x)$ 在 $(0,$

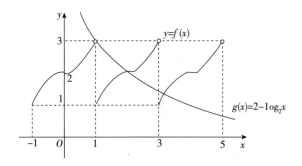

图 1 - 3 - 2

+∞）内有 2 个零点.

【思维升华】

函数零点个数的判断方法：

1. 直接求零点，令 $f(x)=0$，有几个解就有几个零点；

2. 零点存在性定理，要求函数在区间 $[a,b]$ 上是连续不断的曲线，且 $f(a)\cdot f(b)<0$，再结合函数的图像与性质确定函数零点个数；

3. 利用图像交点个数，作出两函数图像，观察其交点个数即得零点个数.

训练3：（1）函数 $f(x)=3^x|\ln x|-1$ 的零点个数为（　　）

　A. 1　　　　　　B. 2　　　　　　C. 3　　　　　　D. 4

（2）（2019·桂林调研）设函数 $f(x)=2^{|x|}+x^2-3$，则函数 $y=f(x)$ 的零点个数是（　　）

　A. 4　　　　　　B. 3　　　　　　C. 2　　　　　　D. 1

解析：

（1）函数 $f(x)=3^x|\ln x|-1$ 的零点数的个数即函数 $g(x)=|\ln x|$ 与函数 $h(x)=\left(\dfrac{1}{3}\right)^x$ 图像的交点个数. 如图 1 - 3 - 3 所示，作出函数 $g(x)=|\ln x|$ 和函数 $h(x)=\left(\dfrac{1}{3}\right)^x$ 的图像，由图像可知，两函数图像有两个交点，故函数 $f(x)=3^x|\ln x|-1$ 有 2 个零点.

（2）易知 $f(x)$ 是偶函数，当 $x\geqslant 0$ 时，$f(x)=2^x+x^2-3$，

∴ $x\geqslant 0$ 时，$f(x)$ 在 $(0,+\infty)$ 上是增函数，

且 $f(1)=0$，∴ $x=1$ 是函数 $y=f(x)$ 在 $(0,+\infty)$ 上唯一零点.

从而 $x=-1$ 是 $y=f(x)$ 在 $(-\infty,0)$ 内的零点. 故 $y=f(x)$ 有两个零点.

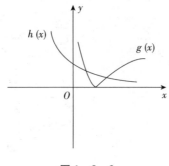

图 1 – 3 – 3

答案：（1）B；（2）C.

二、数学核心素养的内涵

数学学科核心素养包括：数学抽象、逻辑推理、数学建模、数学运算、直观想象、数据分析. 相应地，数学的能力结构中包括抽象概括能力、推理论证能力、应用意识和创新意识、空间想象能力、运算求解能力、数据处理能力等.

数学抽象是指舍去事物的一切物理属性，得到数学研究对象的思维过程. 其主要包括：从数量与数量关系、图形与图形关系中抽象出数学概念及概念之间的关系，从事物的具体背景中抽象出一般规律和结构，并且用数学符号或者数学术语予以表征. 数学抽象是数学的基本思想，是形成理性思维的重要基础，反映了数学的本质特征，贯穿在数学的产生、发展、应用的过程中. 数学抽象使得数学成为高度概括、表达准确、结论一般、有序多级的系统. 在数学抽象核心素养的形成过程中，积累从具体到抽象的活动经验，学生能更好地理解数学概念、命题、方法和体系，能通过抽象、概括去认识、理解、把握事物的数学本质，能逐渐养成一般性思考问题的习惯，能在其他学科的学习中主动运用数学抽象的思维方式解决问题.

逻辑推理是得到数学结论、构建数学体系的重要方式，是数学严谨性的基本保证，是人们在数学活动中进行交流的基本思维品质. 在逻辑推理核心素养的形成过程中，学生能够发现问题和提出命题；能掌握推理的基本形式，表述论证的过程；能理解数学知识之间的联系，建构知识框架；能形成有论据、有条理、合乎逻辑的思维品质，并增强数学交流能力.

数学建模是对现实问题进行数学抽象，用数学语言表达问题、用数学知识与方法构建模型解决问题的过程. 其主要包括：在实际情境中从数学的视角发现问题、提出问题，分析问题、构建模型，求解结论，验证结果并改进模型，最终解决实际问题. 数学模型构建了数学与外部世界的桥梁, 是数学应用的重要形式. 数学建模是应用数学解决实际问题的基本手段, 也是推动数学发展的动力. 在数学建模核心素养的形成过程中, 积累用数学解决实际问题的经验, 学生能够在实际情境中发现和提出问题, 能够针对问题建立数学模型, 能够运用数学知识求解模型, 并尝试基于现实背景验证模型和完善模型, 能够提升应用能力, 增强创新意识.

数学运算是指在明晰运算对象的基础上, 依据运算法则解决数学问题的过程. 主要包括: 理解运算对象、掌握运算法则、探究运算方向、选择运算方法、设计运算程序、求得运算结果等. 数学运算是数学活动的基本形式, 也是演绎推理的一种形式, 是得到数学结果的重要手段. 数学运算是计算机解决问题的基础. 在数学运算核心素养的形成过程中, 学生能够进一步发展数学运算能力; 能有效借助运算方法解决实际问题; 能够通过运算促进数学思维发展, 养成程序化思考问题的习惯; 形成一丝不苟、严谨求实的科学精神.

直观想象是指借助几何直观和空间想象感知事物的形态与变化, 利用图形理解和解决数学问题的过程. 其主要包括: 借助空间认识事物的位置关系、形态变化与运动规律; 利用图形描述、分析数学问题; 建立形与数的联系; 构建数学问题的直观模型, 探索解决问题的思路. 直观想象是发现和提出数学问题、分析和解决数学问题的重要手段, 是探索和形成论证思路、进行逻辑推理、构建抽象结构的思维基础. 在直观想象核心素养的形成过程中, 学生能够进一步发展几何直观和空间想象能力, 增强运用图形和空间想象思考问题的意识, 提升数形结合的能力, 感悟事物的本质, 培养创新的思维.

数据分析是指针对研究对象获得相关数据, 运用统计方法对数据中的有用信息进行分析和推断, 形成知识的过程. 其主要包括: 收集数据, 整理数据, 提取信息, 构建模型对信息进行分析、推断, 获得结论. 数据分析是大数据时代数学应用的主要方法, 已经渗入到现代社会生活和科学研究的各个方面. 在数据分析核心素养的形成过程中, 学生能够提升数据处理的能力, 增强基于数据表达现实问题的意识, 养成通过数据思考问题的习惯, 积累依托数据探索事物本质、关联和规律的活动经验.

第四节 数学核心素养与数学教学

一、数学核心素养与数学学科能力

为了进一步推进素质教育，2014 年 3 月 30 日，教育部印发《关于全面深化课程改革落实立德树人根本任务的意见》，在这份文件里，提出了"核心素养体系"这个概念，核心素养被誉为课程发展的 DNA. 学生发展核心素养，是指学生应具备的、能够适应终身发展和社会发展需要的必备品格和关键能力，综合表现为九大素养，具体为社会责任、国家认同、国际理解；人文底蕴、科学精神、审美情趣；身心健康、学会学习、实践创新. 数学核心素养是数学学习者在学习数学或学习数学某一个领域所应达成的综合性能力. 数学核心素养是数学的教与学过程应该特别关注的基本素养.

数学能力的发展对学生的认知发展起着重要的作用，数学能力的研究很早就成为国内外许多教育学家和心理学家感兴趣的一个领域. 瑞典心理学家魏德林指出："数学能力是理解数学的问题、符号、方法和证明本质的能力；是学会它们并在记忆中保持和再现它们的能力；是把它们同其他问题、符号、方法和证明结合起来的能力；也是在解数学的课题时应用它们的能力."

数学学科能力是数学学科发展中经过长期积淀而成的，蕴含于数学学科本质之中，它脱离不了具体的数学知识和数学活动，数学学科能力存在于数学当中，在数学活动中加以展示，并在数学活动中形成和发展着. 数学活动的进步并非单独依靠一种能力，而是依靠多种能力的复合. 而数学学科主要活动包括：数学计算、数学证明、数学建模，对应的数学能力就是：运算能力、推理能力、问题解决能力.

数学学习理解能力的界定是多角度的. 数学理解是一个动态的过程，是认知结构的建构和知识意义的建构过程：对一个陈述性数学知识的理解，是指学习者获得了该对象的图式，对程序性知识的理解，是指他建立了双向产生式和产生式系统；对过程性知识理解的内核是学习形成完善而深刻的关系表征和观念表征. 学生在已有数学知识和经验的基础上，建立新知识的个人心理表征，不断完善和发展头脑中的知识网络，并能将其纳入知识网络中的新知识灵活地加以提取以解决问题的思维过程.

　　数学实践应用能力也是有层次有类别的, 根据数学知识应用的情况, 可把数学应用分为两大类: 一类是纯数学情境中数学知识的应用, 主要是指学生应用前面所掌握的数学知识对数学学科内部规律和原理的进一步实验和探究; 另一类是非数学情境中数学知识的应用, 包括实际生活中数学知识的应用, 还包括其他学科, 譬如物理、化学、生物等问题解决过程中的数学应用, 以及计算机编程过程中的数学应用.

　　数学创造迁移能力包括两个层面: 数学创造能力和数学迁移能力. 学习数学唯一正确的方法是进行再创造, 也就是由学生本人把要学的东西去发现和创造出来. 在数学创造中, 猜想及合情推理很重要. 而学习迁移是指已经获得的知识技能和学习方法对学生掌握新知识和新技能的影响, 迁移就是概括, 任何学习的迁移都是通过概括这一思维过程来实现的, 概括性越高, 知识系统性也越高, 迁移就越灵活. 学习迁移能力是解决问题、创造思维以及一些高级心理加工过程、发明和艺术创造等所必需的核心能力. 数学创造能力离不开迁移能力. 所以数学创造能力的具体表现为: 第一, 在数学学习过程中能够对新颖的数学方法有创造性的体会和认识; 第二, 能够展开想象, 积极猜想, 进行合情推理; 第三, 对数学学习过程中的不同的解决问题的方法进行批判性思考, 并给出个人的评价; 第四, 能够从已有的知识和技能出发, 通过合情推理主动建立相关知识之间的联系, 以及对未知的问题进行深入的探索.

　　为了对学生的数学学科能力影响因素进行较为全面的探索和分析, 结合国内外的已有研究, 对数学学科能力表现的影响因素选取了四类, 分别是学生因素、教师因素、家庭因素、学校因素. 学生因素重点关注学生的非智力因素(自我效能、动机水平、情感态度), 其次就是学生的学习策略因素以及学生的个人特质. 其中学习策略因素又包括认知策略(精细加工、组织梳理、复习强化)、元认知策略(计划、监控、调节)、资源管理策略(寻求帮助、时间管理、自主参考). 教师因素重点关注教师的教学方式(讲授教学、探究教学、认知发展教学)、教师教学设计任务(学习理解类任务、实践应用类任务、创造迁移类任务)、师生关系等因素变量, 同时也包括教师的个人特质(教龄、学历、性别). 家庭因素主要包括家庭社会地位(父母的教育程度、父母的职业、家庭收入)、家庭资源(独立的学习房间、学习桌、课外读本)、家庭社会资本(父母期望、父母参加学校活动、了解子女的学习过程). 学校因素则包括学校资源、学校校风、同伴支持. 学校资源包括多媒体设备、图书馆中的课外读本的数量，学校校风包括积极向上、尊师爱生、秩序井然.

二、基于数学核心素养的数学教学

课堂教学的研究方法主要有两种：质的研究和量的研究. 质的研究的具体研究方法有：课堂观察、课堂语言分析、教学案例分析等，量的研究主要是利用数学统计的方法或者信息技术手段，对课堂教学中的师生行为、教学现象与问题进行分析. 研究课堂教学的目的就是要改进教学，促进学生素养和能力的发展. 教研活动已经成为教师教学工作中的一个重要的活动，磨课，成为教研活动的核心活动之一，在多次的磨课活动中，教学研究团队常常关注的是教学的关键事件的处理，以此来提升教学效果. 具体来讲，促进教学改进的研究主要有三种模式：第一，以区域教研或学校听评课为主的教学改进活动. 作为区域教研或学校的主要教研活动，听、评课在促进教学改革、提高教师专业发展方面有着重要的作用，但听、评课主要存在"走过场，流于形式"、"内容空泛、缺乏针对性"等弊端；第二，"教—学—评—体"教学改进模式. 该模式从课堂前测到总结与反思，每个环节都能体现评价，将教学与评价自然地融合在一起，使之成为有机的整体，起到促进学生的学习和促进教师的教学的作用；第三，视频自我分析的教学改进研究，教师利用教学视频，自我分析，寻找教学设计与教学实施过程中的偏差，以促进教学改进和教学技能的提高. 无论是区域教研的听评课，还是教学视频的自我分析，研究的重点是抓住教学中的关键事件进行打磨，以此促进教师教学行为的改变，提高教师的专业素养和教学能力.

基于数学学科核心能力评价的课堂教学过程改进中，教学团队或备课组集思广益，以数学课堂为主要阵地，通过转变教研方式，在课堂教学实践中不断完善，促进教师教学方式和学生学习方式的转变，提高学生的数学学科核心能力水平，在这个过程中形成了一些具体的改进策略.

第一种策略是"同课异构促进教学改进". "同课"是指相同的内容，"异构"是指不同的教学设计. 同课异构就是选用同一个教学内容，根据学生的实际、现有的教学条件和教师自身的特点，进行不同的教学设计. 同课，不仅是教学内容相同，还指课堂教学改进目标相同. 譬如在某校备课组的教研活动中，针对"等差数列的性质"这节课开展了一次同课异构活动，课堂改进的目标都是提升猜想探究能力. 在备课阶段，授课教师首先要深入理解教学改进目标，理解数学学科核心能力的内涵，接着，教师要深入研读教材，理解教材，把握教材. 在深入分析、研究学生情况的基础上，根据学生实际情况进行独立的教学设计. 接着, 备课组针对两位老师的备课, 进行合作研讨、精细打磨教学设计, 针对教学目标的设定、教学活动的设计、教学提问的预设等多方面进行指导改进. 在这个过程中凸显了对教学中关键事件的把握, 通过磨课活动, 促进教师思考如何在课堂中培养学生的数学学科能力, 获得数学教学知识, 促进数学教师的专业发展. 与一般的数学教学相比, 因为同课异构的教学内容和教学改进点都相同, 所以更具有可比性. 在教学反思的过程中, 教师对问题的探讨也更加的深入. 通过这种同课异构活动, 可以具体探讨如何在数学课堂中进行数学学科核心能力的培养, 更好地辨析哪种引入方式、哪种活动设计、哪种设问反馈方式更有利于学生的能力培养. 在同课异构的过程中, 教师们可以相互学习不同的教学理念和教学风格, 研讨后形成个人的反思, 再进一步对自己的教学进行改进, 在改进过程中, 促使教师不断对教学进行反思, 从而不断提高教学技能, 及时发现教师之间的差异, 互相学习, 取长补短, 促进数学教师教学能力的提高.

第二种策略是"围绕数学学科核心能力改进的听评课策略". 听课、评课是教师了解和研究复杂的课堂教学的一种主要方式, 也是发现问题、解决问题的一种有效途径. 听课、评课的过程中, 离不开有效的课堂观察, 课堂观察是通过观察, 对课堂的运行状况进行记录、分析和研究, 并在此基础上谋求学生课堂学习的改善, 促进教师专业发展的教学研讨活动. 要求备课组老师或其他的教研团队, 带着明确的关注点来观课, 将授课教师的课堂教学过程进行细化, 通过从课堂中有效地收集整理课堂信息, 并依据这些信息, 对数学课堂教学进行理性的分析和研究, 从中发现数学课堂教学中存在的问题, 提高评课的针对性和效率, 使得教学改进建议更具科学性和有效性. 在课堂观察的过程中, 不仅仅是只关注教学的课堂教学行为, 更要关注学生的课堂表现, 这是因为数学课堂教学改进的目标是提升学生的数学学科核心能力, 教师的教学活动设计是为了学生的学而进行的, 最终要落实到学生的身上去. 带着关注点来听课、评课, 使得每一位来听课的老师在评课时都有话可说, 所提改进建议更具有针对性, 而且也令授课者心服口服, 更容易接受评课者的建议. 下面附上一个市教研员听课、评课后的教学反思案例:

必修一"函数的概念"听课、评课后的教学反思

数学概念反映数学对象的本质属性, 是抽象化的空间形式和数量关系, 是建立数学法则、公式、定理的基础, 是运算、推理、判断和证明的基石, 是数学思想方法形成的出发点, 因此, 概念教学是数学"三基"教学的核心, 并且

概念教学也符合课改和高考的要求，更符合数学学科的特点，所以在教学实际中，我们更要重视概念教学，并且争取通过概念教学，提高学生的数学素养和数学能力. 但是高中数学中有许多数学概念是不容易理解的，甚至很多学生高中毕业了，对有些高中数学概念，还是模棱两可、似懂非懂，如函数、三角函数、向量等概念. 这些概念是数学教师最头痛的问题之一，而函数的概念教学却又是被公认为最难教的数学概念. 本人根据多年的教学总结反思，对"函数的概念"教学有如下感悟.

一、函数概念教学的情境创设需注意三个维度

高中数学教材里有大量的数学概念，而函数概念是贯穿于整个高中数学始终的一个重要概念，因此教师在教学过程中必须重视函数概念的教学.

1. 在社会现象、生活情境中去感受函数的概念

要培养学生的能力，让生活常识、社会常识异常丰富的学生能够一通百通，知识点的掌握是必需的，但是学生更应该学会从生活中去感知问题，学会如何去发现问题、分析问题和解决问题，如何利用一道题目举一反三，这样的学习对学生而言是最科学、最明智的，为此，笔者在函数的概念教学时结合教材，创设了如下情境：

实例一：一枚炮弹发射，经 26 秒后落地击中目标，射高为 845 米，且炮弹距地面高度 h（米）与时间 t（秒）的变化规律是 $h = 130t - 5t^2$.

实例二：近几十年，大气层中臭氧面积迅速减少，因而出现臭氧空洞问题，图中曲线是南极上空臭氧层空洞面积的变化情况.

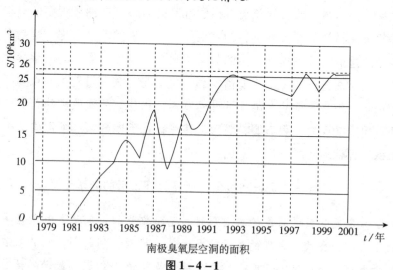

南极臭氧层空洞的面积

图 1 - 4 - 1

【数学常识】

19世纪，德国统计学家恩格尔根据统计资料，对消费结构的变化得到一个规律：一个家庭收入越少，家庭收入中用来购买食物所支出的比例就越大；随着家庭收入的增加，家庭收入中用来购买食物的支出比例会下降.

按照恩格尔的理论，一个国家越穷，每个国民的平均收入中用于购买食物的支出所占比例就越大；随着国家的富裕，这个比例呈下降趋势. 恩格尔系数是表示生活水平高低的一个指数. 计算方法是：食物支出金额除以总支出金额，等于恩格尔系数. 依据这个系数，联合国提出了一个划分贫困与富裕的标准，即恩格尔系数在60%以上者为绝对贫困，50%～59%为温饱，40%～50%为小康，30%～40%为富裕，30%以下为最富裕.

实例三：国际上使用恩格尔系数（食物支出金额÷总支出金额）反映一个国家人民生活质量的高低. "八五"计划以来，我们城镇居民的恩格尔系数如下表所示.

表1－4－1

时间（年）	1991	1992	1993	1994	1995	1996	1997	1998	1999	2000	2001
恩格尔系数（%）	53.8	52.9	50.1	49.9	49.9	48.6	46.4	44.5	41.9	39.2	37.9

讨论：

（1）以上三个实例存在哪些变量？各个变量的变化范围分别是什么？

（2）两个变量之间存在怎样的对应关系？

（3）以上三个实例的共同特点是什么？

（4）根据初中所学函数的概念，判断各个实例中两个变化量的关系是否是函数关系？

笔者让学生从这三个实际应用问题出发，去思考、研究后面提出的四个问题并请同学口头作答，这三个问题源于社会、自然现象，贴近生活，方便学生身临其境去思考问题，通过思考，学生可以感受到一组组数值，感受到变量之间的关系，同时也锻炼了学生的口头表达能力，由这三个实例，可以得到"当一个变量的取值确定，另外一个对应变量的取值也唯一确定"的结论，科学地实现了函数概念建模的过程，一步一步逼近函数概念的本质.

2. 在数学问题的正例与反例情境中加强认识

在数学问题中，以正例来引导学生感悟概念，应该是大多数教师采用的教学方式，但是切不可忽略数学问题中的反例教学．在教学中采用反例，从心理学的角度来讲，属于比较教学法的范畴，有比较才有鉴别，通过比较，学生才容易把握住研究对象的本质特征。典型的反例，会给学生留下深刻的印象，这对学生理解数学概念，掌握数学方法，培养数学学习兴趣，都会起到很积极的作用．笔者在函数概念得出之后，创设了如下例题：

示例1：下列图中表示集合 A 到集合 B 的对应关系（a，$b \in \mathbf{R}$），能表示从集合 A 到集合 B 的函数的是（A）

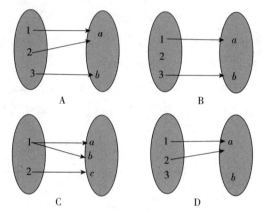

变式1：设集合 $A = \{x \mid 0 \leqslant x \leqslant 2\}$，$B = \{y \mid 1 \leqslant y \leqslant 2\}$，在下图中能表示从集合 A 到集合 B 的函数的是（D）

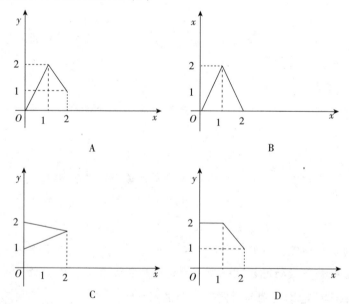

一道选择题本身就包含了几个反例，选择题是考查学生对概念的严谨性、

计算的正确性、思维的严密性掌握情况的题目，一道好的选择题正确答案以外的几个"答案"，命题者绝对不是随意写出来滥竽充数的，都是经过命题者深思熟虑的结果，而且往往都成为学生容易上当受骗的陷阱，笔者在讲评这些题时，不但让学生找出正确答案，说出正确的理由，更让学生逐一回答每个错误答案的原因，让学生在反例中感受函数概念的实质．因此，在教学过程中，教师要学会灵活巧妙地应用这些带有反例性质的选择题，使学生加深对所学概念的理解．

3. 学会用函数的思想审视生活

笔者在教学过程中，这个方面有时还做得不够，上一次上一堂函数的概念公开课，听课专家就给笔者提了这个建议，笔者铭刻于心．数学概念的理解，应该遵循从生活中来，到生活中去的规律，这样更有利于学生理解概念的本质．在学生获取了概念之后，尝试将自身经历的生活、生产等社会活动中发现的问题提取出来，通过构建数学模型，化自身的生活问题为数学问题，然后运用数学思想和方法来解决问题，这是人们科学地认识世界，也是学生科学地认识数学概念的最有效的途径．下面是笔者在上次函数的概念公开课之后反思得出的一个实例：将一颗石子丢入北冥湖（笔者校园内的湖名），你看到了什么？如果把波纹看作是一个不断向外扩展的圆，在这个过程中，有哪些变量，变量之间存在怎样的对应关系？此时可以让学生进行小组活动，探究此处变量间的关系，通过让学生身临北冥湖畔，兴致盎然地观察水波纹，让学生充分认识事物的变化过程，找出其中的变量，并探索在这个过程中，变量之间的相互关系，感受某一个变化过程中"一个变量确定，另外一个变量也随之唯一确定"的关系在我们的身边是无处不在的，以此提升认识，深入理解函数的概念，然后还可以让学生从自己身边的所见所闻出发，举出更多的实例，将本节课的概念教学推向高潮，成为一节高效的、充满活力的概念课．

二、函数概念教学的情境创设需注意"三重境界"

有效教学的关键是有效的问题引领，我们在函数概念教学问题设计时，需从学生的最近发展区出发，既注意到学生已有的数学基础，又要注意到学生面对新问题的思维过程，考虑到高考对函数概念的要求，在函数概念教学过程中，可以按照如下三重境界进行问题情境设置．

一重境界：看山不见山，看水不见水

笔者在得出了函数的概念之后，引用了上述的"示例1"，选项 B 中的集合 A 中的元素 2 在集合 B 中没有元素对应，选项 C 与函数概念中"唯一"关键词相矛盾，选项 D 同样出现了选项 B 的错误，所以答案选 A. 由于学生是刚刚接触高中的函数概念，对函数概念可以说还处于一种看山不见山，看水不见水的状态，部分同学只知概念的文字定义，却没有真正理解函数的概念，于是，笔者在学生做完"示例 1"之后，做出了如下的总结和变式.

二重境界：看山是山，看水是水

笔者在上面例题的基础之上，不失时机地总结了函数概念的通俗理解方式：集合 A，B 都是非空数集；集合 A 中的元素不能有剩余，集合 B 中的元素允许有剩余；可以多对一，不可以一对多. 笔者课后经过和网友交流及个人反思，得到一个更通俗化的理解方式：我们可以把函数问题比喻成"射雕（英雄传）"，集合 A 是箭，集合 B 是雕，可以一箭一雕、多箭一雕；不可以一箭双雕、一箭多雕；可以箭尽雕绝，箭尽雕未绝；不可以箭未尽雕已绝. 随后，笔者再抛出上述的"变式 1"，学生对该题的破解就会更快更准，教师就可以如此总结：选项 A 和 B 都是箭未尽雕已绝，选项 C 出现了一箭双雕，只有选项 D 符合函数的定义. 这是利用最通俗的语言和最具亲和力的比喻，让学生对函数的概念有更直观的认识，看山是山，看水是水. 当然，要想让学生对函数概念的理解达到触类旁通的效果，笔者认为还需进一步创设问题情境，这也是本人上次函数的概念公开课需要改进的一个教学片段.

三重境界：看山还是山，看水还是水

变式 2：已知函数 $f(x)$ 的定义域为 $[-4,4]$，则函数 $f(x)$ 的图像与直线 $x=1$ 的交点个数为_____.

这个题目的设计意图是，当我们不知道函数解析式的前提下，如何去判断交点的个数，如何根据前面所说的对应原理、射雕原理分析问题以及解决问题. 然后再趁热打铁，进行如下变式：

变式 3：已知函数 $f(x)$ 的定义域为 $[-4,4]$，则函数 $f(x)$ 的图像与直线 $x=a$ $(a\in\mathbf{R})$ 的交点个数为_____.

这个题目的设计意图是，让学生进一步理解，当我们不知道函数解析式的前提下，如何去判断交点的个数，与变式 3 不同的是，变式 2 中的箭一定可以射中雕，而变式 3 中的箭不一定可以射中雕，因此交点个数为 0 个或 1 个.

通过以上几个变式，学生在处理问题的时候，乍看以为不是考查函数的概念，有一种"只在此山中，云深不知处"的迷茫感，通过利用前面学过的知识做深入的分析之后，发现山还是山，水还是水. 让学生进一步体会到，这些题实质上还是考查函数的概念，学生对函数的概念问题就到了"见形式就识其本质"的境界.

　　总之，所有的数学概念，都来源于生活实践，又应用于生活实践，从生活实践、自然现象、社会现象等实际问题出发引入概念，使抽象的数学概念更具亲和力，使学生有兴趣去学习并且更易于接受新的知识，还可以让学生领悟数学概念的本质含义，充分体现了数学的应用价值，否决了社会上流行的"数学无用论"，提高了课堂教学效率，所以在教学过程中，我们要重视数学概念课的教学，让学生具备更扎实的数学基础和更强的数学能力.

第二章

高中数学题源教学法的构想

第一节　高中数学题源教学法提出的背景

关于数学教学高效性和有效性的实施是一个永恒的讨论主题．长期以来，"题海战术"严重困扰着数学教学，学生盲目地做大量的习题，却只了解问题的表面现象，弄不清问题的本质．因此，遇上一些题目常常是似曾相识，却无从下手，无法直达根本，找不到解决问题的通性通法，教学效果欠佳．新课程数学教学一直致力于减轻学生的学习负担，但是我们发现，现阶段学生的学习压力并没有减轻，很多学生觉得课业负担过重，厌学、疲惫、作业抄袭等现象屡见不鲜．究其原因，很大一个问题就是学生在频繁地做同一个问题或是同一类问题，由于没有进行归纳总结，题目稍微变换一下，学生就以为变成了一个新的题型，因此沉溺在"题海"中，失去了解题的方向．

在传统教学中的变式教学是发挥教学高效性的典型教学模式．在新课程实施过程中，变式教学显得有些力不从心，究其原因主要是变式教学是一种以问题形态为主的题型变化教学，随着新颖题型的不断出现，变式教学对于题型的归纳就显得越来越臃肿，变式的数据库显得相当庞大，而有限的中学教学课时是难以实现的．从近年全国高考卷的命题趋势来看，以能力立意命题，都强调宽角度、多视点地考查数学素质，考查数学思维能力的发展，更加注重数学核心知识的本源和生成，而变式教学无法从本质上让学生认识数学相关的核心知识．

近几年来，学案导学教学模式也开展得如火如荼．所谓学案导学，即以导学案为载体，学生提前完成预习导学案，课中展示导学案的完成情况，点拨学习困惑，课后演练大量重复性习题．这种教学模式将不同课型的数学课都上成了练习讲评课，不利于学生数学核心素养的形成，不符合高中数学教学的基本规律．一些导学案只是教材知识点的机械式填空，教学材料的碎片化堆积，未能揭示问题的本质和知识之间的联系，未能发挥导学案应有的导学功能，不能很好地引导学生进行思考、探究，形成知识网络和体系．在课前的预习阶段，部分数学基础薄弱的学生不能通过自学完成预习案，花费了大量的时间自学却事倍功半，对知识一知半解，预习案完成质量低下、错漏百出；课堂上师生忙于展示、纠错、点评、评分，把大量的时间用于"拨乱反正"，纠正学生通过自学不能准确把握的知识点．而学生先入为主，往往印象深刻，很难被彻底纠正过来．就像一张画花了的白纸，老师再在上面进行修改，必然费时费力，导致教学进度受影响，学生探究数学的思维多次被打断，不能形成问题链，层层深入直达问题的根本．课堂展示交流也是以题论题，缺乏问题的拓展和延伸，学生的思维受到限制，不利于数学创新思维的培养和学科学习能力的形成．

　　当下许多高中数学课堂缺少数学教育应有的数学味，受功利主义影响，课堂只注重数学知识的解题运用，课堂教学变成了机械的解题活动．课堂教学只告诉学生数学结论，只说明操作程序，不求甚解，期望学生通过机械训练"学会解题"．只关注学生掌握了哪些"高频考点"、"解题技巧"，我们只求更快让学生记住公式，准确辨认解题模式，更快地操作演练，教学目标出现了偏离，异化为学生能更快地做题，考更多的分．基于数学核心素养培养的根本目标，数学教育本应追求数学育人，应该让学生学会用数学的眼光观察世界、用数学的思维分析世界，用数学的语言表达世界，形成深刻性、灵活性、独创性、批判性、敏捷性、系统性的思维品质，而不应该是以单位时间内解决几道数学题为目标．如果学生对数学缺乏深度理解、持久理解，而只停留在直观性理解，或者形式化理解，而不能达到关系性理解、工具性理解，那么学生单位时间内能解不少题，也只是简单的模仿，不能迁移，更不能生成和创造．那么，我们的数学课堂就如一潭死水，缺乏再生的能力，我们数学课堂上就算再努力地讲，再努力地节省时间，也不能穷举数学"题海"中的所有题型．数学课堂，应该是思维飞扬的、智慧碰撞的、富有再生性和创造性的．

　　相对于"题海"的称谓，我们提出"题源"的说法．在众多的数学问题中，先找出一个典型的、具有代表性的数学问题，我们称之为"题源"，然后就从题源出发，演变出相应的一类数学问题，从而在千变万化的数学问题中总结出不变的解决问题的方法．题源，有时我们也称之为母题．"教学"这个概念，是教学论研究的最基本概念，也是教学论体系建构的起始概念，有学者认为，"教学是教师引导学生按照明确的目的，循序渐进地以掌握教材为主的一种教育活动"，也有学者认为，"教学是教师引起、维持与促进学生学习的所有行为."由此可见，教学是一种活动，在这一活动中，教师、学生、教学内容、教的方式、学的方式是教学活动的基本组成要素. 题源教学是近年来数学教学界新提出的一个数学教学概念，它是指教师围绕题源组织教学材料，引导学生围绕题源产生的一系列问题进行探究学习的一种教学模式. 题源教学追根溯源，环环相扣，教学结构严谨，条理清晰，还原了数学知识发生、发展的本来面目. 通过对题源的演变，使学生对题源引发的相关数学问题有一个全面、清晰的认识，并最终达成问题的解决，从而总结出在演变过程中不变的知识和方法. 所以，题源是对同类数学问题的总体描述，它具有抽象性的特点. 题源教学是以数学最本质、最核心的知识去取得一系列问题的思维引导，相对于传统的变式教学而言，更注重数学核心知识的本源和生成，在教学中引导学生问题所反映的最本质的数学知识，对知识进行合理的发散和整合，是数学复习教学和解题教学的一种更加行之有效的方式.

第二节　高中数学题源教学的理论依据

一、最近发展区理论

最近发展区理论是由苏联教育家维果茨基提出的一种儿童教育发展观. 他认为学生的自身发展主要有两种情况：一种是学生的现有学习水平，所指的就是学生在独立的学习活动时所能够做到的独立解决问题的难度；另一种情况就是学生可能达到的发展水平，也就是指学生在教学活动中所展现的学习潜力. 这两种情况之间存在的水平差异就是所谓的最近发展区. 在题源教学中，教师着眼于学生的最近发展区，追果索因，层层深入寻找题源，为学生铺设阶梯，提出带有一定挑战性的内容，帮助其超越最近发展区而达到下一个发展阶段的水平，在此基础上进行下一个发展区的发展. 最近发展区理论对学生的教育自身发展能起到主导作用和促进作用. 在题源教学中，学生借助教师的帮助实现两个临近学习阶段间的过渡过程，培养了学生独立解决学习问题以及主动获取知识的能力.

比如以下课例，体现了学生在题源教学中，逐步超越原有发展水平，达到最近发展区水平，再进一步向下一个发展区发展的过程.

题源：必修 5 教材 106 页探究拓展的第 16 题

已知正数 x，y 满足 $x+2y=1$，求 $\dfrac{1}{x}+\dfrac{1}{y}$ 的最小值.

学生现有发展水平：一是基本方法"消元法"；二是略带点技巧的"特殊值代换法"，不管什么方法都紧紧围绕基本不等式运用"一正二定三相等"的要点. 命题者命制类似题的意图就是考查学生在大量做题后能否从解题中感悟出重要定理及结论应用的关键点，能否总结出重要的解题策略和方法.

子题：已知 $ab=\dfrac{1}{4}$，a，$b\in(0,1)$，则 $\dfrac{1}{1-a}+\dfrac{1}{1-b}$ 的最小值是_____.

学生最近发展区水平 1：首先，消去一个变量，将 $b=\dfrac{1}{4a}$ 代入，

得 $\dfrac{1}{1-a}+\dfrac{1}{1-b}=\dfrac{1}{1-a}+\dfrac{4a}{4a-1}=\dfrac{1}{1-a}+\dfrac{1}{4a-1}+1$，$a\in\left(\dfrac{1}{4},1\right)$. 变形后的式子可以用导数的方法求出其最小值，静下心来观察，发现其实将它稍做变化，两个分母的和就可以是一个定值，那就回到了教材中的原题上去了，也就是令 $1-a=x$，$4a-1=y$，则问题就变为"已知 x，$y>0$，$4x+y=3$，求 $\dfrac{1}{x}+\dfrac{1}{y}$ 的最小值."

学生最近发展区水平 2：直接将式子变成

$$\dfrac{4}{4(1-a)}+\dfrac{1}{4a-1}=\left[\dfrac{4}{4(1-a)}+\dfrac{1}{4a-1}\right]\cdot\dfrac{4(1-a)+(4a-1)}{3},$$

乘开后即可用基本不等式，注意等号两边能否相等就可以了.

深挖题源，发现规律，到达下一个发展区：

学生最近发展区水平 3：

发现规律：这种题目的一般化形式可概括如下：

若 a，b，c，$d\in\mathbf{R}$，x，$y\in(0,+\infty)$，

则 $(ax+by)\left(\dfrac{c}{x}+\dfrac{d}{y}\right)\geqslant(\sqrt{ac}+\sqrt{bd})^2$，

当左边两个式子中有一个定值时，即可求另一个的最小值.

学生最近发展区水平 4：

优化规律：这种题目的一般化形式可优化如下：

$$\frac{a}{x} + \frac{b}{y} \geq \frac{\left(\sqrt{a} + \sqrt{b}\right)^2}{x + y} \quad (a, b, x, y > 0),$$

用均值不等式易证之，当且仅当 $\frac{\sqrt{a}}{x} = \frac{\sqrt{b}}{y}$ 时等号成立.

运用规律，优化解法，到达下一个发展区：

学生最近发展区水平 5：

对于题源的例题，优化解法： $\frac{1}{x} + \frac{1}{y} = \frac{1}{x} + \frac{2}{2y} \geq \frac{(1+\sqrt{2})^2}{x+2y} = 3 + 2\sqrt{2}.$

当且仅当 $x = \sqrt{2}y$ 时取等号.

对于子题的例题，优化解法：直接将式子变成

$$\frac{1}{1-a} + \frac{1}{1-b} = \frac{1}{1-a} + \frac{4a}{4a-1} = \frac{1}{1-a} + \frac{1}{4a-1} + 1$$

$$= \frac{4}{4(1-a)} + \frac{1}{4a-1} + 1 \geq \frac{(2+1)^2}{4(1-a) + 4a - 1} + 1 = 4,$$

当且仅当 $a = b = \frac{1}{2}$ 时取等号.

编制新题，培养学生逆向思考的能力，进入创造性的发展区：

学生最近发展区水平 6：

改编 1：在算式"$4 \times \square + 9 \times \triangle = \diamondsuit$"的 $\square$，$\triangle$ 中，分别填入一个正整数，使它们的倒数之和的最小值为 $\frac{5}{6}$，则 $\diamondsuit$ 中应填入的数是_____.

改编 2：已知 $0 < x < \frac{\pi}{2}$，且 t 是大于 0 的常数，函数 $f(x) = \frac{1}{\sin x} + \frac{t}{1 - \sin x}$ 的最小值为 9，则 $t = $ _____.

这样的改编，有一定的趣味性（改编 1），从另外的角度考查学生的综合能力，比如逆向思维能力、将文字语言数学化的能力. 着眼于学生的最近发展区设计题源教学，要对学生的认知水平有准确的判断，了解每一节课的"最近发展区"，深挖题源，源于课本，又高于课本，注意一题多解，思维发散；多题一解，注重通法；发现题源，洞悉规律；运用规律，优化解法；逆向思考，形成能力. 在教师的引领下，学生沿着知识的阶梯拾级而上，跨越一个又一个的"最近发展区"，取得质的飞跃.

二、有意义学习理论

奥苏贝尔（David Pawl Ausubel，1918 – 2008，美国教育心理学家）的"有意义学习理论"对我们数学教学具有指导作用. 他认为，有意义学习的根本要素是新知识与学生原有知识建立合理和本质的联系. 题源教学的目的，就是促进新知识和学生原有知识之间产生较好的联系和对接. 奥苏贝尔认为，有意义学习过程的实质，就是符号所代表的新知识与学习者认知结构中已有的适当观念建立非人为的（nonarbitrary）和实质性的（substantive）联系. 有意义学习的产生既受学习材料性质的影响，又受学习者自身因素的制约，即学习材料本身必须具有逻辑意义，学生具有理解材料的心理倾向，并付诸行动. 学生还要有相应的知识储备. 在数学知识的学习中，学生对学习材料的理解在很大程度上被教师呈现的材料所左右，而材料呈现方式的好坏又与组织有关. 只有科学地组织材料，才能保证学生既能学到最基本的知识，又能理解知识的内在逻辑性，使学生学到的不是"一堆"知识，而是系统的知识. 所谓科学地组织，主要是要考虑以下几方面的问题：第一，考虑材料的内部结构，内容上要具有逻辑性、系统性；第二，考虑材料与其他知识的外部联系，这里所谓的其他知识主要包括已学过的相关知识及其他背景材料；第三，考虑材料的内部结构与学生认知结构的适合性.

我们来看一个空间几何体外接球问题复习课的案例：

题源：已知各顶点都在同一球面上的正四棱柱的高为 4，体积为 16，则这个球的表面积是_____.

通过对题目的分析，学生很容易发现，外接球的球心即为长方体的几何中心.

总结方法：找三条两两垂直的线段，直接用公式 $(2R)^2 = a^2 + b^2 + c^2$，即 $2R = \sqrt{a^2 + b^2 + c^2}$，可以求出 R.

子题 1：若三棱锥的三个侧面两两垂直，且侧棱长均为 $\sqrt{3}$，则其外接球的表面积是_____.

进一步观察发现，三条线两两垂直，不找球心的位置即可求出球半径，建立"墙角模型"，问题归结为题源的类型.

子题 2：在正三棱锥 $S - ABC$ 中，M，N 分别是棱 SC，BC 的中点，且 $AM \perp MN$，若侧棱 $SA = 2\sqrt{3}$，则正三棱锥 $S - ABC$ 外接球的表面积是_____.

通过立体几何知识，易证正三棱锥对棱垂直，从而把问题归结为子题 1 的"墙角模型".

子题 3：已知某几何体的三视图，如图 2 - 2 - 1 所示，三视图是腰长为 1 的等腰直角三角形和边长为 1 的正方形，则该几何体外接球的体积为_____.

图 2 - 2 - 1

总结发现，由长方体的八个顶点中的若干个顶点连成的多面体，其外接球为长方体的外接球，如以下四个图形（图 2 - 2 - 2 至图 2 - 2 - 5）所示. 然后进一步引申出"对棱相等模型".

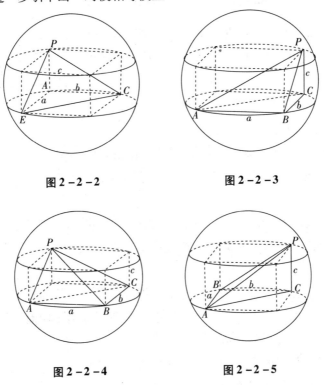

图 2 - 2 - 2   图 2 - 2 - 3

图 2 - 2 - 4   图 2 - 2 - 5

对棱相等模型（补形为长方体）

题设：三棱锥（即四面体）中，已知三组对棱分别相等，求其外接球半径（$AB = CD$，$AD = BC$，$AC = BD$）.

第一步：画出一个长方体，标出三组互为异面直线的对棱（如图 2 - 2 - 6）.

第二步：设出长方体的长、宽、高分别为 a，b，c，$AD = BC = x$，$AB = CD = y$，$AC = BD = z$，列方程组，

$$\begin{cases} a^2 + b^2 = x^2 \\ b^2 + c^2 = y^2 \Rightarrow (2R)^2 = a^2 + b^2 + c^2 = \dfrac{x^2 + y^2 + z^2}{2}. \\ c^2 + a^2 = z^2 \end{cases}$$

补充：$V_{A-BCD} = abc - \dfrac{1}{6}abc \times 4 = \dfrac{1}{3}abc.$

第三步：根据墙角模型，$2R = \sqrt{a^2 + b^2 + c^2} = \sqrt{\dfrac{x^2 + y^2 + z^2}{2}}$,

$R^2 = \dfrac{x^2 + y^2 + z^2}{8}$，$R = \sqrt{\dfrac{x^2 + y^2 + z^2}{8}}$，求出 R.

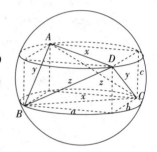

子题 4：在三棱锥 $A-BCD$ 中，$AB = CD = 2$，$AD = BC = 3$，$AC = BD = 4$，则三棱锥 $A-BCD$ 外接球的表面积为_____.

子题 5：正四面体的各条棱长都为 $\sqrt{2}$，则该正四面体外接球的体积为_____.

图 2 – 2 – 6

把正四面体的外接球问题归结为"对棱相等模型"的特殊情况，从而得到正四面体的外接球即为以其棱长为面对角线的正方体的外接球.

子题 6：棱长为 2 的正四面体的四个顶点都在同一个球面上，若过该球球心的一个截面如图 2 – 2 – 7 所示，则图中三角形（正四面体的截面）的面积是_____.

通过对正四面体外接球球心的分析，不难借助正方体的几何特征发现图中的截面为正方体的对角面，图 2 – 2 – 7 中的三角形即为正四面体的一条棱的两个端点与对棱中点连成的三角形.

通过对学习材料的合理安排，从学生的认知特点出发，注重教学材料安排的先后顺序，从题源出发，引发思考、探究、变式、总结、引申，从而让学生理解知识的内部联系和逻辑结构，使知识形成体系，不是对知识的简单堆积，而是科学的整理，从而达到深入浅出，事半功倍的效果，学生对于问题的理解更加透彻、深刻，在探究过程中也经历了知识产生和形成的过程，培养了他们数学学科的学习能力.

图 2 – 2 – 7

　　奥苏贝尔的观点告诉我们，教学的一个最重要的出发点是全面、深入地了解学生已经知道了什么．教学的策略就在于怎样建立学生原有认知结构中相应的知识和新的知识的联系，以及激发学生有意义学习的动力．因而为了保证数学学习的意义性，除对教学内容应有良好的组织外，还要适当地选择教学方法，使教学方法、教学内容与学生的认知结构相适应．而要做到这一点，教师首先必须全面、深入地了解学生．对学生的了解主要应包括学生的知识水平、智力发展水平、特殊能力发展情况、兴趣、爱好、学习动机、情绪及意志等方面的特征．教师对学生全面、深入了解的途径主要有以下几条：第一，课堂教学中学生对问题的回答情况及学生听课时的表情、动作变化；第二，完成作业情况及师生个别交谈时流露出来的思想和情绪；第三，对各种单元考试试卷的全面分析及历次期终考试试卷的系统分析．在数学教学中，面对新的学习内容，学生是采取理解的方法还是机械的方法，这与学生当时的心理倾向有关，而学生的心理倾向则是教师以前教学的情况及当时启发的综合结果．因此，老师在课堂教学中每时每刻都要注意自己的言语、表情及教学方法，要时刻提醒、暗示学生采用理解的策略，而不是采用机械的策略掌握知识．

三、变易理论

　　变易理论（variation theory）是世界著名教育家、瑞典哥德堡大学教授 Ference Marton 提出的．该理论的基本观点是：学习意味着发展学生看待事物的一种方式，这种方式的建立是基于事物关键属性的识别（discernment）及对这些属性的同时聚焦，而关键属性的识别又依赖于这个属性在某个维度上的变易（variation）．变易理论关于学习活动的基本见解是围绕这两个核心的概念展开的：识别和变易．"识别"是指要以某种方式认识一个事物就要找出这个事物区别于其他事物的关键属性．"变易"是指要识别某个关键属性，这个属性就必须在某个维度（属性是这个维度上的一个"值"）发生变化．为了认识某个事物，就必须注意到这个事物与其他事物之间的不同．为了注意这个事物与其他事物在某个属性上的不同，这个属性就必须在某个维度上发生变化．在所有其他属性都保持不变的情况下，这个差异才可以被识别出来．例如，如果想识别"圆"这个属性，那在"形状"这个维度要有其他值，如"三角形"．识别是学习的必要条件，而变易是识别的必要条件，没有变易就没有识别．那什么样的变易才有利于识别呢? Marton 总结了 4 种变易范式（patterns of variation）：对比（contrast）、分离（separation）、融合（fusion）、类化（generalization），每种范式关注学习内容不同的方面. 在教学中应用这些范式可以帮助学生体验属性的变易，从而识别出属性.

在课堂情境中，当教师和学生或学生和学生一起就某个具体的学习目标一起活动时，就构建或实施了变与不变的范式：学习内容的一些属性保持不变，而其他属性发生变化.

学习内容的这些变与不变的范式为学习提供了不同的可能性. 这取决于变与不变的范式是如何得到实施的：某些属性引起了学生的注意，因此学生识别出了这些属性及其关系. 在这个教学过程中，教师的主导作用要求很强，主导作用强的老师，就容易发挥学生的主体作用. 我们认为没有必要在数学学习的每个环节上都让学生去探索，而应该在不变的范式前提下，对变异的部分让学生去自主地探索.

下面我们通过一组题源教学的案例来体会对比、分离、融合、类化这几种变易范式的应用.

题源：人教 A 版选修 2 – 1 第 39 页例 2

在圆 $x^2 + y^2 = 4$ 上任取一点 P，过点 P 作 x 轴的垂线段 PD，D 为垂足. 当点 P 在圆上运动时，线段 PD 的中点 M 的轨迹是什么？

解析：

设点 M 的坐标为 (x, y)，点 P 的坐标为 (x_0, y_0)，则 $x = \dfrac{x_0 + 8}{2}$，$y = \dfrac{y_0}{2}$.
即 $x_0 = 2x - 8$，$y_0 = 2y$. 因为点 $P(x_0, y_0)$ 在圆 $x^2 + y^2 = 4$ 上，所以 $x_0^2 + y_0^2 = 4$.
即 $(2x - 8)^2 + (2y)^2 = 4$，即 $(x - 4)^2 + y^2 = 1$，这就是动点 M 的轨迹方程.

子题 1： 设点 P 是圆 $x^2 + y^2 = 4$ 上的任一点，定点 D 的坐标为 $(8, 0)$，若点 M 满足 $\overrightarrow{PM} = 2\overrightarrow{MD}$. 当点 P 在圆上运动时，求点 M 的轨迹方程.

解析：

设点 M 的坐标为 (x, y)，点 P 的坐标为 (x_0, y_0)，由 $\overrightarrow{PM} = 2\overrightarrow{MD}$，得
$(x - x_0, y - y_0) = 2(8 - x, -y)$，即 $x_0 = 3x - 16$，$y_0 = 3y$.
因为点 $P(x_0, y_0)$ 在圆 $x^2 + y^2 = 4$ 上，所以 $x_0^2 + y_0^2 = 4$.

即 $(3x - 16)^2 + (3y)^2 = 4$，即 $(x - \dfrac{16}{3})^2 + y^2 = \dfrac{4}{9}$，这就是动点 M 的轨迹方程.

子题 2： 设点 P 是曲线 $f(x, y) = 0$ 上的任一点，定点 D 的坐标为 $(a,$

b)，若点 M 满足 $\overrightarrow{PM} = \lambda\,\overrightarrow{MD}$（$\lambda \in \mathbf{R}$，$\lambda \neq -1$）．当点 P 在曲线 $f(x, y) = 0$ 上运动时，求点 M 的轨迹方程．

解析：

设点 M 的坐标为 (x, y)，点 P 的坐标为 (x_0, y_0)，由 $\overrightarrow{PM} = \lambda\,\overrightarrow{MD}$，得

$(x - x_0,\ y - y_0) = \lambda\,(a - x,\ b - y)$，

即 $x_0 = (\lambda + 1)\,x - \lambda a$，$y_0 = (\lambda + 1)\,y - \lambda b$．

因为点 $P(x_0, y_0)$ 在曲线 $f(x, y) = 0$ 上，所以 $f(x_0, y_0) = 0$．

即 $f((\lambda + 1)\,x - \lambda a,\ (\lambda + 1)\,y - \lambda b) = 0$，这就是动点 M 的轨迹方程．

子题 3：（2005 年全国卷 I）已知椭圆的中心为坐标原点 O，焦点在 x 轴上，斜率为 1，且过椭圆右焦点 F 的直线交椭圆于 A，B 两点，$\overrightarrow{OA} + \overrightarrow{OB}$ 与 $\overrightarrow{a} = (3,\ -1)$ 共线．

（1）求椭圆的离心率；

（2）设 M 为椭圆上任意一点，且 $\overrightarrow{OM} = \lambda\,\overrightarrow{OA} + \mu\,\overrightarrow{OB}$（$\lambda$，$\mu \in \mathbf{R}$），证明 $\lambda^2 + \mu^2$ 为定值．

解析：

（1）设椭圆方程为 $\dfrac{x^2}{a^2} + \dfrac{y^2}{b^2} = 1$（$a > b > 0$），$F(c, 0)$，

则直线 AB 的方程为 $y = x - c$，代入 $\dfrac{x^2}{a^2} + \dfrac{y^2}{b^2} = 1$，化简得

$(a^2 + b^2)\,x^2 - 2a^2cx + a^2c^2 - a^2b^2 = 0$．设 $A(x_1, y_1)$，$B(x_2, y_2)$，

则 $x_1 + x_2 = \dfrac{2a^2c}{a^2 + b^2}$，$x_1 x_2 = \dfrac{a^2c^2 - a^2b^2}{a^2 + b^2}$．由 $\overrightarrow{OA} + \overrightarrow{OB} = (x_1 + x_2,\ y_1 + y_2)$，

$\overrightarrow{a} = (3,\ -1)$，$\overrightarrow{OA} + \overrightarrow{OB}$ 与 $\overrightarrow{a}$ 共线，得 $3(y_1 + y_2) + (x_1 + x_2) = 0$，

又 $y_1 = x_1 - c$，$y_2 = x_2 - c$，

$\therefore 3(x_1 + x_2 - 2c) + (x_1 + x_2) = 0$，　$\therefore x_1 + x_2 = \dfrac{3}{2}c$．

即 $\dfrac{2a^2c}{a^2 + b^2} = \dfrac{3c}{2}$，所以 $a^2 = 3b^2$．

$\therefore c = \sqrt{a^2 - b^2} = \dfrac{\sqrt{6}a}{3}$，故离心率 $e = \dfrac{c}{a} = \dfrac{\sqrt{6}}{3}$．

（2）证明：由（1）知 $a^2 = 3b^2$，所以椭圆 $\dfrac{x^2}{a^2} + \dfrac{y^2}{b^2} = 1$（$a > b > 0$）可化为 $x^2 + 3y^2 = 3b^2$.

设 $\overrightarrow{OM} = (x, y)$，由已知得 $(x, y) = \lambda(x_1, y_1) + \mu(x_2, y_2)$，

$\therefore \begin{cases} x = \lambda x_1 + \mu x_2, \\ y = \lambda y_1 + \mu y_2. \end{cases}$

$\because M(x, y)$ 在椭圆上，$\therefore (\lambda x_1 + \mu x_2)^2 + 3(\lambda y_1 + \mu y_2)^2 = 3b^2.$

即 $\lambda^2 (x_1^2 + 3y_1^2) + \mu^2 (x_2^2 + 3y_2^2) + 2\lambda\mu(x_1 x_2 + 3y_1 y_2) = 3b^2.$ ①

由（1）知 $x_1 + x_2 = \dfrac{3c}{2}$，$a^2 = \dfrac{3}{2}c^2$，$b^2 = \dfrac{1}{2}c^2$.

$x_1 x_2 = \dfrac{a^2 c^2 - a^2 b^2}{a^2 + b^2} = \dfrac{3}{8}c^2,$

$x_1 x_2 + 3y_1 y_2 = x_1 x_2 + 3(x_1 - c)(x_2 - c)$

$\qquad\qquad\qquad = 4x_1 x_2 - 3(x_1 + x_2)c + 3c^2$

$\qquad\qquad\qquad = \dfrac{3}{2}c^2 - \dfrac{9}{2}c^2 + 3c^2 = 0.$

又 $x_1^2 + 3y_1^2 = 3b^2$，$x_2^2 + 3y_2^2 = 3b^2$，代入①得 $\lambda^2 + \mu^2 = 1.$

故 $\lambda^2 + \mu^2$ 为定值，定值为 1.

在这个案例中，通过课本的例题作为题源，层层递进，学生在学习中，通过对待证结论的对比分析，将题源的中点问题，变成三等分点的问题，再变易成任意分点的问题，这是其中一个维度的对比. 由一个动点的问题变易为两个动点的问题，这是另一个维度的对比. 通过对比，差异就很容易被识别出来. 我们再把关键的问题分离出来，那就是利用已知点的轨迹方程，通过消元解决问题. 最后通过融合和类化，我们发现，解决这类问题的基本数学思想就是转化和化归的思想，这类问题可类化为相关点法或者消参法求轨迹方程的问题，我们通过变易的几个基本范式，得到了解决问题的一般方法. 题源教学正是建立在变易理论基础上设计教学过程的一种教学模式，通过由题源衍生出的一系列问题的解决，找到解决问题的途径和通性通法.

学习者对事物的认识在很大程度上取决于他们体验这个事物的方式，而他们体验事物的方式又取决于他们看到并注意到的事物的相关属性，以及这些属性之间的关系. 因此，更好的认识方式与识别关键属性的同时性有关，也就是与同一时间注意到并识别出来的、影响认识的关键属性的数量和关系有关. 相

同的教师教相同的课，学生的理解却不同. 那些能够清楚地认识到教学内容的关键属性之间，以及这些属性与整节课之间的关系的学生，会理解得好一点. 因此，教师在授课时，要尽可能通过必要的变与不变的范式（也就是哪些方面变化，哪些方面保持不变），来帮助学生识别教学内容的关键属性、属性之间的关系及属性与整节课之间的关系，这一点十分重要. 这反过来需要教师特别注意某个主题的内容的安排，也就是确定好学习内容. 对于学习来说，一定量的重复是达成学习质变的必要条件，这并不是说学习能从一成不变的简单重复中产生. 自新课程进入中学课堂以来，大家都在反思传统的教育，认为传统的教育不注重学生的思考，是"填鸭式"的、死记硬背式的学习，但我们也不能否认一个新知识的掌握需要一定训练量的积累和学习次数的巩固. 当然，我们也不认为学习能从毫无重复、变化无端中产生. 学习源于系统的重复和有目的有意识的变易. 拿现在的高考数学复习来说，我们可能在重复的层面上花的功夫多了一点，但在对变易的高考规律的揭示上花得功夫少了一些. 我们完全可以在教学设计、教学材料编制上下功夫，用教育理论指导教学行为，减轻学生的负担. 根据变易理论，学习和获取知识并不是从简单（或部分）到复杂的高级形式（或整体）的过程，而是从模糊、零散到逐渐清晰、完整的过程. 因此，学习者必须学会将部分从整体中识别出来，并把部分与整体联系起来，从而理解某个现象.

第三节　高中数学题源教学的基本要素和途径

根据创造学的有关理论，任何一个数学问题均可分解为"结构""关系""顺序"三个部分，这三部分相互联系，相互作用，构成了一个数学问题的整体. 若能恰当地变换它们或以不同的角度看待它们，就可以创造出一系列的数学问题. 因此，"结构""关系""顺序"是题源的三个要素.

数学问题的知识结构反映了各知识点之间的关系，客观上为我们的教学顺序安排提供了依据. 明确清晰的知识结构不仅可使知识体系完整、系统，使知识点之间的层次关系更为直观，而且也能较容易地鉴别出重难点的内容，为确定教学策略，安排教学活动打下良好的基础. 我们通过对数学问题的结构设计，体现数学问题发生、发展的过程，揭示问题的本质特征. 注重知识之间的联系，可使学生对已学知识产生进一步的认识，系统地把握知识点及它们之间的逻辑，以便于比较、鉴别、融合、类化，提高对知识的掌握程度. 教学材料安排的顺序，则直接影响学生对于知识接受的难易程度. 由浅入深，循序渐进，讲的就是这个道理. 通过对教学材料的合理安排，由特殊到一般，由零碎到系统，由模糊到清晰，理解知识产生的背景和发展的过程，总结出解决问题的一般方法，符合学生的认知规律，才能取得较好的教学效果. 因此，我们在题源教学的设计中，要从结构、关系、顺序这三个要素考虑问题，引导学生发现并解决问题，形成知识体系和解题方法.

寻找题源，就是将问题引向深入，找到问题的本质特征，进而总结出解决问题的通性通法. 挖掘题源、习题变式、问题引申、结论推广是题源教学的四个基本途径.

我们来看下面这个教学案例：

题源：人教 A 版选修 2 – 1 第 41 页例 3

设点 A，B 的坐标分别为（-5，0）和（5，0），直线 AM，BM 相交于点 M，且它们的斜率之积是 $-\dfrac{4}{9}$，求点 M 的轨迹方程.

在教学设计中，我们可以整合教学材料，在学习完双曲线以后，再来讲解这道例题，就可以通过题源教学的设计，形成一个比较完整的知识体系.

习题变式：

设点 A，B 的坐标分别为（-5，0）和（5，0），直线 AM，BM 相交于点 M，且它们的斜率之积是 $\dfrac{4}{9}$，求点 M 的轨迹方程.

问题引申：

$\triangle ABC$ 的两个顶点 A（$-a$，0），B（a，0），AC，BC 所在直线的斜率之积等于 $-\dfrac{b^2}{a^2}$，求顶点 C 的轨迹方程.（若改成 $\dfrac{b^2}{a^2}$ 呢？）

结论推广：

与两个定点连线的斜率之积为定值 k（$k\neq0$）的点的轨迹.

（1）$k<0$ 时为椭圆（除去这两个定点）；

（2）$k>0$ 时为双曲线（除去这两个定点）.

证明：不失去一般性，设两个定点分别为 A（$-a$，0），B（a，0），动点

M 的坐标为 (x, y)，则 $k_{AM} \cdot k_{BM} = \dfrac{y^2}{x^2 - a^2} = k$，整理得 $\dfrac{x^2}{a^2} + \dfrac{y^2}{-ka^2} = 1$ $(x \neq \pm a)$.

若设两定点为 $A(0, a)$，$B(0, -a)$，

则所求 M 点轨迹方程为 $\dfrac{y^2}{a^2} - \dfrac{kx^2}{a^2} = 1$ $(y \neq \pm a)$.

我们可以推广得到一般性的结论：

（1）$k < 0$ 时，点 M 的轨迹为椭圆（A，B 两点除外，以下同，不再重复）.其中 $-1 < k < 0$ 时，椭圆焦点在 x 轴上，AB 为其长轴；$k < -1$ 时，椭圆焦点在 y 轴上，AB 为其短轴，特别的，$k = -1$ 时，点 M 的轨迹为以 AB 为直径的圆（可视为椭圆的特例）.

（2）$k > 0$ 时，点 M 的轨迹为双曲线.其中 $k = 1$ 时为等轴双曲线.

通过这样的一个题源教学的案例，我们可以看到，在教学中注重结构、关系和顺序这三个基本要素，通过挖掘题源、习题变式、问题引申、结论推广这四个基本途径，实现题源教学的过程，摆脱数学题海，使一个个数学问题变成高中数学教学鲜活的素材，题源教学必将为高中数学教学注入勃勃的生机和活力.

第四节　高中数学题源教学的主要形式

以数学问题为源头，以变式策略为指导，以变式技巧为手段，以提高学生数学学习品质为目的，题源教学在高中数学教学中可以大显身手，大有用武之地.题源教学以一胜多、举一反三、触类旁通、融会贯通，是在高中数学实施素质教育和创新教育方面走出的一条新路.高中数学教学围绕问题展开，每一个数学问题都有独特的背景和相互之间的联系，如果老师认识不到这一点，而将这些问题割裂开来，势必增加学生数学学习的负担，使数学教学陷入困境.我们现在看到很多质量不高的数学课堂教学，老师组织的问题，相互之间缺少关联.课上老师讲完例 1 讲例 2，也不去总结例 1、例 2 共有的解题方法.一堂课下来，题讲得不少，但题与题之间的关联度不高，学生获得的知识只是知识信息在数量上的堆积，没有思维量的提升.因此，在高中数学教学中，老师要精心挑选问题、重组问题、对问题做出演变，为学生量身定制教学内容，使高

中数学教学成为高质量学习的重要途径.

根据存同求异的教学原则,又根据数学问题的产生与演变的起源,我们把题源教学划分为三个主要形式:

一、题源来源于结构形式

在教学中,我们发现一类不等式问题可以通过构造形似函数得到证明.

题源:(2016年全国普通高考重庆适应性测试)设 $f'(x)$ 是函数 $f(x)$ 的导函数,且 $f'(x) > 2f(x)$ ($x \in \mathbf{R}$),$f\left(\dfrac{1}{2}\right) = e$(e为自然对数的底数),则不等式 $f(\ln x) < x^2$ 的解集为(   )

A. $\left(0, \dfrac{e}{2}\right)$ B. $(0, \sqrt{e})$ C. $\left(\dfrac{1}{e}, \dfrac{e}{2}\right)$ D. $\left(\dfrac{e}{2}, \sqrt{e}\right)$

分析:先思考哪个函数求导后可利用已知条件 $f'(x) > 2f(x)$ ($x \in \mathbf{R}$),再把所解不等式变形为 $\dfrac{f(\ln x)}{x^2} < 1$,两式对比即可构造函数.

解析:

构造函数 $F(x) = \dfrac{f(x)}{e^{2x}}$,则 $F'(x) = \dfrac{f'(x) - 2f(x)}{e^{2x}}$.

因为 $f'(x) > 2f(x)$ ($x \in \mathbf{R}$),

所以 $f'(x) > 0$,所以 $F(x)$ 在 $(0, +\infty)$ 上单调递增.

又 $F(\ln x) = \dfrac{f(\ln x)}{x^2}$,由 $f(\ln x) < x^2$,得 $\dfrac{f(\ln x)}{x^2} < 1 = F\left(\dfrac{1}{2}\right)$,

所以 $F(\ln x) = F\left(\dfrac{1}{2}\right)$,即 $\ln x < \dfrac{1}{2}$,故 $0 < x < \sqrt{e}$.

变式1:设 $f'(x)$ 是函数 $f(x)$ 的导函数,满足 $f'(x) + 2f(x) > 0$,且 $f(-1) = 0$,则 $f(x) < 0$ 的解集为(   )

A. $(-\infty, -1)$ B. $(-1, 1)$

C. $(-\infty, 0)$ D. $(-1, +\infty)$

解析:

构造函数 $g(x) = e^{2x}f(x)$,由 $f'(x) + 2f(x) > 0$,可知 $g'(x) > 0$,即 $g(x) = e^{2x}f(x)$ 在 $\mathbf{R}$ 上单调递增.由 $f(-1) = 0$,得 $g(-1) = 0$,则当 $f(x) < 0$ 时,$x \in (-\infty, -1)$.

变式2:已知 $f(x)$ 是定义在 $(0, +\infty)$ 上的非负可导函数,且满足

$xf'(x) - f(x) \le 0.$ 对任意正数 a，b，若 $a \le b$，则必有（　　）

A. $af(b) \le bf(a)$ B. $bf(a) \le af(b)$

C. $af(a) \le f(b)$ D. $bf(b) \le f(a)$

解析：

令 $g(x) = \dfrac{f(x)}{x}$，则 $g'(x) = \dfrac{xf'(x) - f(x)}{x^2}$. 因为 $xf'(x) - f(x) \le 0$，所以 $g'(x) \le 0$，即 $g(x)$ 在 $(0, +\infty)$ 上单调递减. 又 $a \le b$，所以 $g(a) \ge g(b)$，即 $\dfrac{f(a)}{a} \ge \dfrac{f(b)}{b}$.

二、题源来源于思想方法

以下的几个例题从结构形式上来看没有太大的关联，但是它们却有着相同的本质特征，蕴含着相同的数学思想方法.

题源：设 $\alpha > \beta > e$（e 为自然对数的底数），证明 $\beta^{\alpha} > \alpha^{\beta}$.

分析：遇到幂函数或指数函数，可考虑先取对数再构造函数.

证明：两边取对数再化简得 $\dfrac{\ln\alpha}{\alpha} < \dfrac{\ln\beta}{\beta}$.

构造函数 $f(x) = \dfrac{\ln x}{x}$，则 $f'(x) = \dfrac{1 - \ln x}{x^2}$.

当 $x > e$ 时，$f'(x) = \dfrac{1 - \ln x}{x^2} < 0$，此时 $f(x)$ 在 $(e, +\infty)$ 上单调递减. 因此，

当 $\alpha > \beta > e$ 时，$f(\alpha) < f(\beta)$，即 $\dfrac{\ln\alpha}{\alpha} < \dfrac{\ln\beta}{\beta}$，故 $\beta^{\alpha} > \alpha^{\beta}$.

子题 1：已知 a，b，c 是 $\triangle ABC$ 的三边，$m > 0$，求证 $\dfrac{a}{a+m} + \dfrac{b}{b+m} > \dfrac{c}{c+m}$.

分析：题目所给不等式具有分式形式，所以可先构造分式函数，再通过求导，利用函数的单调性来证明.

证明：构造函数 $f(x) = \dfrac{x}{x+m}$，则 $f'(x) = \dfrac{m}{(x+m)^2}$. 因为 $m > 0$，所以 $f'(x) > 0$ 在 $(0, +\infty)$ 上恒成立，即 $f(x)$ 在 $(0, +\infty)$ 上单调递增.

又 $a + b > c$，所以 $f(a+b) > f(c)$，即 $\dfrac{a+b}{a+b+m} > \dfrac{c}{c+m}$.

而 $\dfrac{a+b}{a+b+m} = \dfrac{a}{a+b+m} + \dfrac{b}{a+b+m}$，且 $\dfrac{a}{a+m} > \dfrac{a}{a+b+m}$，$\dfrac{b}{b+m} > \dfrac{b}{a+b+m}$，

故 $\dfrac{a}{a+m} + \dfrac{b}{b+m} > \dfrac{c}{c+m}$.

子题 2：已知不等式 $\dfrac{1}{n+1} + \dfrac{1}{n+2} + \cdots + \dfrac{1}{2n} > \dfrac{1}{12}\log_a^{(a-1)} + \dfrac{2}{3}$ 对于一切大于 1 的自然数 n 都成立，求实数 a 的取值范围.

分析：题目所给不等式的左边是关于 n 的代数式，右边是关于 a 的代数式，直接把左边构造成关于 n 的函数，再利用函数的单调性解决问题.

解析：

（构造函数）设 $f(n) = \dfrac{1}{n+1} + \dfrac{1}{n+2} + \cdots + \dfrac{1}{2n}$（$n \in \mathbf{N}$，$n \geqslant 2$），

则 $f(n+1) - f(n) = \dfrac{1}{2n+1} + \dfrac{1}{2n+2} - \dfrac{1}{n+1} = \dfrac{1}{2(n+1)(2n+1)} > 0$.

所以 $f(n+1) > f(n)$，$f(n)$ 是 n 的增函数，$f(n)$ 的最小值为 $f(2)$ $= \dfrac{1}{3} + \dfrac{1}{4} = \dfrac{7}{12}$.

所以 $\dfrac{1}{12}\log_a^{(a-1)} + \dfrac{2}{3} < \dfrac{7}{12}$，即 $\log_a^{(a-1)} < -1$.

因为 $a > 1$，所以 $a - 1 < \dfrac{1}{a}$，解得 $1 < a < \dfrac{1+\sqrt{5}}{2}$.

子题 3：设函数 $f(x) = e^{mx} + x^2 - mx$.

证明：$f(x)$ 在 $(-\infty, 0)$ 上单调递减，在 $(0, +\infty)$ 上单调递增；

若对于任意 x_1，$x_2 \in [-1, 1]$，都有 $|f(x_1) - f(x_2)| \leqslant e - 1$，求 m 的取值范围.

分析：根据特点，先等价变形再构造函数.

解析：

（1）证明略.

（2）由（1）知，对任意的 m，$f(x)$ 在 $[-1, 0]$ 上单调递减，在 $[0, 1]$ 上单调递增，故 $f(x)$ 在 $x = 0$ 处取得最小值. 所以对于任意 x_1，$x_2 \in [-1, 1]$，$|f(x_1) - f(x_2)| \leqslant e - 1$ 的充要条件是

$$\begin{cases} f(1) - f(0) \leqslant e - 1 \\ f(-1) - f(0) \leqslant e - 1 \end{cases}, \quad 即 \begin{cases} e^m - m \leqslant e - 1 \\ e^{-m} + m \leqslant e - 1 \end{cases} \qquad ①$$

设函数 $g(t) = e^t - t - e + 1$，则 $g'(t) = e^t - 1$.

当 $t < 0$ 时，$g'(t) < 0$；当 $t > 0$ 时，$g'(t) > 0$.

故函数 $g(t)$ 在 $(-\infty,0)$ 上单调递减，在 $(0,+\infty)$ 上单调递增.

又 $g(1)=0$，$g(-1)=e^{-1}+2-e<0$，

故当 $t\in[-1,1]$ 时，$g(t)\leq0$；

当 $m\in[-1,1]$ 时，$g(m)\leq0$，$g(-m)\leq0$，即①式成立；

当 $m>1$ 时，由 $g(t)$ 的单调性，知 $g(m)>0$，即 $e^m-m>e-1$；

当 $m<1$ 时，$g(-m)>0$，即 $e^{-m}+m>e-1$.

综上，m 的取值范围是 $[-1,1]$.

通过揭示形相异或形相似而质相同的题目的本质特征，以形成学生数学知识学习的正迁移，从而巩固学生已学的基础知识，掌握基本数学思想方法，也就是我们常说的多题一解.

三、题源来自于知识的迁移和方法的拓展

题源：设 $k\in\mathbf{R}$，函数 $f(x)=\ln x-kx$，若 $f(x)$ 有两个相异零点 x_1，x_2，求证：$\therefore \ln x_1+\ln x_2>2$.

从这个题源引发一系列的思考，通过设置子问题，把问题引向深入，层层剖析，引导学生寻求解决这类问题的通性通法.

问题 1：处理双变量不等式问题的常用方法是变量归一，把双变量问题变成单变量问题，再利用函数的单调性进行证明.

解法一：变量归一

设 $f(x)$ 的两个相异零点为 x_1，x_2，设 $x_1>x_2>0$.

因为 $f(x_1)=f(x_2)=0$.

所以 $\ln x_1-kx_1=0$，$\ln x_2-kx_2=0$，

所以 $\ln x_1-\ln x_2=k(x_1-x_2)$，$\ln x_1+\ln x_2=k(x_1+x_2)$.

因为要证 $\ln x_1+\ln x_2>2$，只需 $k(x_1+x_2)>2$，

即 $\dfrac{\ln x_1-\ln x_2}{x_1-x_2}>\dfrac{2}{x_1+x_2}$，即 $\ln\dfrac{x_1}{x_2}>\dfrac{2(x_1-x_2)}{x_1+x_2}$.

设 $t=\dfrac{x_1}{x_2}>1$，上式转化为 $\ln t>\dfrac{2(t-1)}{t+1}$ $(t>1)$.

设 $g(t)=\ln t-\dfrac{2(t-1)}{t+1}$，所以 $g'(t)=\dfrac{(t-1)^2}{t(t+1)^2}>0$，

所以 $g(t)$ 在 $(1,+\infty)$ 上单调递增，所以 $g(t)>g(1)=0$，

所以 $\ln t>\dfrac{2(t-1)}{t+1}$，所以 $\ln x_1+\ln x_2>2$.

问题 2：我们能否利用变量归一的方法，证明对数平均不等式 $\sqrt{x_1 x_2} < \dfrac{x_1 - x_2}{\ln x_1 - \ln x_2} < \dfrac{x_1 + x_2}{2}$.

问题 3：在对数平均不等式的基础上，我们可否证明题设结论？

解法二：对数平均不等式

证明：$\because \ln x_1 - k x_1 = 0$，$\ln x_2 - k x_2 = 0$，

$\therefore k = \dfrac{\ln x_1}{x_1} = \dfrac{\ln x_2}{x_2} = \dfrac{\ln x_1 - \ln x_2}{x_1 - x_2} = \dfrac{\ln x_1 + \ln x_2}{x_1 + x_2}$.

由对数平均不等式：$\dfrac{\ln x_1 - \ln x_2}{x_1 - x_2} > \dfrac{2}{x_1 + x_2}$，得 $\dfrac{\ln x_1 + \ln x_2}{x_1 + x_2} > \dfrac{2}{x_1 + x_2}$，

$\therefore \ln x_1 + \ln x_2 > 2$.

问题 4：$\ln x_1 + \ln x_2 > 2$ 结论等价于 $x_1 + x_2 > \dfrac{2}{k}$，发现这实质上是一个极值点偏移问题，我们可否利用构造对称函数的方法加以证明？

解法三：构造对称函数（利用和式）

证明：$f'(x) = \dfrac{1}{x} - k = \dfrac{1 - kx}{x}$，$f(x)$ 有两个相异零点 x_1，x_2，$\therefore k > 0$.

令 $f'(x) = 0$，得 $x = \dfrac{1}{k}$，

当 $x \in \left(0, \dfrac{1}{k}\right)$，$f'(x) > 0$，$f(x)$ 单调递增，

当 $x \in \left(\dfrac{1}{k}, +\infty\right)$，$f'(x) < 0$，$f(x)$ 单调递减，

$\therefore 0 < x_1 < \dfrac{1}{k}$，$x_2 > \dfrac{1}{k}$，

$\because \ln x_1 - k x_1 = 0$，$\ln x_2 - k x_2 = 0$，要证 $\ln x_1 + \ln x_2 > 2$，即证 $k x_1 + k x_2 > 2$，

即证 $x_1 + x_2 > \dfrac{2}{k}$，即证 $x_2 > \dfrac{2}{k} - x_1$，

$\because x_2$，$\dfrac{2}{k} - x_1 \in \left(\dfrac{1}{k}, +\infty\right)$，而当 $x \in \left(\dfrac{1}{k}, +\infty\right)$，$f(x)$ 单调递减，

故 $x_2 > \dfrac{2}{k} - x_1 \Leftrightarrow f(x_2) < f\left(\dfrac{2}{k} - x_1\right) \Leftrightarrow f(x_1) < f\left(\dfrac{2}{k} - x_1\right)$.

构造函数 $g(x) = f(x) - f\left(\dfrac{2}{k} - x\right)$，$x \in \left(0, \dfrac{1}{k}\right)$，

$$g'(x) = f'(x) + f'\left(\frac{2}{k} - x\right) = \frac{2 (kx-1)^2}{x (2-kx)} > 0,$$

$$\therefore g(x) \text{ 单调递增}, \ g(x) < g\left(\frac{1}{k}\right) = 0,$$

$$\therefore g(x_1) = f(x_1) - f\left(\frac{2}{k} - x_1\right) < 0, \ 即 f(x_1) < f\left(\frac{2}{k} - x_1\right), \ 命题得证.$$

问题 5：$\ln x_1 + \ln x_2 > 2$ 等价于 $x_1 x_2 > e^2$，通过对比分析，发现结论不含参数，而原函数 $f(x)$ 含有参数，考虑同除以 x，孤立参数 k，这样求导以后极值点就不含参数了.

解法四：构造对称函数（利用积式）

$$\ln x - kx = 0 \Leftrightarrow \frac{\ln x}{x} - k = 0, \ 设 g(x) = \frac{\ln x}{x} - k, \ g(x_1) = g(x_2) = 0,$$

$$g'(x) = \frac{1 - \ln x}{x^2}, \ 令 g'(x) = 0, \ 得 x = e,$$

当 $x \in (0, e)$，$g'(x) > 0$，$g(x)$ 单调递增，

当 $x \in (e, +\infty)$，$g'(x) < 0$，$g(x)$ 单调递减，

$$\therefore 0 < x_1 < e, \ x_2 > e,$$

要证 $\ln x_1 + \ln x_2 > 2$，即证 $x_1 x_2 > e^2$，即证 $x_2 > \dfrac{e^2}{x_1}$.

$$\therefore x_2, \frac{e^2}{x_1} \in (e, +\infty) \text{ 而当 } x \in (e, +\infty), \ g(x) \text{ 单调递减,}$$

故 $x_2 > \dfrac{e^2}{x_1} \Leftrightarrow g(x_2) < g\left(\dfrac{e^2}{x_1}\right) \Leftrightarrow g(x_1) < g\left(\dfrac{e^2}{x_1}\right),$

构造函数 $h(x) = g(x) - g\left(\dfrac{e^2}{x}\right), \ (0 < x < e),$

$$h'(x) = g'(x) - g'\left(\frac{e^2}{x}\right)\left(-\frac{e^2}{x^2}\right) = (1 - \ln x)\left(\frac{1}{x^2} - \frac{1}{e^2}\right) > 0,$$

$$\therefore h(x) < h(e) = 0, \ \therefore h(x_1) = g(x_1) - g\left(\frac{e^2}{x_1}\right) < 0,$$

即 $g(x_1) < g\left(\dfrac{e^2}{x_1}\right)$，命题得证.

问题 6：$\ln x_1 + \ln x_2 > 2$，通过换元，可以把对数式变成简单的和式 $t_1 + t_2 > 2$，从而把问题转化为极值点偏移问题来解决，并且极值点不含参数. 当然根据问题 3，就必须先对函数进行处理，同除以 e^t，孤立参数 k.

解法五：换元法

设 $t = \ln x$，则 $f(x) = \ln x - kx = 0 \Leftrightarrow t - ke^t = 0 \Leftrightarrow \dfrac{t}{e^t} - k = 0.$

设 $g(t) = \dfrac{t}{e^t} - k$，$g'(t) = \dfrac{e^t(1-t)}{e^{2t}} = \dfrac{1-t}{e^t}$，

当 $t \in (-\infty, 1)$，$g'(t) > 0$，$g(t)$ 单调递增，

当 $t \in (1, +\infty)$，$g'(t) < 0$，$g(t)$ 单调递减，

要证 $\ln x_1 + \ln x_2 > 2$，即证 $t_1 + t_2 > 2$，即证 $t_1 > 2 - t_2$.

$g(t_1) = g(t_2) = 0$，由图像可知 $t_1 < 1$，$t_2 > 1$，故 $2 - t_2 < 1$.

$\because$ 当 $t \in (-\infty, 1)$ 时，$g(t)$ 单调递增，

故 $t_1 > 2 - t_2 \Leftrightarrow g(t_1) > g(2 - t_2) \Leftrightarrow g(t_2) > g(2 - t_2)$.

构造函数 $h(t) = g(t) - g(2 - t)$，$(t > 1)$，

$h'(t) = g'(t) + g'(2 - t) = (t - 1)\left(\dfrac{1}{e^{2-t}} - \dfrac{1}{e^t}\right) > 0$，

$\therefore h(t)$ 单调递增，$h(t) > h(1) = 0$，

$\therefore h(t_2) = g(t_2) - g(2 - t_2) > 0$，即 $g(t_2) > g(2 - t_2)$，命题得证.

通过挖掘题源，巧妙设置子问题，对题目进行深入的剖析，多角度发散，学生运用所学知识，形成解决问题的综合能力，总结解决一类问题的通性通法，这就是我们常说的一题多解. 子问题的设置使学生建立起知识与方法之间的内部联系，把相关的知识都串联起来，通过对问题进行多角度的分析，培养学生善于思考、探究的思维品质，从根源上把握解决这类问题的关键，洞悉问题的本质特征.

从数学知识的构成来看，学习的初始阶段是循序渐进的，知识点是拾级而上的. 随着数学学习的更进一步，数学知识的整合性在不断提高，因此数学问题的难度也不断加大. 但从数学知识来说，高考所涉及的数学知识点依旧是教材中最基本的概念、定理、性质和运算公式、法则等，这些是数学学习的根本. 围绕这些知识点，充分挖掘题源，从结构形式、思想方法、知识迁移、方法拓展等方面建立知识之间的联系，合理安排教学材料，设置子问题，以培养学生的数学核心素养为数学教育的目标，通过高中题源教学使学生在题海中找到航向，认清问题的本质，发现数学的美，真正爱上数学！

第 三 章

基于数学抽象能力培养的题源教学研究

第一节　数学抽象的概念

什么是数学抽象？史宁中教授在《数学的抽象》一文中，将数学抽象定性为数学的基本思想，数学抽象被列为六个核心素养之首，数学抽象的重要性可见一斑．史宁中教授还说过：数学的表达是符号的，但数学的教学应当是物理的；数学的证明是形式的，但教学应当是直观的；数学的体系是公理的，但教学应当是归纳的．因此，在数学课堂教学实践中，教师要不断探索合理途径，促进学生数学抽象素养的形成和发展．

数学抽象是指舍去事物的一切物理属性，得到数学研究对象，并且用数学符号或者数学术语予以表征的思维过程，主要包括：从数量与数量关系、图形与图形关系中抽象出数学概念及概念之间的关系，从事物的具体背景中抽象出一半规律和结构，并且用数学符号或数学术语予以表征．如果 100 件产品，里面有 80 件正品和 20 件次品，我们可以舍弃产品、正品、次品，抽象出数字：100，80，20．

数学抽象在逐级抽象、逐次提高的过程中，总是伴随着概括，概括是把抽象出来的若干事物的共同属性归结出来进行考察的思维方法，以抽象为基础，是抽象的发展，抽象可以仅涉及一个对象，而概括则必须从多个对象的考察中寻找共同的性质．抽象思维侧重于分析、提炼，概括思维则侧重归纳、综合．数学中的每一个概念都是对一类事物的多个对象通过观察分析，抽象出每个对象的各种属性，再通过归纳概括出各个对象的共同属性而形成的，概括是一种寻求共性的思维，概括能力越强，所得的结论就越深刻越明确．

　　数学抽象的层次性可以从三个方面进行考虑. 第一是把握事物的本质，把繁杂的问题简单化、条理化，能够清晰地表达，我们称之为简约阶段；第二是去掉具体的内容，利用概念、图形、符号、关系表述包括已经简化了的事物在内的一类事物，我们称之为符号阶段；第三是通过假设和推理建立法则、模型，并能够在一般的意义上解释具体事物，我们称之为普适阶段. 课标组把数学抽象分成三个水平：水平一，应用于解决问题之中，在熟悉的情境中抽象出一个数学对象，并能说明其含义，这个要求就相当于学业水平考试的水平；水平二，在关联的情境中抽象出一个数学对象，并能举例说明，这个要求就相当于高考水平；水平三，在复杂的情境中抽象出一个数学对象，并将其一般化、普通化，这个要求就相当于自主招生的水平.

　　数学抽象根据抽象对象的性质，可以分为三种类型. 第一种是表征型抽象，对事物所表现出来的特征的抽象，我们称之为表征型抽象. 例如：正方体、长方体、台体等概念；第二种是原理型抽象，对事物内在的因果性、规律性、关系性的抽象，我们称之为原理型抽象. 例如：零点存在原理、平面向量基本定理、微积分基本定理等；第三种是建构型抽象，凡是建立在表征型抽象和原理型抽象的基础之上的数学建构性活动，我们称之为建构型抽象. 例如：质数、合数、有理数等概念.

第二节　数学抽象核心素养的培养

一、数学抽象的价值

　　数学抽象由于抽象的对象和过程的不同，体现出不同的层次性，一般来说，抽象的水平越高，反映出人们抽象思维能力水平也越高，因此，训练学生逐步从初级的经验水平转向高级的科学水平的抽象，提高思维能力与水平，促进人类智慧的发展，是当前数学教育的重要任务.

　　数学抽象的第一个价值是：数学抽象有利于发现数学问题的本质. 数学抽象的思维方法比较多，但是其本质还是一个构造活动，是借助于定义和推理进行逻辑建构，使得数学对象由内在的思维活动转化为外在的独立存在，形成一种可以供我们用于现实中的知识.

案例1：(1) 已知集合 $A = \{x \mid x^2 - 3x + 2 = 0, x \in \mathbf{R}\}$，$B = \{x \mid 0 < x < 5, x \in \mathbf{N}\}$，则满足条件 $A \subseteq C \subseteq B$ 的集合 C 的个数为（　　）

A. 1　　　　　　B. 2　　　　　　C. 3　　　　　　D. 4

(2) 已知集合 $A = \{x \mid x^2 - 2017x + 2016 < 0\}$，$B = \{x \mid x < a\}$，若 $A \subseteq B$，则实数 a 的取值范围是_____.

解析：

(1) 由 $x^2 - 3x + 2 = 0$，得 $x = 1$ 或 $x = 2$，

$\therefore A = \{1, 2\}$. 由题意知 $B = \{1, 2, 3, 4\}$.

$\therefore$ 满足 $A \subseteq C \subseteq B$ 的集合 C 可以是 $\{1, 2\}$，$\{1, 2, 3\}$，$\{1, 2, 4\}$，$\{1, 2, 3, 4\}$ 共 4 个.

(2) 由 $x^2 - 2017x + 2016 < 0$，解得 $1 < x < 2016$，

故 $A = \{x \mid 1 < x < 2\,016\}$，又 $B = \{x \mid x < a\}$，$A \subseteq B$ 如图 $3-2-1$ 所示.

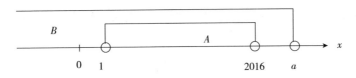

图 $3-2-1$

得 $a \geqslant 2016$.

【思维升华】

1. 空集是任何集合的子集，在涉及集合关系时，必须优先考虑空集的情况，否则会造成漏解.

2. 已知两个集合间的关系求参数时，关键是将条件转化为元素或区间端点间的关系，进而转化为参数所满足的关系. 常用数轴、Venn 图等来直观解决这类问题.

案例2：若集合 A 具有以下性质：

(1) $0 \in A$，$1 \in A$；

(2) 若 $x \in A$，$y \in A$，则 $x - y \in A$，且 $x \neq 0$ 时，$\dfrac{1}{x} \in A$.

则称集合 A 是"好集". 下列命题正确的个数是（　　）

(1) 集合 $B = \{-1, 0, 1\}$ 是"好集".

（2）有理数集 Q 是"好集".

（3）设集合 A 是"好集"，若 $x \in A$，$y \in A$，则 $x + y \in A$.

A. 0 B. 1 C. 2 D. 3

解析：

（1）集合 B 不是"好集"，假设集合 B 是"好集"，因为 $-1 \in B$，$1 \in B$，所以 $-1 - 1 = -2 \in B$，这与 $-2 \notin B$ 矛盾.

（2）有理数集 Q 是"好集"，因为 $0 \in Q$，$1 \in Q$，对任意的 $x \in Q$，$y \in Q$，有 $x - y \in Q$，且 $x \neq 0$ 时，$\frac{1}{x} \in Q$，所以有理数集 Q 是"好集".

（3）因为集合 A 是"好集"，所以 $0 \in A$，若 $x \in A$，$y \in A$，则 $0 - y \in A$，即 $-y \in A$，所以 $x - (-y) \in A$，即 $x + y \in A$. 所以答案为 C.

【思维升华】

解决以集合为背景的新定义问题，要抓住两点：

1. 紧扣新定义. 首先分析新定义的特点，把新定义所叙述的问题的本质弄清楚，并能够应用到具体的解题过程之中，这是破解新定义型集合问题难点的关键所在；

2. 用好集合的性质. 解题时要善于从试题中发现可以使用集合性质的一些因素，在关键之处用好集合的运算与性质.

数学抽象的第二个价值是：数学抽象有利于体现数学知识之间的层次性和规律性. 数学抽象可以帮助我们找出数学概念和定理的原型，真正弄懂它们的具体含义，掌握数学知识的来龙去脉，并洞察知识的形成过程的全貌，有利于我们了解概念层次结构中各步骤的难易程度，看清概念的本质，有利于进一步理解这些数学知识之间的联系与规律，更有利于我们解决一些综合性很强的数学难题.

案例 3：已知定义在正实数集上的函数 $f(x) = \frac{1}{2}x^2 + 2ax$，$g(x) = 3a^2 \ln x + b$，其中 $a > 0$. 设两曲线 $y = f(x)$，$y = g(x)$ 有公共点，且在该点处的切线相同.

（1）用 a 表示 b，并求 b 的最大值；

（2）求证：$f(x) \geq g(x)$（$x > 0$）.

解析：

设两曲线的公共点为 (x_0, y_0)，$f'(x) = x + 2a$，$g'(x) = \frac{3a^2}{x}$，

由题意知 $f(x_0) = g(x_0)$，$f'(x_0) = g'(x_0)$，

即 $\begin{cases} \dfrac{1}{2}a^2 + 2ax_0 = 3a^2\ln x_0 + b, \\ x_0 + 2a = \dfrac{3a^2}{x_0}. \end{cases}$

由 $x_0 + 2a = \dfrac{3a^2}{x_0}$，得 $x_0 = a$ 或 $x_0 = -3a$（舍去）.

即有 $b = \dfrac{1}{2}a^2 + 2a^2 - 3a^2\ln a = \dfrac{5}{2}a^2 - 3a^2\ln a$.

令 $h(t) = \dfrac{5}{2}t^2 - 3t^2\ln t$ $(t > 0)$，则 $h'(t) = 2t(1 - 3\ln t)$.

于是当 $t(1 - 3\ln t) > 0$，即 $0 < t < e^{\frac{1}{3}}$ 时，$h'(t) > 0$；

当 $t(1 - 3\ln t) < 0$，即 $t > e^{\frac{1}{3}}$ 时，$h'(t) < 0$.

故 $h(t)$ 在 $(0, e^{\frac{1}{3}})$ 上为增函数，在 $(e^{\frac{1}{3}}, +\infty)$ 上为减函数，

于是 $h(t)$ 在 $(0, +\infty)$ 上的最大值为 $h(e^{\frac{1}{3}}) = \dfrac{3}{2}e^{\frac{2}{3}}$，即 b 的最大值

为 $\dfrac{3}{2}e^{\frac{2}{3}}$.

证明：设 $F(x) = f(x) - g(x) = \dfrac{1}{2}x^2 + 2ax - 3a^2\ln x - b$ $(x > 0)$，

则 $F'(x) = x + 2a - \dfrac{3a^2}{x} = \dfrac{(x - a)(x + 3a)}{x}$ $(x > 0)$.

故 $F(x)$ 在 $(0, a)$ 上为减函数，在 $(a, +\infty)$ 上为增函数.

于是 $F(x)$ 在 $(0, +\infty)$ 上的最小值是 $F(a) = F(x_0) = f(x_0) - g(x_0) = 0$.

故当 $x > 0$ 时，有 $f(x) - g(x) \geq 0$，即当 $x > 0$ 时，$f(x) \geq g(x)$.

【思维升华】

1. 利用导数解不等式，一般可构造函数，利用已知条件确定函数单调性解不等式.

2. 证明不等式 $f(x) < g(x)$，可构造函数 $F(x) = f(x) - g(x)$，利用导数求 $F(x)$ 的值域，得到 $F(x) < 0$ 即可.

3. 利用导数研究不等式恒成立问题，首先要构造函数，利用导数研究函数的单调性，求出最值，进而得出相应的含参不等式，从而求出参数的取值范围；

也可分离变量，构造函数，直接把问题转化为函数的最值问题.

案例4：（2014·课标全国Ⅱ）已知函数$f(x)=x^3-3x^2+ax+2$，曲线$y=f(x)$在点（0，2）处的切线与x轴交点的横坐标为-2.

（1）求a的值.

（2）证明：当$k<1$时，曲线$y=f(x)$与直线$y=kx-2$只有一个交点.

解析：

$f'(x)=3x^2-6x+a$，$f'(0)=a$.

曲线$y=f(x)$在点（0，2）处的切线方程为$y=ax+2$.

由题设得$-\dfrac{2}{a}=-2$，所以$a=1$.

证明：由（1）知，$f(x)=x^3-3x^2+x+2$. 设$g(x)=f(x)-kx+2=x^3-3x^2+(1-k)x+4$.

由题设知$1-k>0$. 当$x\leqslant0$时，$g'(x)=3x^2-6x+1-k>0$，$g(x)$单调递增，

$g(-1)=k-1<0$，$g(0)=4$，所以$g(x)=0$在$(-\infty,0]$有唯一实根.

当$x>0$时，令$h(x)=x^3-3x^2+4$，则$g(x)=h(x)+(1-k)x>h(x)$.

$h'(x)=3x^2-6x=3x(x-2)$，$h(x)$在（0，2）单调递减，在（2，$+\infty$）单调递增，

所以$g(x)>h(x)\geqslant h(2)=0$. 所以$g(x)=0$在（0，$+\infty$）没有实根.

综上，$g(x)=0$在$\mathbf{R}$有唯一实根，即曲线$y=f(x)$与直线$y=kx-2$只有一个交点.

【思维升华】

研究方程根的情况，可以通过导数研究函数的单调性、最大值、最小值、变化趋势等，根据题目要求，画出函数图像的走势，标明函数极（最）值的位置，通过数形结合的思想去分析问题，可以使问题的求解有一个清晰、直观的整体展现.

数学抽象的第三个价值是：数学抽象有利于培养抽象概括能力，发展思维能力. 思维最显著的特点就是概括性，思维之所以能够揭示事物的本质和内在规律，主要来自抽象和概括，对事物的认识只有通过抽象概括才能由感性认识

上升到理性认识的水平层次. 概括是思维过程的一种. 人脑在比较和抽象的基础上，把抽象出来的事物的共同的本质特征综合起来，并推广到同类事物上去的过程. 如儿童经常看到鸟，并把它和其他动物进行比较，逐渐分清鸟的本质特征（有羽毛、卵生等）和非本质特征（会飞、大小、颜色等）；在此基础上，就能把这些本质特征综合起来，并把具有这些本质特征的动物都称为鸟. 根据概括水平的不同，分为初级概括和高级概括. 前者指在感知或表象水平上的概括，表现为根据具体经验抽取事物的共同特征或联系，总结出某类事物的共同属性，是概括的初级形式，有益于个体逻辑思维的发展，但因受具体经验的局限而难以得到事物的本质属性，如幼儿把会飞的动物叫作鸟. 后者是指在把握事物的本质特征的基础上进行的概括，是概括的高级形式.

案例 5：（1）定义在 **R** 上的函数 $f(x)$ 满足 $f(x+6) = f(x)$，当 $-3 \leqslant x < -1$ 时，$f(x) = -(x+2)^2$；当 $-1 \leqslant x < 3$ 时，$f(x) = x$，则 $f(1) + f(2) + f(3) + \cdots + f(2\,017)$ 等于_____.

（2）已知 $f(x)$ 是定义在 **R** 上的偶函数，并且 $f(x+2) = -\dfrac{1}{f(x)}$，当 $2 \leqslant x \leqslant 3$ 时，$f(x) = x$，则 $f(105.5) = $ _____.

解析：

（1）$\because f(x+6) = f(x)$，$\therefore T = 6$. $\because$ 当 $-3 \leqslant x < -1$ 时，$f(x) = -(x+2)^2$；

当 $-1 \leqslant x < 3$ 时，$f(x) = x$，$\therefore f(1) = 1$，$f(2) = 2$，$f(3) = f(-3) = -1$，

$f(4) = f(-2) = 0$，$f(5) = f(-1) = -1$，$f(6) = f(0) = 0$，

$\therefore f(1) + f(2) + \cdots + f(6) = 1$，

$\therefore f(1) + f(2) + f(3) + \cdots + f(2015) + f(2016) = 1 \times \dfrac{2016}{6} = 336$.

又 $f(2017) = f(1) = 1$.

$\therefore f(1) + f(2) + f(3) + \cdots + f(2017) = 337$.

（2）由已知，可得 $f(x+4) = f[(x+2)+2] = -\dfrac{1}{f(x+2)} = -\dfrac{1}{-\dfrac{1}{f(x)}} = f(x)$. 故函数的周期为 4.

$\therefore f(105.5) = f(4 \times 27 - 2.5) = f(-2.5) = f(2.5)$.

∵2≤2.5≤3，由题意，得 $f(2.5)=2.5$．∴$f(105.5)=2.5$．

【思维升华】

1. 函数的周期性反映了函数在整个定义域上的性质．对函数周期性的考查，主要涉及函数周期性的判断，利用函数周期性求值．

2. 函数周期性的三个常用结论：①若 $f(x+a)=-f(x)$，则 $T=2a$；②若$f(x+a)=\dfrac{1}{f(x)}$，则 $T=2a$；③若 $f(x+a)=-\dfrac{1}{f(x)}$，则 $T=2a$ $(a>0)$．

案例6：已知函数 $f(x)=\dfrac{x^2+2x+a}{x}$，$x\in[1,+\infty)$，$a\in(-\infty,1]$．

（1）当 $a=\dfrac{1}{2}$ 时，求函数 $f(x)$ 的最小值．

（2）若对任意 $x\in[1,+\infty)$，$f(x)>0$ 恒成立，试求实数 a 的取值范围．

解析：

（1）当 $a=\dfrac{1}{2}$ 时，$f(x)=x+\dfrac{1}{2x}+2$ 在 $[1,+\infty)$ 上为增函数，$f(x)_{\min}=f(1)=\dfrac{7}{2}$．

（2）$f(x)=x+\dfrac{a}{x}+2$，$x\in[1,+\infty)$．

①当 $a\leq0$ 时，$f(x)$ 在 $[1,+\infty)$ 内为增函数．最小值为 $f(1)=a+3$．

要使 $f(x)>0$ 在 $x\in[1,+\infty)$ 上恒成立，只需 $a+3>0$，即 $a>-3$，所以 $-3<a\leq0$．

②当 $0<a\leq1$ 时，$f(x)$ 在 $[1,+\infty)$ 上为增函数，$f(x)_{\min}=f(1)=a+3$．

所以 $a+3>0$，$a>-3$，所以 $0<a\leq1$．

综上所述，$f(x)$ 在 $[1,+\infty)$ 上恒大于零时，a 的取值范围是 $(-3,1]$．

【思维升华】

求函数最值的常用方法：

1. 单调性法：先确定函数的单调性，再由单调性求最值；

2. 图像法：先作出函数的图像，再观察其最高点、最低点，求出最值；

3. 换元法：对比较复杂的函数可通过换元转化为熟悉的函数，再用相应的方法求最值.

二、数学抽象核心素养的培养方法

数学抽象核心素养的第一个培养方法是：以数学核心概念的形成为根基，让学生学会数学抽象．重视双基教学是我国数学教育的优良传统，双基教学，即基础知识和基本技能教学．双基教学理论作为一种教育思想或教学理论，可以看作是以"基本知识和基本技能"教学为本的教学理论体系，其核心思想是重视基础知识和基本技能的教学．数学抽象有四个表现：形成数学概念和规则、形成数学命题和模型、形成数学方法与思想、形成数学结构与体系．由此可知，数学概念的形成是最基本的．概念是思维的单元和细胞，概念组成命题，命题形成判断，数学思想和方法是数学知识在更高层次的抽象和概括．在实际教学中，教师可以根据学生和当地的实际情况改变教材，对原有教材重新进行调整和组合．这就使教材有了一个比较好的知识结构．而要把知识的基本结构教给学生，关键在于要有好的教学方法，在教法改革中充分运用知识迁移的原理，突出基本概念的教学，加强知识间的内在联系，适时进行渗透，使前面的学习顺利地为后面的学习知识打好基础，把新旧知识联系起来，使学生形成一个最佳的认知结构．这里不是简单地教给学生一个个知识，而是教给学生知识的基本结构．这种把教知识变为教知识结构，是教学中特别重视的环节．首先，突出基本概念的教学．对于基本概念、法则、原理的教学，让学生摆一摆，画一画，说一说，自己动手操作、练习；边观察、边说、边思考，做到眼、手、口、脑并用，使概念的形成经过形象化感知、外部言语、再到内部言语这样一个过程．一般来说，对基本概念的讲解、推导，不急于求成，一节课不够用，就增加时间，直到学生真正理解，牢固掌握，能举一反三为止．其次，加强知识的训练，形成知识网络．科学概念反映客观事物的内在联系，越是基本的概念，它所反映事物的联系就越广泛、越深刻．突出基本概念的教学，不是说可以不去注意一般的知识，相反，而是要以最基本的概念为中心，在对概念的理解，运用和深化的过程中，不断把有关知识联系起来，以纲带目，以点带面，形成知识网络．这种联系紧密的知识，就为迁移创造了良好的条件，学生就能比较顺利地理解和掌握新知识．第三，适时进行渗透．在学习过程中，有些知识前后联系不紧密，有些新知识跨越程度比较大，学生不容易掌握，成为知识的难点．对于这些新知识，怎样使前面的学习能为后面学习做准备，怎样使新旧知识联系起来，使迁移能顺利地进行呢？这就需要在新旧知识之间，架起联系的桥梁. 这种在前面学习时为后面学习某些知识的"架桥"工作，也就是为学习某些新知识做了准备，就是渗透. 渗透要注意时机，要结合学习前面的知识自然地进行；渗透的内容要适度，做到使学生通过迁移顺利地掌握新知识即可.

案例 1：有以下判断：

(1) $f(x) = \dfrac{|x|}{x}$ 与 $g(x) = \begin{cases} 1 & (x \geq 0) \\ -1 & (x < 0) \end{cases}$ 表示同一函数.

(2) 函数 $y = f(x)$ 的图像与直线 $x = 1$ 的交点最多有 1 个.

(3) $f(x) = x^2 - 2x + 1$ 与 $g(t) = t^2 - 2t + 1$ 是同一函数.

(4) 若 $f(x) = |x - 1| - |x|$，则 $f\left(f\left(\dfrac{1}{2}\right)\right) = 0$.

其中正确判断的序号是_____.

解析：

对于（1），由于函数 $f(x) = \dfrac{|x|}{x}$ 的定义域为 $\{x \mid x \in \mathbf{R} \text{ 且 } x \neq 0\}$，而函数 $g(x) = \begin{cases} 1 & (x \geq 0) \\ -1 & (x < 0) \end{cases}$ 的定义域是 $\mathbf{R}$，所以二者不是同一函数；对于（2），若 $x = 1$ 不是 $y = f(x)$ 定义域内的值，则直线 $x = 1$ 与 $y = f(x)$ 的图像没有交点，如果 $x = 1$ 是 $y = f(x)$ 定义域内的值，由函数定义可知，直线 $x = 1$ 与 $y = f(x)$ 的图像只有一个交点，即 $y = f(x)$ 的图像与直线 $x = 1$ 最多有一个交点；对于（3），$f(x)$ 与 $g(t)$ 的定义域、值域和对应关系均相同，所以 $f(x)$ 和 $g(t)$ 表示同一函数；对于（4），由于 $f\left(\dfrac{1}{2}\right) = \left|\dfrac{1}{2} - 1\right| - \left|\dfrac{1}{2}\right| = 0$，所以 $f\left(f\left(\dfrac{1}{2}\right)\right) = f(0) = 1$.

综上可知，正确的判断是（2）（3）.

【思维升华】

函数的值域可由定义域和对应关系唯一确定；当且仅当定义域和对应关系都相同的函数才是同一函数. 值得注意的是，函数的对应关系是就结果而言的（判断两个函数的对应关系是否相同，只要看对于函数定义域中的任意一个相同的自变量的值，按照这两个对应关系算出的函数值是否相同）.

案例 2：（1）若函数 $y = f(x)$ 的定义域是 $[1, 2016]$，则函数 $g(x) = \dfrac{f(x+1)}{x-1}$ 的定义域是（   ）

A. ［0，2015］ B. ［0，1）∪（1，2015］

C. （1，2016］ D. ［-1，1）∪（1，2015］

（2）若函数 $f(x^2+1)$ 的定义域为 ［-1，1］，则 $f(\lg x)$ 的定义域为（ ）

A. ［-1，1］ B. ［1，2］ C. ［10，100］ D. ［0，lg 2］

解析：

（1）令 $t=x+1$，则由已知函数的定义域为 ［1，2016］，可知 $1\leq t\leq 2016$. 要使函数 $f(x+1)$ 有意义，则有 $1\leq x+1\leq 2016$，解得 $0\leq x\leq 2015$，故函数 $f(x+1)$ 的定义域为 ［0，2015］.

所以使函数 $g(x)$ 有意义的条件是 $\begin{cases}0\leq x\leq 2015,\\x-1\neq 0,\end{cases}$ 解得 $0\leq x<1$ 或 $1<x\leq$ 2015. 故函数 $g(x)$ 的定义域为 ［0，1）∪（1，2015］. 故选 B.

（2）因为 $f(x^2+1)$ 的定义域为 ［-1，1］，则 $-1\leq x\leq 1$，故 $0\leq x^2\leq 1$，所以 $1\leq x^2+1\leq 2$. 因为 $f(x^2+1)$ 与 $f(\lg x)$ 是同一个对应关系，所以 $1\leq \lg x\leq 2$，即 $10\leq x\leq 100$，所以函数 $f(\lg x)$ 的定义域为 ［10，100］. 故选 C.

【思维升华】

简单函数定义域的类型及求法：

1. 已知函数的解析式，则构造使解析式有意义的不等式（组）求解.

2. 抽象函数：①无论是已知定义域还是求定义域，均是指其中的自变量 x 的取值集合；②对应法则 f 下的范围一致.

3. 已知定义域求参数范围，可将问题转化，列出含参数的不等式（组），进而求其范围.

数学抽象核心素养的第二个培养方法是：以数学抽象概括能力的形成为重点，让学生领悟由特殊到一般的数学抽象方法. 抽象与概括是指从具有共性的事物中揭示其本质意义的两种思维活动. 抽象是指抽取客观事物的一般的、本质的属性的思维方法；概括是指把抽象出来的个别事物的本质属性连接起来，推及到其他同类事物上去，从而归结出全类事物的共性的思维方法. 二者有区别又有联系，不可分割. 概括在抽象的基础上进行，没有抽象就不能进行概括；抽象中寓有概括，概括又借助于抽象，其目的都是为了揭示事物本质. 对于某个一般性的数学问题，如果一时难以解决，那么可以先解决它的特殊情况，即从研究对象的全体转变为研究属于这个全体中的一个对象或部分对象，然后再把解决特殊情况的方法或结论应用或者推广到一般问题上，从而获得一般性问题的解答, 这种用来指导解决问题的思想称之为特殊化思想.

案例3: 已知椭圆 C: $\dfrac{x^2}{a^2} + \dfrac{y^2}{b^2} = 1$ ($a > b > 0$) 的两个焦点分别为 F_1 ($-\sqrt{2}$,

0), F_2 ($\sqrt{2}$, 0), 点 M (1, 0) 与椭圆短轴的两个端点的连线相互垂直.

(1) 求椭圆 C 的方程.

(2) 过点 M (1, 0) 的直线 l 与椭圆 C 相交于 A, B 两点, 设点 N (3, 2), 记直线 AN, BN 的斜率分别为 k_1, k_2, 求证: $k_1 + k_2$ 为定值.

解析:

(1) 依题意, 得 $c = \sqrt{2}$, 所以 $a^2 - b^2 = 2$,

由点 M (1, 0) 与椭圆短轴的两个端点的连线相互垂直, 得 $b = |OM| = 1$,

所以 $a = \sqrt{3}$, 故椭圆 C 的方程为 $\dfrac{x^2}{3} + y^2 = 1$.

(2) **证明:** 当直线 l 的斜率不存在时, 由 $\begin{cases} x = 1, \\ \dfrac{x^2}{3} + y^2 = 1, \end{cases}$ 解得 $x = 1$, $y = \pm\dfrac{\sqrt{6}}{3}$.

设 $A\left(1, \dfrac{\sqrt{6}}{3}\right)$, $B\left(1, -\dfrac{\sqrt{6}}{3}\right)$, 则 $k_1 + k_2 = \dfrac{2 - \dfrac{\sqrt{6}}{3}}{2} + \dfrac{2 + \dfrac{\sqrt{6}}{3}}{2} = 2$ 为定值.

当直线 l 的斜率存在时, 设直线 l 的方程为 $y = k$ ($x - 1$).

将 $y = k$ ($x - 1$) 代入 $\dfrac{x^2}{3} + y^2 = 1$ 化简整理,

得 $(3k^2 + 1)$ $x^2 - 6k^2 x + 3k^2 - 3 = 0$,

依题意, 直线 l 与椭圆 C 必相交于两点, 设 A (x_1, y_1), B (x_2, y_2),

则 $x_1 + x_2 = \dfrac{6k^2}{3k^2 + 1}$, $x_1 x_2 = \dfrac{3k^2 - 3}{3k^2 + 1}$. 又 $y_1 = k$ ($x_1 - 1$), $y_2 = k$ ($x_2 - 1$),

所以 $k_1 + k_2 = \dfrac{2 - y_1}{3 - x_1} + \dfrac{2 - y_2}{3 - x_2} = \dfrac{(2 - y_1)(3 - x_2) + (2 - y_2)(3 - x_1)}{(3 - x_1)(3 - x_2)}$

$= \dfrac{[2 - k(x_1 - 1)](3 - x_2) + [2 - k(x_2 - 1)](3 - x_1)}{9 - 3(x_1 + x_2) + x_1 x_2}$

$= \dfrac{12 - 2(x_1 + x_2) + k[2x_1 x_2 - 4(x_1 + x_2) + 6]}{9 - 3(x_1 + x_2) + x_1 x_2}$

$$= \frac{12 - 2 \times \frac{6k^2}{3k^2+1} + k\left(2 \times \frac{3k^2-3}{3k^2+1} - 4 \times \frac{6k^2}{3k^2+1} + 6\right)}{9 - 3 \times \frac{6k^2}{3k^2+1} + \frac{3k^2-3}{3k^2+1}} = \frac{12\ (2k^2+1)}{6\ (2k^2+1)} = 2.$$

综上，得 $k_1 + k_2 = 2$ 为定值.

【思维升华】

定值问题通常是通过设参数或取特殊值来确定"定值"是多少，或者将该问题涉及的几何式转化为代数式或三角问题，证明该式是恒定的. 定值问题同证明问题类似，在求定值之前已知该值的结果，因此求解时应设参数，运用推理，到最后必定参数统消，定值显现.

案例4：（1）（2019·晋冀豫三省联考）已知 $A\ (-1, 0)$，$B\ (1, 0)$ 两点，过动点 M 作 x 轴的垂线，垂足为 N，若 $\vec{MN}^2 = \lambda\ \vec{AN} \cdot \vec{NB}$，则当 $\lambda < 0$ 时，动点 M 的轨迹为（　　）

A. 圆　　　　　B. 椭圆　　　　　C. 双曲线　　　　D. 抛物线

（2）与 y 轴相切并与圆 C：$x^2 + y^2 - 6x = 0$ 也外切的圆的圆心的轨迹方程为_____.

解析：

（1）设 $M\ (x, y)$，则 $N\ (x, 0)$，所以 $\vec{MN}^2 = y^2$，$\lambda\ \vec{AN} \cdot \vec{NB} = \lambda\ (x+1, 0) \cdot (1-x, 0) = \lambda\ (1-x^2)$，所以 $y^2 = \lambda\ (1-x^2)$，即 $\lambda x^2 + y^2 = \lambda$，变形为 $x^2 + \frac{y^2}{\lambda} = 1$，所以当 $\lambda < 0$ 时，动点 M 的轨迹为双曲线.

（2）若动圆在 y 轴右侧，设与 y 轴相切，且与圆 $x^2 + y^2 - 6x = 0$ 外切的圆的圆心 $P\ (x, y)$ $(x > 0)$，则半径长为 $|x|$，因为圆 $x^2 + y^2 - 6x = 0$ 的圆心为 $(3, 0)$，所以 $\sqrt{(x-3)^2 + y^2} = |x| + 3$，则 $y^2 = 12x$ $(x > 0)$，

若动圆在 y 轴左侧，则 $y = 0$，即圆心的轨迹方程为 $y^2 = 12x$ $(x > 0)$ 或 $y = 0$ $(x < 0)$.

【思维升华】

利用直接法求轨迹方程：

1. 利用直接法求解轨迹方程的关键是根据条件准确列出方程，然后进行化简.

2. 运用直接法应注意的问题：①在用直接法求轨迹方程时，在化简的过程

中，有时破坏了方程的同解性，此时就要补上遗漏的点或删除多余的点，这是不能忽视的；②若方程的化简过程是恒等变形，则最后的验证可以省略.

数学抽象核心素养的第三个培养方法是：以数学知识的温故知新为途径，让学生不断提高数学抽象能力. 温故知新的意思是温习旧的知识，得到新的理解和体会，也指回忆过去，能更好地认识现在. 温故知新出自《论语·为政》："温故而知新；可以为师矣." 因为数学具有逐级抽象特点，较高一级的抽象要依赖于较低一级的抽象，数学的这种逐级抽象性也反映着数学的系统性. 这种数学逐级抽象性的特点，也使得在数学的学习过程当中，温故知新就是一个非常重要、非常有效的学习方法. 这有利于把对数学概念，数学思想与方法的理解提升到一个更高更新的层次，进一步把握问题的本质.

案例 5：（2016·浙江卷）如图 3-2-2 所示，在三棱台 $ABC-DEF$ 中，平面 $BCFE \perp$ 平面 ABC，$\angle ACB = 90°$，$BE = EF = FC = 1$，$BC = 2$，$AC = 3$.

（1）求证：$BF \perp$ 平面 $ACFD$.

（2）求二面角 $B-AD-F$ 的平面角的余弦值.

（1）**证明：**延长 AD，BE，CF 相交于一点 K，如图 3-2-2 所示.

因为平面 $BCFE \perp$ 平面 ABC，且 $AC \perp BC$，

所以 $AC \perp$ 平面 BCK，

因此 $BF \perp AC$.

又因为 $EF /\!/ BC$，$BE = EF = FC = 1$，$BC = 2$，所以 $\triangle BCK$ 为等边三角形，且 F 为 CK 的中点，则 $BF \perp CK$，

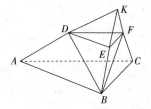

图 3-2-2

且 $CK \cap AC = C$，

所以 $BF \perp$ 平面 $ACFD$.

（2）**解法一：**（温故知新前学会的解法）

如图 3-2-3 所示，延长 AD，BE，CF 相交于一点 K，

则 $\triangle BCK$ 为等边三角形.

取 BC 的中点 O，连接 KO，则 $KO \perp BC$，又平面 $BCFE \perp$ 平面 ABC，

所以 $KO \perp$ 平面 ABC.

以点 O 为原点，分别以射线 OB，OK 的方向为

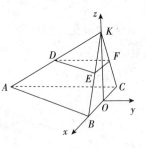

图 3-2-3

x，z 的正方向，

建立空间直角坐标系 $O-xyz$.

由题意得，B（1，0，0），C（-1，0，0），K（0，0，$\sqrt{3}$），A（-1，-3，0），$E\left(\dfrac{1}{2}, 0, \dfrac{\sqrt{3}}{2}\right)$，$F\left(-\dfrac{1}{2}, 0, \dfrac{\sqrt{3}}{2}\right)$.

因此，$\overrightarrow{AC}=$（0，3，0），$\overrightarrow{AK}=$（1，3，$\sqrt{3}$），$\overrightarrow{AB}=$（2，3，0）.

设平面 ACK 的法向量为 $\boldsymbol{m}=$（x_1，y_1，z_1），平面 ABK 的法向量为 $\boldsymbol{n}=$（x_2，y_2，z_2）.

由 $\begin{cases} \overrightarrow{AC}\cdot\boldsymbol{m}=0, \\ \overrightarrow{AK}\cdot\boldsymbol{m}=0, \end{cases}$ 得 $\begin{cases} 3y_1=0, \\ x_1+3y_1+\sqrt{3}z_1=0, \end{cases}$ 取 $\boldsymbol{m}=$（$\sqrt{3}$，0，-1）；

由 $\begin{cases} \overrightarrow{AC}\cdot\boldsymbol{n}=0, \\ \overrightarrow{AK}\cdot\boldsymbol{n}=0, \end{cases}$ 得 $\begin{cases} 2x_2+3y_2=0, \\ x_2+3y_2+\sqrt{3}z_2=0, \end{cases}$ 取 $\boldsymbol{n}=$（3，-2，$\sqrt{3}$）.

于是，$\cos\langle\boldsymbol{m}, \boldsymbol{n}\rangle=\dfrac{\boldsymbol{m}\cdot\boldsymbol{n}}{|\boldsymbol{m}|\cdot|\boldsymbol{n}|}=\dfrac{\sqrt{3}}{4}$. 所以，二面角 $B-AD-F$ 的平面角的余弦值为 $\dfrac{\sqrt{3}}{4}$.

解法二：温故知新后总结出来的解法

如图 3-2-4 所示，过点 F 作 $FQ\perp AK$ 于 Q，连接 BQ.

因为 $BF\perp$ 平面 ACK，所以 $BF\perp AK$，则 $AK\perp$ 平面 BQF，

所以 $BQ\perp AK$. 所以 $\angle BQF$ 是二面角 $B-AD-F$ 的平面角.

在 $\mathrm{Rt}\triangle ACK$ 中，$AC=3$，$CK=2$，得 $AK=\sqrt{13}$，$FQ=\dfrac{3\sqrt{13}}{13}$.

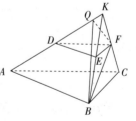

图 3-2-4

在 $\mathrm{Rt}\triangle BQF$ 中，$FQ=\dfrac{3\sqrt{13}}{13}$，$BF=\sqrt{3}$，得 $\cos\angle BQF=\dfrac{\sqrt{3}}{4}$.

所以，二面角 $B-AD-F$ 的平面角的余弦值为 $\dfrac{\sqrt{3}}{4}$.

【思维升华】

利用法向量的根据是两个半平面的法向量所成的角和二面角的平面角相等或互补，在能断定所求二面角的平面角是锐角、直角或钝角的情况下，这种方法具有一定的优势，但要注意，必须能断定"所求二面角的平面角是锐角、直角或钝角"，在用法向量法求二面角的大小时，务必要做出这个判断，否则解法是不严谨的．另外巧妙构造辅助线，在图形中，找出二面角的平面角，再利用三角函数的基础知识求出二面角的余弦值，也不失为一个好方法．

案例 6：（题源）已知圆 M：$(x+1)^2+y^2=1$，圆 N：$(x-1)^2+y^2=9$，动圆 P 与圆 M 外切并且与圆 N 内切，圆心 P 的轨迹为曲线 C．求 C 的方程．

解析：

由已知得，圆 M 的圆心为 $M(-1, 0)$，半径 $r_1=1$；圆 N 的圆心为 $N(1, 0)$，半径 $r_2=3$．设圆 P 的圆心为 $P(x, y)$，半径为 R．

因为圆 P 与圆 M 外切并且与圆 N 内切，

所以 $|PM|+|PN|=(R+r_1)+(r_2-R)=r_1+r_2=4>|MN|=2$．

由椭圆的定义可知，曲线 C 是以 M，N 为左、右焦点，长半轴长为 2，短半轴长为 $\sqrt{3}$ 的椭圆（左顶点除外），其方程为 $\dfrac{x^2}{4}+\dfrac{y^2}{3}=1$（$x\neq-2$）．

温故知新 1：将本例的条件"动圆 P 与圆 M 外切并且与圆 N 内切"改为"动圆 P 与圆 M、圆 N 都外切"，则圆心 P 的轨迹方程为＿＿＿＿．

解析：

由已知得，圆 M 的圆心为 $M(-1, 0)$，半径 $r_1=1$；圆 N 的圆心为 $N(1, 0)$，半径 $r_2=3$．设圆 P 的圆心为 $P(x, y)$，半径为 R，因为圆 P 与圆 M，N 都外切，所以 $|PM|-|PN|=(R+r_1)-(R+r_2)=r_1-r_2=-2$，即 $|PN|-|PM|=2$，又 $|MN|=2$，所以点 P 的轨迹方程为 $y=0$（$x<-2$）．

温故知新 2：把本例中圆 M 的方程换为：$(x+3)^2+y^2=1$，圆 N 的方程换为：$(x-3)^2+y^2=1$，则圆心 P 的轨迹方程为＿＿＿＿．

解析：

由已知条件可知圆 M 和 N 外离，所以 $|PM|=1+R$，$|PN|=R-1$，故 $|PM|-|PN|=(1+R)-(R-1)=2<|MN|=6$，由双曲线的定义知点 P 的轨迹是双曲线的右支，其方程为 $x^2-\dfrac{y^2}{8}=1$（$x>1$）．

温故知新 3：在本例中，若动圆 P 过圆 N 的圆心，并且与直线 $x=-1$ 相切，则圆心 P 的轨迹方程为_____．

解析：

由于点 P 到定点 N（1，0）和定直线 $x = -1$ 的距离相等，所以根据抛物线的定义可知，点 P 的轨迹是以 N（1，0）为焦点，以 x 轴为对称轴，开口向右的抛物线，故其方程为 $y^2 = 4x$．

【思维升华】

定义法求曲线方程的两种策略：

1. 运用圆锥曲线的定义求轨迹方程，可从曲线定义出发直接写出方程，或从曲线定义出发建立关系式，从而求出方程．

2. 定义法和待定系数法适用于已知曲线的轨迹类型，利用条件把待定系数求出来，使问题得解．

第三节　题源教学法在数学抽象能力培养中的应用

一、数学抽象在集合问题中的应用

题源 1：（1）已知集合 $A = \{1, 2, 4\}$，则 $B = \{(x, y) \mid x \in A, y \in A\}$ 中元素的个数为（　　）

A. 3　　　　　　B. 6　　　　　　C. 8　　　　　　D. 9

（2）设集合 $A = \{-4, 2a-1, a^2\}$，$B = \{9, a-5, 1-a\}$，且 A，B 中有唯一的公共元素 9，则实数 a 的值为_____．

解析：

（1）集合 B 中元素有（1，1），（1，2），（1，4），（2，1），（2，2），（2，4），（4，1），（4，2），（4，4），共 9 个．故选 D.

（2）因为集合 A，B 中有唯一的公共元素 9，所以 $9 \in A$．若 $2a-1 = 9$，即 $a = 5$，此时 $A = \{-4, 9, 25\}$，$B = \{9, 0, -4\}$，则集合 A，B 中有两个公共元素 -4，9，与已知矛盾，舍去．若 $a^2 = 9$，则 $a = \pm 3$，当 $a = 3$ 时，$A = \{-4, 9, 5\}$，$B = \{-2, -2, 9\}$，B 中有两个元素均为 -2，与集合中元素的互异性矛盾，应舍去；当 $a = -3$ 时，$A = \{-4, -7, 9\}$，$B = \{9, -8,$

$4\}$，符合题意. 综上所述，$a = -3$.

【思维升华】

1. 研究集合问题时，首先要明确构成集合的元素是什么，即弄清该集合是数集、点集，还是其他集合；然后再看集合的构成元素满足的限制条件是什么，从而准确把握集合的含义.

2. 利用集合元素的限制条件求参数的值或确定集合中元素的个数时，要注意检验集合是否满足元素的互异性.

变式1：（1）（2019·湖北天门等三地联考）设集合 $A = \{1, 2, 3\}$，$B = \{4, 5\}$，$M = \{x \mid x = a + b, a \in A, b \in B\}$，则 M 中元素的个数为（　　）

A. 3　　　　　B. 4　　　　　C. 5　　　　　D. 6

（2）若集合 $A = \{a-3, 2a-1, a^2-4\}$，且 $-3 \in A$，则实数 $a =$ _____．

解析：

（1）$a \in \{1, 2, 3\}$，$b \in \{4, 5\}$，则 $M = \{5, 6, 7, 8\}$，即 M 中元素的个数为4. 故选 B.

（2）若 $a-3 = -3$，则 $a = 0$，此时集合 A 中含有元素 -3，-1，-4，满足题意；若 $2a-1 = -3$，则 $a = -1$，此时集合 A 中的三个元素为 -4，-3，-3，不满足集合中元素的互异性；若 $a^2-4 = -3$，则 $a = \pm 1$，当 $a = 1$ 时，集合 A 中的三个元素为 -2，1，-3，满足题意；当 $a = -1$ 时，不符合题意. 综上可知，$a = 0$ 或 $a = 1$.

题源2：（1）已知集合 $A = \{x \mid x^2 - 2x - 3 \leqslant 0, x \in \mathbf{N}^*\}$，则集合 A 的真子集的个数为（　　）

A. 7　　　　　B. 8　　　　　C. 15　　　　　D. 16

（2）已知集合 $A = \{x \mid -2 \leqslant x \leqslant 5\}$，$B = \{x \mid m+1 \leqslant x \leqslant 2m-1\}$，若 $B \subseteq A$，则实数 m 的取值范围为_____．

解析：

（1）$A = \{x \mid -1 \leqslant x \leqslant 3, x \in \mathbf{N}^*\} = \{1, 2, 3\}$，其真子集有：$\varnothing$，$\{1\}$，$\{2\}$，$\{3\}$，$\{1, 2\}$，$\{1, 3\}$，$\{2, 3\}$，共7个. 或因为集合 A 中有3个元素，所以其真子集的个数为 $2^3 - 1 = 7$（个）.

（2）因为 $B \subseteq A$，所以，①若 $B = \varnothing$，则 $2m-1 < m+1$，此时 $m < 2$. ②若 $B \neq \varnothing$，则 $\begin{cases} 2m-1 \geqslant m+1, \\ m+1 \geqslant -2, \\ 2m-1 \leqslant 5, \end{cases}$ 解得 $2 \leqslant m \leqslant 3$. 由①②可得，符合题意的实数 m 的取

值范围为 $m \leq 3$.

【思维升华】

空集是任何集合的子集，空集是任何非空集合的真子集，在涉及集合关系时，必须优先考虑空集的情况，否则会造成漏解. 另外常用数轴、Venn 图等来直观解决两个集合间的关系.

变式 2：本例（2）中的集合 A 改为 $A = \{x \mid x < -2$ 或 $x > 5\}$，如何求解？

解析：

因为 $B \subseteq A$，所以，①当 $B = \varnothing$ 时，即 $2m - 1 < m + 1$ 时，$m < 2$，符合题意.

②当 $B \neq \varnothing$ 时，$\begin{cases} m + 1 \leq 2m - 1, \\ m + 1 > 5, \end{cases}$ 或 $\begin{cases} m + 1 \leq 2m - 1, \\ 2m - 1 < -2, \end{cases}$ 解得 $\begin{cases} m \geq 2, \\ m > 4, \end{cases}$ 或 $\begin{cases} m \geq 2, \\ m < -\dfrac{1}{2}, \end{cases}$ 即

$m > 4$. 综上可知，实数 m 的取值范围为 $(-\infty, 2) \cup (4, +\infty)$.

二、数学抽象在函数问题中的应用

题源 1：（1）已知二次函数 $f(x)$ 满足 $f(2x + 1) = 4x^2 - 6x + 5$，则 $f(x) = $＿＿＿＿＿＿.

（2）已知 $f(x)$ 满足 $2f(x) + f\left(\dfrac{1}{x}\right) = 3x$，则 $f(x) = $＿＿＿＿＿＿.

（3）定义在 $\mathbf{R}$ 上的函数 $f(x)$ 满足 $f(x + 1) = 2f(x)$. 若当 $0 \leq x \leq 1$ 时，$f(x) = x(1 - x)$，则当 $-1 \leq x < 0$ 时，$f(x) = $＿＿＿＿＿＿.

解析：

（1）解法一：换元法.

令 $2x + 1 = t$（$t \in \mathbf{R}$），则 $x = \dfrac{t - 1}{2}$，所以 $f(t) = 4\left(\dfrac{t - 1}{2}\right)^2 - 6 \times \dfrac{t - 1}{2} + 5 = t^2 - 5t + 9$（$t \in \mathbf{R}$），所以 $f(x) = x^2 - 5x + 9$（$x \in \mathbf{R}$）.

解法二：配凑法.

因为 $f(2x + 1) = 4x^2 - 6x + 5 = (2x + 1)^2 - 10x + 4 = (2x + 1)^2 - 5(2x + 1) + 9$，所以 $f(x) = x^2 - 5x + 9$.

解法三：待定系数法.

因为 $f(x)$ 是二次函数，所以设 $f(x) = ax^2 + bx + c$（$a \neq 0$），则 $f(2x + 1) = a(2x + 1)^2 + b(2x + 1) + c = 4ax^2 + (4a + 2b)x + a + b + c$. 因为 $f(2x$

$+1)=4x^2-6x+5$，所以 $\begin{cases}4a=4,\\4a+2b=-6,\\a+b+c=5,\end{cases}$ 解得 $\begin{cases}a=1,\\b=-5,\\c=9,\end{cases}$ 所以 $f(x)=x^2-5x+9$.

（2）因为 $2f(x)+f\left(\dfrac{1}{x}\right)=3x$①，所以将 x 用 $\dfrac{1}{x}$ 替换，得 $2f\left(\dfrac{1}{x}\right)+f(x)$

$=\dfrac{3}{x}$②，由①②解得 $f(x)=2x-\dfrac{1}{x}$ $(x\neq 0)$，即 $f(x)$ 的解析式是 $f(x)=$

$2x-\dfrac{1}{x}$ $(x\neq 0)$.

（3）（转换法）当 $-1\leqslant x<0$ 时，则 $0\leqslant x+1<1$，故 $f(x+1)=(x+1)$

$(1-x-1)=-x(x+1)$，又 $f(x+1)=2f(x)$，所以 $-1\leqslant x<0$ 时，$f(x)$

$=-\dfrac{x(x+1)}{2}$.

【思维升华】

求函数解析式常用到如下方法：

1. 待定系数法.

2. 换元法.

3. 配凑法.

4. 转换法.

5. 解方程组法.

变式1：（1）已知 $f(x)$ 是二次函数，且 $f(0)=0$，$f(x+1)=f(x)$

$+x+1$，则 $f(x)=$ _____.

（2）已知 $f\left(\dfrac{2}{x}+1\right)=\lg x$，则 $f(x)=$ _____.

解析：

（1）设 $f(x)=ax^2+bx+c$ $(a\neq 0)$，由 $f(0)=0$，知 $c=0$，$f(x)=$

ax^2+bx. 又由 $f(x+1)=f(x)+x+1$，得 $a(x+1)^2+b(x+1)=ax^2+bx$

$+x+1$，即 $ax^2+(2a+b)x+a+b=ax^2+(b+1)x+1$，所以

$\begin{cases}2a+b=b+1,\\a+b=1,\end{cases}$ 解得 $a=b=\dfrac{1}{2}$. 所以 $f(x)=\dfrac{1}{2}x^2+\dfrac{1}{2}x$ $(x\in \mathbf{R})$.

（2）令 $\dfrac{2}{x}+1=t$，得 $x=\dfrac{2}{t-1}$，代入得 $f(t)=\lg\dfrac{2}{t-1}$，又 $x>0$，所以 $t>$

1，故 $f(x)$ 的解析式是 $f(x)=\lg\dfrac{2}{x-1}$ $(x>1)$.

题源 2：（1）函数 $f(x) = \left(\dfrac{1}{3}\right)^x - \log_2(x+2)$ 在区间 $[-1, 1]$ 上的最大值为_____.

（2）已知函数 $f(x) = \begin{cases} x^2, & x \leqslant 1, \\ x + \dfrac{6}{x} - 6, & x > 1, \end{cases}$ 则 $f(x)$ 的最小值是_____.

解析：

（1）由于 $y = \left(\dfrac{1}{3}\right)^x$ 在 $\mathbf{R}$ 上单调递减，$y = \log_2(x+2)$ 在 $[-1, 1]$ 上单调递增，所以 $f(x)$ 在 $[-1, 1]$ 上单调递减，故 $f(x)$ 在 $[-1, 1]$ 上的最大值为 $f(-1) = 3$.

（2）当 $x \leqslant 1$ 时，$f(x)_{\min} = 0$，当 $x > 1$ 时，$f(x)_{\min} = 2\sqrt{6} - 6$，当且仅当 $x = \sqrt{6}$ 时取到最小值，又 $2\sqrt{6} - 6 < 0$，所以 $f(x)_{\min} = 2\sqrt{6} - 6$.

【思维升华】

求函数最值的五种常用方法及其思路：

1. 单调性法：先确定函数的单调性，再由单调性求最值.

2. 图像法：先作出函数的图像，再观察其最高点、最低点，求出最值.

3. 基本不等式法：先对解析式变形，使之具备"一正二定三相等"的条件后再用基本不等式求出最值.

4. 导数法：先求导，然后求出在给定区间上的极值，最后结合端点值，求出最值.

5. 换元法：对比较复杂的函数可通过换元转化为熟悉的函数，再用相应的方法求最值.

变式 2：（1）函数 $f(x) = \dfrac{x}{x-1}$（$x \geqslant 2$）的最大值为_____.

（2）（2019·石家庄模拟）对于任意实数 a，b，定义 $\min\{a, b\} = \begin{cases} a, & a \leqslant b, \\ b, & a > b, \end{cases}$ 设函数 $f(x) = -x + 3$，$g(x) = \log_2 x$，则函数 $h(x) = \min\{f(x), g(x)\}$ 的最大值是_____.

解析：

（1）易得 $f(x) = \dfrac{x}{x-1} = 1 + \dfrac{1}{x-1}$，当 $x \geqslant 2$ 时，$x - 1 > 0$，易知 $f(x)$ 在

［2，+∞）上是减函数，所以 $f(x)_{max} = f(2) =$

$1 + \dfrac{1}{2-1} = 2$.

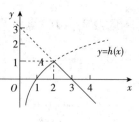

图 3 − 3 − 1

（2）解法一：在同一坐标系中，作函数 $f(x)$，

$g(x)$ 图像，依题意，$h(x)$ 的图像如图 3 − 3 − 1

所示．易知点 $A(2，1)$ 为图像的最高点，因此

$h(x)$ 的最大值为 $h(2) = 1$.

解法二：依题意，$h(x) = \begin{cases} \log_2 x， & 0 < x \leqslant 2， \\ -x+3， & x > 2. \end{cases}$ 当 $0 < x \leqslant 2$ 时，$h(x) =$

$\log_2 x$ 是增函数，当 $x > 2$ 时，$h(x) = 3-x$ 是减函数，所以 $h(x)$ 在 $x = 2$ 时

取得最大值 $h(2) = 1$.

三、数学抽象在导数问题中的应用

题源1：（1）已知 e 为自然对数的底数，则函数 $y = xe^x$ 的单调递增区间是

（　　）

A. ［−1，+∞）　　　　　　　　B. （−∞，−1］

C. ［1，+∞）　　　　　　　　D. （−∞，1］

（2）（2019·惠州调研）已知函数 $f(x) = x^2 - (a+2)x + a\ln x$，其中

$a \in \mathbf{R}$.

① 若曲线 $y = f(x)$ 在点 $(2，f(2))$ 处的切线与直线 $x - y + 3 = 0$ 平行，

求 a 的值；

② 求函数 $f(x)$ 的单调区间.

解法一：令 $y' = (1+x)e^x \geqslant 0$. 因为 $e^x > 0$，所以 $1+x \geqslant 0$，所以 $x \geqslant -1$.

故选 A.

解法二：① 由 $f(x) = x^2 - (a+2)x + a\ln x$ 可知，函数 $f(x)$ 的定义域

为 $\{x \mid x > 0\}$，

且 $f'(x) = 2x - (a+2) + \dfrac{a}{x}$，依题意，$f'(2) = 4 - (a+2) + \dfrac{a}{2} =$

1，解得 $a = 2$.

② 依题意，$f'(x) = 2x - (a+2) + \dfrac{a}{x} = \dfrac{(2x-a)(x-1)}{x}$（$x > 0$）.

令 $f'(x) = 0$，得 $x_1 = 1，x_2 = \dfrac{a}{2}$.

（ⅰ）当 $a \leqslant 0$ 时，$\dfrac{a}{2} \leqslant 0$，由 $f'(x) > 0$，得 $x > 1$；由 $f'(x) < 0$，得 $0 < x < 1$.

则函数 $f(x)$ 的单调递增区间为 $(1, +\infty)$，单调递减区间为 $(0, 1)$.

（ⅱ）当 $0 < \dfrac{a}{2} < 1$，即 $0 < a < 2$ 时，由 $f'(x) > 0$，得 $0 < x < \dfrac{a}{2}$ 或 $x > 1$；由 $f'(x) < 0$，得 $\dfrac{a}{2} < x < 1$.

则函数 $f(x)$ 的单调递增区间为 $\left(0, \dfrac{a}{2}\right)$，$(1, +\infty)$，函数 $f(x)$ 的单调递减区间为 $\left(\dfrac{a}{2}, 1\right)$.

（ⅲ）当 $\dfrac{a}{2} = 1$，即 $a = 2$ 时，$f'(x) \geqslant 0$ 恒成立，则函数 $f(x)$ 的单调递增区间为 $(0, +\infty)$.

（ⅳ）当 $\dfrac{a}{2} > 1$，即 $a > 2$ 时，由 $f'(x) > 0$，得 $0 < x < 1$ 或 $x > \dfrac{a}{2}$；由 $f'(x) < 0$，得 $1 < x < \dfrac{a}{2}$，则函数 $f(x)$ 的单调递增区间为 $(0, 1)$，$\left(\dfrac{a}{2}, +\infty\right)$，函数 $f(x)$ 的单调递减区间为 $\left(1, \dfrac{a}{2}\right)$.

【思维升华】

确定函数单调区间的步骤：

1. 确定函数 $f(x)$ 的定义域.

2. 求 $f'(x)$.

3. 解不等式 $f'(x) > 0$，解集在定义域内的部分为单调递增区间.

4. 解不等式 $f'(x) < 0$，解集在定义域内的部分为单调递减区间.

变式 1：已知函数 $f(x) = \left(k + \dfrac{4}{k}\right)\ln x + \dfrac{4 - x^2}{x}$，其中常数 $k > 0$，讨论 $f(x)$ 在 $(0, 2)$ 上的单调性.

解析：

因为 $f'(x) = \dfrac{k + \dfrac{4}{k}}{x} - \dfrac{4}{x^2} - 1 = \dfrac{\left(k + \dfrac{4}{k}\right)x - 4 - x^2}{x^2} = -\dfrac{(x - k)\left(x - \dfrac{4}{k}\right)}{x^2}(0 < x < 2, k > 0)$.

① 当 $0 < k < 2$ 时，$\dfrac{4}{k} > k > 0$，且 $\dfrac{4}{k} > 2$，

所以 $x \in (0, k)$ 时，$f'(x) < 0$，$x \in (k, 2)$ 时，$f'(x) > 0$，

所以函数 $f(x)$ 在 $(0, k)$ 上是减函数，在 $(k, 2)$ 上是增函数.

② 当 $k = 2$ 时，$\dfrac{4}{k} = k = 2$，$f'(x) < 0$ 在 $(0, 2)$ 上恒成立，所以 $f(x)$ 在 $(0, 2)$ 上是减函数.

③ 当 $k > 2$ 时，$0 < \dfrac{4}{k} < 2$，$k > \dfrac{4}{k}$，

所以 $x \in \left(0, \dfrac{4}{k}\right)$ 时，$f'(x) < 0$，$x \in \left(\dfrac{4}{k}, 2\right)$ 时，$f'(x) > 0$，

所以函数 $f(x)$ 在 $\left(0, \dfrac{4}{k}\right)$ 上是减函数，在 $\left(\dfrac{4}{k}, 2\right)$ 上是增函数.

题源 2：（1）若函数 $y = \dfrac{1}{2}\sin 2x + a\cos x$ 在区间 $(0, \pi)$ 上是增函数，则实数 a 的取值范围是（　　）

A. $(-\infty, -1]$　　　　　　　　B. $[-1, +\infty)$

C. $(-\infty, 0)$　　　　　　　　D. $(0, +\infty)$

（2）已知 $a \geqslant 0$，函数 $f(x) = (x^2 - 2ax)\mathrm{e}^x$，若 $f(x)$ 在 $[-1, 1]$ 上是减函数，则 a 的取值范围是_____.

解析：

（1）$y' = \cos 2x - a\sin x \geqslant 0$ 在 $(0, \pi)$ 上恒成立，即 $a \leqslant \dfrac{\cos 2x}{\sin x} = \dfrac{1 - 2\sin^2 x}{\sin x}$ 在 $(0, \pi)$ 上恒成立. 令 $t = \sin x \in (0, 1]$，$g(t) = \dfrac{1 - 2t^2}{t} = \dfrac{1}{t} - 2t$，$t \in (0, 1]$，易知函数 $g(t)$ 在 $(0, 1]$ 上单调递减，所以 $g(t)_{\min} = g(1) = -1$，所以 $a \leqslant -1$，即实数 a 的取值范围是 $(-\infty, -1]$.

（2）$f'(x) = [x^2 - 2(a-1)x - 2a] \cdot \mathrm{e}^x$，因为 $f(x)$ 在 $[-1, 1]$ 上是减函数，所以 $f'(x) \leqslant 0$ 对 $x \in [-1, 1]$ 恒成立，所以 $x^2 - 2(a-1)x - 2a \leqslant 0$ 对 $x \in [-1, 1]$ 恒成立. 设 $g(x) = x^2 - 2(a-1)x - 2a$，所以 $\begin{cases} g(-1) \leqslant 0, \\ g(1) \leqslant 0, \end{cases}$ 所以 $\begin{cases} 1 + 2(a-1) - 2a \leqslant 0, \\ 1 - 2(a-1) - 2a \leqslant 0, \end{cases}$ 解得 $a \geqslant \dfrac{3}{4}$.

【思维升华】

1. $f(x)$ 在 D 上单调递增（减），只要 $f'(x) \geqslant 0$（$\leqslant 0$）在 D 上恒成立即

可，如果能够分离参数，则尽可能分离参数后转化为参数值与函数最值之间的关系.

2. 二次函数在区间 D 上大于零恒成立，讨论的标准是二次函数的图像的对称轴与区间 D 的相对位置，一般分对称轴在区间左侧、内部、右侧进行讨论.

变式 2：已知函数 $f(x) = \ln x + \dfrac{1}{2}ax^2 - 2x$ 存在单调递减区间，则实数 a 的取值范围为_____.

解析：

$f'(x) = \dfrac{1}{x} + ax - 2 = \dfrac{ax^2 - 2x + 1}{x}$（$x > 0$），函数 $f(x)$ 存在单调递减区间，

即定义域（0，$+\infty$）内存在区间使 $ax^2 - 2x + 1 \leqslant 0$，等价于 a 小于 $\dfrac{2x-1}{x^2}$ 在 $x \in$

（0，$+\infty$）上的最大值，设 $g(x) = \dfrac{2x-1}{x^2}$，则 $g'(x) = \dfrac{-2x+2}{x^3}$，可知，函数 $g(x)$ 在区间（0，1）上为增函数，在区间（1，$+\infty$）上为减函数，所以当 $x = 1$ 时，函数 $g(x)$ 取得最大值，此时 $g(x) = 1$，所以 $a < 1$，故填（$-\infty$，1）.

四、数学抽象在数列问题中的应用

题源 1：（1）已知数列 $\{a_n\}$ 的前 n 项和 $S_n = n^2 + 2n + 1$（$n \in \mathbf{N}^*$），则 $a_n =$ _____.

（2）已知数列 $\{a_n\}$ 的前 n 项和 $S_n = \dfrac{1}{3}a_n + \dfrac{2}{3}$，则 $\{a_n\}$ 的通项公式为 $a_n =$ _____.

解析：

（1）当 $n \geqslant 2$ 时，$a_n = S_n - S_{n-1} = 2n + 1$；当 $n = 1$ 时，$a_1 = S_1 = 4 \neq 2 \times 1 + 1$.

因此 $a_n = \begin{cases} 4, & n = 1, \\ 2n + 1, & n \geqslant 2. \end{cases}$

（2）当 $n = 1$ 时，$a_1 = S_1 = \dfrac{1}{3}a_1 + \dfrac{2}{3}$，所以 $a_1 = 1$. 当 $n \geqslant 2$ 时，$a_n = S_n -$

$S_{n-1} = \dfrac{1}{3}a_n - \dfrac{1}{3}a_{n-1}$，所以 $\dfrac{a_n}{a_{n-1}} = -\dfrac{1}{2}$，所以数列 $\{a_n\}$ 为首项 $a_1 = 1$，公比 $q =$

$-\dfrac{1}{2}$ 的等比数列，故 $a_n = \left(-\dfrac{1}{2}\right)^{n-1}$.

【思维升华】

1. 已知 S_n 求 a_n，常用的方法是利用 $a_n = S_n - S_{n-1}$（$n \geqslant 2$）转化为关于 a_n 的递推关系，再求其通项公式.

2. 要验证 a_1 是否适合 a_n，若适合，则统一用 a_n 表示；若不适合，则通项公式用分段函数的形式表示.

变式1：（1）（2019·合肥市质量检测）已知数列 $\{a_n\}$ 的前 n 项和为 S_n，若 $3S_n = 2a_n - 3n$，则 $a_{2020} =$（   ）

A. $2^{2020} - 1$　　　　　　　　　　B. $3^{2020} - 6$

C. $\left(\dfrac{1}{2}\right)^{2020} - \dfrac{7}{2}$　　　　　　D. $\left(\dfrac{1}{3}\right)^{2020} - \dfrac{10}{3}$

（2）已知数列 $\{a_n\}$ 的前 n 项和 $S_n = 3^n + 1$，则数列的通项公式 $a_n =$ _____.

解析：

（1）因为 $a_1 = S_1$，所以 $3a_1 = 3S_1 = 2a_1 - 3 \Rightarrow a_1 = -3$. 当 $n \geqslant 2$ 时，$3S_n = 2a_n - 3n$，$3S_{n-1} = 2a_{n-1} - 3(n-1)$，所以 $a_n = -2a_{n-1} - 3$，即 $a_n + 1 = -2(a_{n-1} + 1)$，所以数列 $\{a_n + 1\}$ 是以 -2 为首项，-2 为公比的等比数列，所以 $a_n + 1 = (-2) \times (-2)^{n-1} = (-2)^n$，则 $a_{2020} = 2^{2020} - 1$. 故选 A.

（2）当 $n = 1$ 时，$a_1 = S_1 = 3 + 1 = 4$，当 $n \geqslant 2$ 时，$a_n = S_n - S_{n-1} = 3^n + 1 - 3^{n-1} - 1 = 2 \cdot 3^{n-1}$. 显然当 $n = 1$ 时，不满足上式. 所以 $a_n = \begin{cases} 4, & n = 1, \\ 2 \cdot 3^{n-1}, & n \geqslant 2. \end{cases}$

题源2：已知数列 $\{a_n\}$ 满足 $a_1 = -\dfrac{2}{3}$，$a_{n+1} = \dfrac{-2a_n - 3}{3a_n + 4}$（$n \in \mathbf{N}^*$）.

（1）证明：数列 $\left\{\dfrac{1}{a_n + 1}\right\}$ 是等差数列.

（2）求 $\{a_n\}$ 的通项公式.

解析：

（1）证明：因为 $a_{n+1} + 1 = \dfrac{-2a_n - 3}{3a_n + 4} + 1 = \dfrac{a_n + 1}{3a_n + 4}$，所以 $\dfrac{1}{a_{n+1} + 1} = \dfrac{3a_n + 4}{a_n + 1} = 3 + \dfrac{1}{a_n + 1}$，所以 $\dfrac{1}{a_{n+1} + 1} - \dfrac{1}{a_n + 1} = 3$，所以 $\left\{\dfrac{1}{a_n + 1}\right\}$ 是首项为 $\dfrac{1}{a_1 + 1} = 3$，公差为 3 的等差数列.

（2）由（1）得 $\dfrac{1}{a_n+1}=3n$，所以 $a_n=\dfrac{1}{3n}-1$.

【思维升华】

判断数列 $\{a_n\}$ 是否为等差数列，通常有两种方法：①定义法，证明 $a_n-a_{n-1}=d$（$n\geq 2$，d 为常数），用定义法证明等差数列时，常选用两个式子 $a_{n+1}-a_n=d$ 或 $a_n-a_{n-1}=d$，但它们的意义不同，后者必须加上"$n\geq 2$"；②等差中项法，证明 $2a_n=a_{n-1}+a_{n+1}$（$n\geq 2$）.

变式 2：（2019·齐齐哈尔八中月考）已知数列 $\{a_n\}$ 是等差数列，且 a_1，a_2（$a_1<a_2$）分别为方程 $x^2-6x+5=0$ 的两个根.

（1）求数列 $\{a_n\}$ 的前 n 项和 S_n.

（2）在（1）中，设 $b_n=\dfrac{S_n}{n+c}$，求证：当 $c=-\dfrac{1}{2}$ 时，数列 $\{b_n\}$ 是等差数列.

解析：

（1）因为 a_1，a_2（$a_1<a_2$）分别为方程 $x^2-6x+5=0$ 的两个根，所以 $a_1=1$，$a_2=5$，

所以等差数列 $\{a_n\}$ 的公差为 4，所以 $S_n=n\cdot 1+\dfrac{n(n-1)}{2}\cdot 4=2n^2-n$.

（2）证明：当 $c=-\dfrac{1}{2}$ 时，$b_n=\dfrac{S_n}{n+c}=\dfrac{2n^2-n}{n-\dfrac{1}{2}}=2n$，

因为 $b_{n+1}-b_n=2(n+1)-2n=2$，$b_1=2$，所以 $\{b_n\}$ 是首项为 2，公差为 2 的等差数列.

五、数学抽象在不等式问题中的应用

题源 1：（1）（2019·泉州检测）已知 $0<x<1$，则 $x(3-3x)$ 取得最大值时，x 的值为（　　）

A. $\dfrac{1}{3}$　　　　B. $\dfrac{1}{2}$　　　　C. $\dfrac{3}{4}$　　　　D. $\dfrac{2}{3}$

（2）若函数 $f(x)=x+\dfrac{1}{x-2}$（$x>2$）在 $x=a$ 处取最小值，则 a 等于（　　）

A. $1+\sqrt{2}$　　　B. $1+\sqrt{3}$　　　C. 3　　　　D. 4

解析：

（1）因为 $0 < x < 1$，所以 $x(3-3x) = 3x(1-x) \leqslant 3\left[\dfrac{x+1-x}{2}\right]^2 = \dfrac{3}{4}$. 当且仅当 $x = 1-x$，即 $x = \dfrac{1}{2}$ 时等号成立.

（2）因为 $x > 2$，所以 $x-2 > 0$，所以 $f(x) = x + \dfrac{1}{x-2} = (x-2) + \dfrac{1}{x-2}$

$+2 \geqslant 2 \cdot \sqrt{(x-2) \cdot \dfrac{1}{x-2}} + 2 = 2+2 = 4$，当且仅当 $x-2 = \dfrac{1}{x-2}$，即 $(x-2)^2 = 1$ 时等号成立，解得 $x = 1$ 或 3. 又因为 $x > 2$，所以 $x = 3$，即 a 等于 3 时，函数 $f(x)$ 在 $x = 3$ 处取得最小值，故选 C.

【思维升华】

通过拼凑法利用基本不等式求最值的策略：

拼凑法的实质在于代数式的灵活变形，拼系数、凑常数是关键，利用拼凑法求解最值应注意以下几个方面的问题：

（1）拼凑的技巧，以整式为基础，注意利用系数的变化以及等式中常数的调整，做到等价变形.

（2）代数式的变形以拼凑出和或积的定值为目标.

（3）拆项、添项应注意检验利用基本不等式的前提.

变式1：

（1）若 $a > 0$，则 $a + \dfrac{8}{2a+1}$ 的最小值为_____.

（2）已知 $x + 3y = 1$（$x > 0$，$y > 0$），则 xy 的最大值是_____.

解析：

（1）由题意可知 $a + \dfrac{8}{2a+1} = a + \dfrac{1}{2} + \dfrac{4}{a+\dfrac{1}{2}} - \dfrac{1}{2} \geqslant 2\sqrt{\left(a+\dfrac{1}{2}\right) \times \dfrac{4}{a+\dfrac{1}{2}}} - \dfrac{1}{2}$

$= \dfrac{7}{2}$，当且仅当 $a + \dfrac{1}{2} = \dfrac{4}{a+\dfrac{1}{2}}$，即 $a = \dfrac{3}{2}$ 时等号成立，所以 $a + \dfrac{8}{2a+1}$ 的最小值为 $\dfrac{7}{2}$.

（2）因为 $x > 0$，$y > 0$，所以 $xy = \dfrac{1}{3} \cdot x \cdot 3y \leqslant \dfrac{1}{3}\left(\dfrac{x+3y}{2}\right)^2 = \dfrac{1}{12}$，当且仅当

$x = 3y = \dfrac{1}{2}$ 时，等号成立，故 xy 的最大值是 $\dfrac{1}{12}$.

题源 2：若正数 x，y 满足 $x^2 + 6xy - 1 = 0$，则 $x + 2y$ 的最小值是（　　）

A. $\dfrac{2\sqrt{2}}{3}$ 　　　　B. $\dfrac{\sqrt{2}}{3}$ 　　　　C. $\dfrac{\sqrt{3}}{3}$ 　　　　D. $\dfrac{2\sqrt{3}}{3}$

解析：

因为正数 x，y 满足 $x^2 + 6xy - 1 = 0$，所以 $y = \dfrac{1 - x^2}{6x}$. 由 $\begin{cases} x > 0, \\ y > 0, \end{cases}$ 即

$\begin{cases} x > 0, \\ \dfrac{1 - x^2}{6x} > 0, \end{cases}$ 解得 $0 < x < 1$. 所以 $x + 2y = x + \dfrac{1 - x^2}{3x} = \dfrac{2x}{3} + \dfrac{1}{3x} \geqslant 2\sqrt{\dfrac{2x}{3} \cdot \dfrac{1}{3x}} = \dfrac{2\sqrt{2}}{3}$，

当且仅当 $\dfrac{2x}{3} = \dfrac{1}{3x}$，即 $x = \dfrac{\sqrt{2}}{2}$，$y = \dfrac{\sqrt{2}}{12}$ 时取等号. 故 $x + 2y$ 的最小值为 $\dfrac{2\sqrt{2}}{3}$.

【思维升华】

通过消元法求最值的方法：根据条件建立两个量之间的函数关系，然后代入代数式转化为函数的最值求解. 有时会出现多元的问题，解决方法是消元后利用基本不等式求解，但应注意保留元的范围.

变式 2：若 a，b，c 都是正数，且 $a + b + c = 2$，则 $\dfrac{4}{a+1} + \dfrac{1}{b+c}$ 的最小值是（　　）

A. 2　　　　　B. 3　　　　　C. 4　　　　　D. 6

解析：

由题意可得 $b + c = 2 - a > 0$，所以 $0 < a < 2$. $\dfrac{4}{a+1} + \dfrac{1}{b+c} = \dfrac{4}{a+1} + \dfrac{1}{2-a} = $

$\dfrac{4(2-a) + (a+1)}{(2-a)(a+1)} = \dfrac{9 - 3a}{-a^2 + a + 2} = \dfrac{3(3-a)}{-(a-3)^2 - 5(a-3) - 4} = $

$\dfrac{3}{a - 3 + \dfrac{4}{a-3} + 5}$，因为 $\dfrac{3}{a - 3 + \dfrac{4}{a-3} + 5} = \dfrac{3}{-\left[(3-a) + \dfrac{4}{3-a}\right] + 5} \geqslant 3 \times$

$\dfrac{1}{-2 \times \sqrt{4} + 5} = 3$，当且仅当 $a = 1$ 时等号成立，所以 $\dfrac{4}{a+1} + \dfrac{1}{b+c}$ 的最小值是 3.

第 四 章

基于逻辑推理能力培养的题源教学研究

第一节　逻辑推理的概念

　　什么是逻辑推理？逻辑推理是指从一些事实和命题出发，依据逻辑规则推出一个命题的思维过程．主要包括两类：一类是从特殊到一般的推理，推理形式主要有归纳推理、类比推理；另一类是从一般到特殊的推理，推理形式主要有演绎推理．

　　广义的逻辑推理能力是一种以敏锐的思考分析和快捷的反应迅速地掌握问题的核心，在最短时间内做出合理正确选择的能力．提高逻辑推理能力主要有如下几个方法：

　　一是养成从多角度认识事物的习惯．逻辑推理是在把握了事物与事物之间的内在的必然联系的基础上展开的，所以，养成从多角度认识事物的习惯，全面地认识事物的内部与外部之间、某事物同其他事物之间的多种多样的联系，对逻辑思维能力的提高有着十分重要的意义．首先是学会"同中求异"的思考习惯，将相同事物进行比较，找出其中在某个方面的不同之处，将相同的事物区别开来．同时还必须学会"异中求同"的思考习惯，对不同的事物进行比较，找出其中在某个方面的相同之处，将不同的事物归纳起来．

　　二是发挥想象在逻辑推理中的作用．发挥想象对逻辑推理能力的提高有很大的促进作用．发挥想象，首先必须丰富自己的想象素材，扩大自己的知识范围．知识基础越坚实，知识面越广，就越能发挥自己的想象力．其次要经常对知识进行形象加工，形成正确的表象．知识只是构成想象的基础，并不意味着知识越多，想象力越丰富．关键是是否有对知识进行形象加工，形成正确表象的习惯. 再者, 应该丰富自己的语言. 想象依赖于语言, 依赖于对形成的新的表象的描述. 因此, 语言能力的好坏直接影响想象力的发展.

三是丰富有关思维的理论知识. 其实, 推理有着概括程度、逻辑性以及自觉性程度上的差异, 同时又有演绎推理、归纳推理等形式上的区别. 而且推理能力的发展遵循一定的规律.

什么是逻辑规则? 逻辑规则是指运用逻辑推理时, 思维过程必须遵循形式逻辑的同一律、矛盾律、排中律、充足理由律和辩证逻辑的规律. 逻辑规则也是人们在逻辑思维的过程中, 根据逻辑规律制定出来的规范和准则. 如三段论的规则, 概念的定义和划分的规则, 证明的规则等在任何思维或论辩过程中, 如果违反逻辑规则, 就会产生各种逻辑错误, 影响和妨碍思维或论辩的正常进行. 另外, 逻辑思维必须是循序渐进的, 要依据逻辑规则一步一步推下去, 不允许有思维的跳跃, 这就是逻辑思维的推演性, 这种规则性与推演性保证了人们在严格逻辑推演的基础上实现新的突破, 建构新的命题. 所谓同一律, 是形式逻辑的基本规律之一, 就是在同一思维过程中, 必须在同一意义上使用概念和判断, 不能在不同意义上使用概念和判断. 其主要表现在三方面: 一是思维对象的同一. 在同一个思维过程中, 思维的对象必须保持同一; 在讨论问题、回答问题或反驳别人的时候, 各方的思维对象也要保持同一. 二是概念的同一. 在同一个思维过程中, 使用的概念必须保持同一; 在讨论问题、回答问题或反驳别人的时候, 各方使用的概念也要保持同一. 三是判断的同一. 同一个主体(个人或集体)在同一时间(相应的客观事物处于相对稳定状态时), 从同一方面对同一事物做出的判断必须保持同一. 同一律要求思维的确定性, 但是并不否认思维的发展变化. 所谓矛盾律, 是要求在同一思维过程中, 对同一对象不能同时作出两个矛盾的判断, 即不能既肯定它, 又否定它. 在传统逻辑里, 矛盾律首先是作为事物规律提出来的, 是指任一事物不能同时既具有某属性又不具有某属性, 它作为思维规律, 则是任一命题不能既真又不真. 所谓排中律, 是指同一个思维过程中, 两个相互矛盾的思想不能同假, 必有一真, 即 "要么 A 要么非 A". 排中律要求在同一思维过程中, 不能对不能同假的命题(矛盾关系、反对关系)同时加以否定. 排中律作为逻辑规律, 和矛盾律一样, 也不能确定两个相互排斥的命题究竟哪一个真、哪一个假. 但如果已经知道其中一个命题为假, 那么, 根据排中律, 另一命题必真. 所谓充足理由律, 是指任何判断必须有充足的理由. 凭着这个原则, 我们认为: 任何一件事如果是真实的, 或实在的, 任何一个陈述如果是真的, 就必须有一个为什么这样而不那样的充足理由，虽然这些理由常常总是不能为我们所知道的. 充足理由律在现代科学技术中占有独特的地位，没有充足理由律，就没有现代的科学技术，充足理由律是现代科学技术的第一原理. 从这个原理出发，人们致力于探求事物的为什么，衍生出一系列规则、定律等并在此基础上建立起一个庞大的科学理论体系.

什么是归纳推理？归纳推理是一种由个别到一般的推理. 由一定程度的关于个别事物的观点过渡到范围较大的观点，由特殊具体的事例推导出一般原理、原则的解释方法. 自然界和社会中的一般，都存在于个别、特殊之中，并通过个别而存在. 一般都存在于具体的对象和现象之中，因此，只有通过认识个别，才能认识一般. 人们在解释一个较大事物时，从个别、特殊的事物总结、概括出各种各样的带有一般性的原理或原则，然后才可能从这些原理、原则出发，再得出关于个别事物的结论. 这种认识秩序贯穿于人们的解释活动中，不断从个别上升到一般，即从对个别事物的认识上升到对事物的一般规律性的认识. 归纳推理又分为完全归纳推理和不完全归纳推理. 完全归纳推理是根据某类事物每一对象都具有某种属性，从而推出该类事物都具有该种属性的结论. 完全归纳推理的特点是：在前提中考察了一类事物的全部对象，结论没有超出前提所断定的知识范围，因此，其前提和结论之间的联系是必然的. 运用完全归纳推理要获得正确的结论，必须满足两条要求：一是在前提中考察了一类事物的全部对象. 二是在前提中对该类事物每一对象所作的断定都是真的. 不完全归纳推理是根据某类事物部分对象都具有某种属性，从而推出该类事物都具有该种属性的结论. 不完全归纳推理包括简单枚举归纳推理、科学归纳推理. 简单归纳推理是指在一类事物中，根据已观察到的部分对象都具有某种属性，并且没有遇到任何反例，从而推出该类事物都具有该种属性的结论，这就是简单枚举归纳推理. 比如，被誉为"数学王冠上的明珠"的"哥德巴赫猜想"就是用了简单枚举归纳推理提出来的. 200多年前，德国数学家哥德巴赫发现，一些奇数都分别等于三个素数之和. 例如：$17 = 3 + 3 + 11$，$41 = 11 + 13 + 17$，$77 = 7 + 17 + 53$，$461 = 5 + 7 + 449$，哥德巴赫并没有把所有奇数都列举出来（事实上也不可能），只是从少数例子出发就提出了一个猜想：所有大于5的奇数都可以分解为三个素数之和. 他把这个猜想告诉了数学家欧拉. 欧拉肯定了他的猜想，并补充提出猜想：大于4的偶数都可以分解为两个素数之和. 例如：$10 = 5 + 5$，$14 = 7 + 7$，$18 = 7 + 11$，$462 = 5 + 457$，前一个命题可以从这个命题得到证明，这两个命题后来合称为"哥德巴赫猜想". 科学归纳推理是根据某类事物中部分对象与某种属性间因果联系的分析，推出该类事物具有该种属性的推理. 科学归纳推理与简单枚举归纳推理相比，有共同点和不同点．它们的共同点是：都属于不完全归纳推理，前提中都只是考察了一类事物的部分对象，结论则都是对一类事物全体的断定，断定的知识范围超出前提．不同点是：第一，推理根据不同．简单枚举归纳推理仅仅根据已观察到的部分对象都具有某种属性，并且没有遇到任何反例．科学归纳推理则不只是停留在对事物的经验的重复上，而是深入进行科学分析，在把握对象与属性之间因果联系的基础上做出结论．第二，前提数量对于两者的意义不同．对于简单枚举归纳推理来说，前提中考察的对象数量越多，范围越广，结论就越可靠．对于科学归纳推理来说，前提的数量不具有决定性的意义，只要充分认识对象与属性之间的因果联系，即使前提的数量不多，甚至只有一两个典型事例，也能得到可靠结论．正如恩格斯所说，十万部蒸汽机并不比一部蒸汽机更能说明热能转化为机械能．第三，结论的可靠性不同．虽然二者的前提和结论之间的联系是或然的，归纳强度不必然等于1．但科学归纳推理考察了对象与属性之间的因果联系，因而，科学归纳推理的归纳强度比简单枚举归纳推理的归纳强度大，也就是说，科学归纳推理与简单枚举归纳推理相比，结论的可靠程度大．

什么是类比推理？类比推理亦称"类推"．类比推理是根据两个对象在某些属性上相同或相似，通过比较而推断出它们在其他属性上也相同的推理过程．它是从观察个别现象开始的，因而近似于归纳推理．但它又不是由特殊到一般，而是由特殊到特殊，因而又不同于归纳推理．类比推理分完全类推和不完全类推两种形式．完全类推是两个或两类事物在进行比较的方面完全相同时的类推；不完全类推是两个或两类事物在进行比较的方面不完全相同时的类推．

什么是演绎推理？所谓演绎推理，就是从一般性的前提出发，通过推导即"演绎"，得出具体陈述或个别结论的过程．演绎推理是由一般到特殊的推理方法，与归纳推理是相对的．推论前提与结论之间的联系是必然的，是一种确实性推理．演绎推理的逻辑形式对于理性的重要意义在于，它对人的思维保持严密性、一贯性有着不可替代的校正作用．这是因为演绎推理保证推理有效的根据并不在于它的内容，而在于它的形式．演绎推理的最典型、最重要的应用，通常存在于逻辑和数学证明中．演绎推理最常见的形式是三段论，三段论是由两个含有一个共同项的性质判断作前提，得出一个新的性质判断为结论的演绎推理．三段论是演绎推理的一般模式，包含三个部分：大前提（已知的一般原理）、小前提（所研究的特殊情况）、结论（根据一般原理，对特殊情况做出判断）.

第二节　逻辑推理核心素养的培养

数学抽象核心素养的第一个培养方法是：教师在课堂上做出示范. 中学数学内容是通过逻辑论证来叙述的，数学中的运算、证明、作图都蕴含着逻辑推理的过程. 数学中概念的形成，命题的判断，都与逻辑思维紧密相连. 数学论证都是在一定的逻辑系统中进行的，所以教师在教学中，必须在给定的逻辑系统中，正确运用逻辑思维形式，做出示范，循序渐进，潜移默化地培养学生的逻辑思维能力.

案例 1：（1）命题"若 x，y 都是偶数，则 $x+y$ 也是偶数"的逆否命题是（　　）

A. 若 $x+y$ 是偶数，则 x 与 y 不都是偶数

B. 若 $x+y$ 是偶数，则 x 与 y 都不是偶数

C. 若 $x+y$ 不是偶数，则 x 与 y 不都是偶数

D. 若 $x+y$ 不是偶数，则 x 与 y 都不是偶数

（2）原命题为"若 z_1，z_2 互为共轭复数，则 $|z_1|=|z_2|$"，关于其逆命题，否命题，逆否命题真假性的判断依次如下，正确的是（　　）

A. 真，假，真　　　　　　　　B. 假，假，真

C. 真，真，假　　　　　　　　D. 假，假，假

答案：（1）C；　（2）B.

解析：

（1）由于" x，y 都是偶数"的否定表达是" x，y 不都是偶数"，" $x+y$ 是偶数"的否定表达是" $x+y$ 不是偶数"，故原命题的逆否命题为"若 $x+y$ 不是偶数，则 x，y 不都是偶数".

（2）先证原命题为真：当 z_1，z_2 互为共轭复数时，设 $z_1=a+bi$（a，$b\in$ **R**），则 $z_2=a-bi$，则 $|z_1|=|z_2|=\sqrt{a^2+b^2}$，

∴ 原命题为真，故其逆否命题为真；再证其逆命题为假：取 $z_1=1$，$z_2=i$，满足 $|z_1|=|z_2|$，但是 z_1，z_2 不互为共轭复数，∴ 其逆命题为假，故其否命

题也为假，故选 B.

【思维升华】

1. 写一个命题的其他三种命题时，需注意：

（1）对于不是"若 p，则 q"形式的命题，需先改写.

（2）若命题有大前提，写其他三种命题时需保留大前提.

2. 判断一个命题为真命题，要给出推理证明；判断一个命题是假命题，只需举出反例.

3. 根据"原命题与逆否命题同真同假，逆命题与否命题同真同假"这一性质，当一个命题直接判断不易进行时，可转化为判断其等价命题的真假.

案例2：（1）（2015·四川）设 a，b 都是不等于 1 的正数，则"$3^a > 3^b > 3$"是"$\log_a 3 < \log_b 3$"的（　　　）

A. 充要条件   B. 充分不必要条件

C. 必要不充分条件   D. 既不充分也不必要条件

（2）一次函数 $y = -\dfrac{m}{n}x + \dfrac{1}{n}$ 的图像同时经过第一、三、四象限的必要不充分条件是（　　　）

A. $m > 1$，且 $n < 1$ B. $mn < 0$

C. $m > 0$，且 $n < 0$ D. $m < 0$，且 $n < 0$

答案：（1）B；　　（2）B.

解析：

（1）根据指数函数的单调性得出 a，b 的大小关系，然后进行判断.

$\because 3^a > 3^b > 3$，$\therefore a > b > 1$，此时 $\log_a 3 < \log_b 3$ 正确；反之，若 $\log_a 3 < \log_b 3$，则不一定得到 $3^a > 3^b > 3$，例如当 $a = \dfrac{1}{2}$，$b = \dfrac{1}{3}$ 时，$\log_a 3 < \log_b 3$ 成立，但推不出 $a > b > 1$. 故"$3^a > 3^b > 3$"是"$\log_a 3 < \log_b 3$"的充分不必要条件.

（2）$\because y = -\dfrac{m}{n}x + \dfrac{1}{n}$ 经过第一、三、四象限，故 $-\dfrac{m}{n} > 0$，$\dfrac{1}{n} < 0$，即 $m > 0$，$n < 0$，但此为充要条件，因此，其必要不充分条件为 $mn < 0$.

【思维升华】

充要条件的三种判断方法：

1. 定义法：根据 $p \Rightarrow q$，$q \Rightarrow p$ 进行判断.

2. 集合法：根据 p，q 成立的对象的集合之间的包含关系进行判断.

3. 等价转化法：根据一个命题与其逆否命题的等价性，把判断的命题转化为其逆否命题进行判断．这个方法特别适合以否定形式给出的问题，如"$xy \neq 1$"是"$x \neq 1$ 或 $y \neq 1$"的某种条件，即可转化为判断"$x = 1$ 且 $y = 1$"是"$xy = 1$"的某种条件．

数学抽象核心素养的第二个培养方法是：亲自指导学生运用逻辑规则去进行推理．培养学生逻辑推理能力的另一个途径是教会学生运用逻辑规则常识进行推理论证，并通过此过程提高他们抽象概括、分析综合、推理论证的能力．在中学数学教材中，运用了许多与逻辑知识相关的数学内容的推理证明方法，因此我们应该在教学的过程当中，结合具体数学内容通俗地讲授一些必要的逻辑常识，使学生能运用它们来指导解决推理题、证明题的解题过程，这样可以提高学生的逻辑思维能力．

案例3： 已知 $P = \{x \mid x^2 - 8x - 20 \leq 0\}$，非空集合 $S = \{x \mid 1 - m \leq x \leq 1 + m\}$．若 $x \in P$ 是 $x \in S$ 的必要条件，求 m 的取值范围．

解析：

由 $x^2 - 8x - 20 \leq 0$，得 $-2 \leq x \leq 10$，$\therefore P = \{x \mid -2 \leq x \leq 10\}$，

由 $x \in P$ 是 $x \in S$ 的必要条件，知 $S \subseteq P$，则 $\begin{cases} 1 - m \leq 1 + m, \\ 1 - m \geq -2, \\ 1 + m \leq 10, \end{cases}$ $\therefore 0 \leq m \leq 3$．

$\therefore$ 当 $0 \leq m \leq 3$ 时，$x \in P$ 是 $x \in S$ 的必要条件，即所求 m 的取值范围是 $[0, 3]$．

引申探究：

1. 本例条件不变，问是否存在实数 m，使 $x \in P$ 是 $x \in S$ 的充要条件．

解析：

若 $x \in P$ 是 $x \in S$ 的充要条件，则 $P = S$，$\therefore \begin{cases} 1 - m = -2, \\ 1 + m = 10, \end{cases}$ $\therefore \begin{cases} m = 3, \\ m = 9, \end{cases}$

即不存在实数 m，使 $x \in P$ 是 $x \in S$ 的充要条件．

2. 本例条件不变，若 $x \in P$ 是 $x \in S$ 的充分不必要条件，求实数 m 的取值范围．

解析：

由例题知 $P = \{x \mid -2 \leq x \leq 10\}$，$\because P$ 是 S 的充分不必要条件，

$\therefore P \Rightarrow S$ 且 $S \nRightarrow P$．$\therefore [-2, 10]$ 其包含于 $[1 - m, 1 + m]$．

$$\therefore \begin{cases} 1-m \leqslant -2, \\ 1+m > 10 \end{cases} \text{或} \begin{cases} 1-m < -2, \\ 1+m \geqslant 10. \end{cases}$$

$\therefore m \geqslant 9$，即 m 的取值范围是 $[9, +\infty)$.

【思维升华】

充分条件、必要条件的应用，一般表现在参数问题的求解上．解题时需注意：

1. 把充分条件、必要条件或充要条件转化为集合之间的关系，然后根据集合之间的关系列出关于参数的不等式（或不等式组）求解．

2. 要注意区间端点值的检验．

案例 4：已知 p：$\exists x \in \mathbf{R}$，$mx^2 + 1 \leqslant 0$，q：$\forall x \in \mathbf{R}$，$x^2 + mx + 1 > 0$，若 $p \vee q$ 为假命题，则实数 m 的取值范围为（　　　）

A. $m \geqslant 2$　　　　　　　　　　B. $m \leqslant -2$

C. $m \leqslant -2$ 或 $m \geqslant 2$　　　　D. $-2 \leqslant m \leqslant 2$

解析：

依题意知，p，q 均为假命题，当 p 是假命题时，$mx^2 + 1 > 0$ 恒成立，则有 $m \geqslant 0$；

当 q 是真命题时，则有 $\Delta = m^2 - 4 < 0$，$-2 < m < 2$.

因此由 p，q 均为假命题得，$\begin{cases} m \geqslant 0 \\ m \leqslant -2 \text{ 或 } m \geqslant 2 \end{cases}$，即 $m \geqslant 2$.

引申探究：

1. 本例条件不变，若 $p \wedge q$ 为真，则实数 m 的取值范围为_____.

解析：

依题意，当 p 是真命题时，有 $m < 0$；

当 q 是真命题时，有 $-2 < m < 2$，由 $\begin{cases} m < 0, \\ -2 < m < 2, \end{cases}$ 可得 $-2 < m < 0$.

2. 本例条件不变，若 $p \wedge q$ 为假，$p \vee q$ 为真，则实数 m 的取值范围为_____.

解析：

若 $p \wedge q$ 为假，$p \vee q$ 为真，则 p、q 一真一假.

当 p 真 q 假时，$\begin{cases} m < 0, \\ m \geqslant 2 \text{ 或 } m \leqslant -2, \end{cases}$ $\therefore m \leqslant -2$；

当 p 假 q 真时，$\begin{cases} m \geq 0, \\ -2 < m < 2, \end{cases}$ $\quad \therefore 0 \leq m < 2.$

$\therefore m$ 的取值范围是 $(-\infty, \ -2] \cup [0, \ 2)$.

3. 本例中的条件 q 变为：$\exists x \in \mathbf{R},\ x^2 + mx + 1 < 0$，其他不变，则实数 m 的取值范围为_____.

解析：

依题意，当 q 是真命题时，$\Delta = m^2 - 4 > 0$，$\therefore m > 2$ 或 $m < -2$.

由 $\begin{cases} m \geq 0, \\ -2 \leq m \leq 2, \end{cases}$ 得 $0 \leq m \leq 2$，$\therefore m$ 的取值范围是 $[0, \ 2]$.

【思维升华】

根据命题真假求参数的方法步骤：

1. 先根据题目条件，推出每一个命题的真假（有时不一定只有一种情况）.

2. 然后再求出每个命题是真命题时参数的取值范围.

3. 最后根据每个命题的真假情况，求出参数的取值范围.

数学抽象核心素养的第三个培养方法是：养成从多角度认识分析问题的习惯. 数学教学是数学思维活动的教学，它的基本目标是促进学生的发展，这不仅是让学生获得必要的知识技能，还应当包括在启迪思维、解决问题、情感与态度等方面的发展. 教会学生从多角度分析和思考问题，有利于培养和发展学生的求异思维，发散思维，逆向思维等进行创新活动所必须的思维形式. 因此，在数学课堂中要注重培养学生的创造思维能力，让学生学会从多角度思考问题，提高课堂教学的有效性. 教学中要掌握"双基"，强化对基础题的练习与反思，及时总结，促使提升. 在掌握基础知识的基础上传授给学生一些解题模式和技巧，让学生通过解题，积累更多的"题型—解法"模式和初步解题经验，从而提高学习效率. 同时要教给学生学会思维，即不只是为学会解决某一个数学题，更是基于数学解题而学会如何思维. 在这里明确解题是一种手段而非目的，因此要加强思想方法教育，了解数学问题的内在规律，理解解题技巧的知识本源，从而使学生能够"初步驾驭这类问题的基本规律"，而且了解问题解决的基本方法，提高分析问题的能力. 对于一个题目，寻求多种解法，由易到难，广开思路，培养发散思维，帮助学生逐步加深对问题的认识. 因为不同的解法往往是从各自的侧面，相异的渠道反映出条件与结论间的联系. 解法之繁简，实质上又是联系紧松、深浅的标志，而奇解、妙法则是发现某种新的联系的反映. 因而寻求多种解法是培养思维能力的重要方面.

案例5：已知 a，b，$c > 0$，求证：$\dfrac{a}{2a+b+c} + \dfrac{b}{a+2b+c} + \dfrac{c}{a+b+2c} \leqslant \dfrac{3}{4}$.

解析：

证法一：柯西不等式

$$\because \frac{1}{2a+b+c} + \frac{1}{a+2b+c} + \frac{1}{a+b+2c}$$

$$\geqslant \frac{9}{(2a+b+c)+(a+2b+c)+(a+b+2c)} = \frac{9}{4(a+b+c)},$$

$$\therefore -(a+b+c) \cdot \left(\frac{1}{2a+b+c} + \frac{1}{a+2b+c} + \frac{1}{a+b+2c} \right) \leqslant -\frac{9}{4},$$

$$\therefore 3 - (a+b+c) \cdot \left(\frac{1}{2a+b+c} + \frac{1}{a+2b+c} + \frac{1}{a+b+2c} \right) \leqslant -\frac{9}{4} + 3 = \frac{3}{4},$$

$$\therefore \frac{a}{2a+b+c} + \frac{b}{a+2b+c} + \frac{c}{a+b+2c} \leqslant \frac{3}{4}.$$

证法二：均值不等式

令 $x = 2a+b+c$，$y = a+2b+c$，$z = a+b+2c$，

$$\therefore a = \frac{3x-y-z}{4}, \quad b = \frac{3y-x-z}{4}, \quad c = \frac{3z-x-y}{4},$$

$$\therefore \frac{a}{2a+b+c} + \frac{b}{a+2b+c} + \frac{c}{a+b+2c} = \frac{3x-y-z}{4x} + \frac{3y-x-z}{4y} + \frac{3z-x-y}{4z}$$

$$= \frac{9}{4} - \frac{1}{4}\left(\frac{y}{x} + \frac{x}{y} + \frac{z}{x} + \frac{x}{z} + \frac{z}{y} + \frac{y}{z} \right) \leqslant \frac{9}{4} - \frac{1}{4}(2+2+2) = \frac{3}{4}.$$

证法三：Jensen 不等式

依题意，不妨设 $a+b+c = 1$，令 $f(x) = \dfrac{x}{x+1}$，$f'(x) = \dfrac{1}{(x+1)^2}$，

而 $f''(x) = \dfrac{-2}{(x+1)^3} < 0$，$\therefore f(x)$ 上凸，由 Jensen 不等式得，

$$\frac{f(a)+f(b)+f(c)}{3} \leqslant f\left(\frac{a+b+c}{3} \right),$$

$$\therefore \frac{a}{a+1} + \frac{b}{b+1} + \frac{c}{c+1} \leqslant 3f\left(\frac{1}{3} \right) = \frac{3}{4},$$

$$\therefore \frac{a}{2a+b+c} + \frac{b}{a+2b+c} + \frac{c}{a+b+2c} \leqslant \frac{3}{4}.$$

【思维升华】

方法一可以用分析法去理解，先将要证的不等式两边同时减3，这样左边

式子的分子就相同了，进而很容易想到柯西不等式的证法；对于方法二，先将分母看成一个整体进行换元，尝试将原不等式的左边化得更简洁，这样就更容易找到问题的突破口；对于方法三，可以借助于将左边的式子分子分母同时除以 $a+b+c$ 去理解，或者也可以构造函数 $f(x) = \dfrac{x}{x+(a+b+c)}$，证法一致，在此不做赘述.

案例6： 求 $f(x) = x(\sqrt{1-x^2}+\sqrt{4-x^2})$ $(x>0)$ 的最大值.

解析：

解法一：柯西不等式法

$\because f(x) = x(\sqrt{1-x^2}+\sqrt{4-x^2}) = x \cdot \sqrt{1-x^2}+\sqrt{4-x^2} \cdot x$

$\leqslant \sqrt{(x^2+4-x^2)(1-x^2+x^2)} = 2 \ (0<x\leqslant 1)$，

当且仅当 $\dfrac{x}{\sqrt{1-x^2}} = \dfrac{\sqrt{4-x^2}}{x}$，即 $x=\dfrac{2}{\sqrt{5}}$ 时取等号，

综上所述：$f(x)_{\max} = f\left(\dfrac{2}{\sqrt{5}}\right) = 2$.

解法二：均值不等式法

$\because f(x) = x(\sqrt{1-x^2}+\sqrt{4-x^2})$

$= \dfrac{1}{\sqrt{\lambda}}\sqrt{(\lambda x^2)(1-x^2)}+\dfrac{1}{\sqrt{\mu}}\sqrt{(\mu x^2)(4-x^2)}$

$\leqslant \dfrac{1}{2\sqrt{\lambda}}[(\lambda-1)x^2+1]+\dfrac{1}{2\sqrt{\mu}}[(\mu-1)x^2+4]$

$= \dfrac{1}{2}\left(\dfrac{\lambda-1}{\sqrt{\lambda}}+\dfrac{\mu-1}{\sqrt{\mu}}\right)x^2+\dfrac{1}{2}\left(\dfrac{1}{\sqrt{\lambda}}+\dfrac{4}{\sqrt{\mu}}\right) \ (0<x\leqslant 1)$，

当且仅当 $\begin{cases} \dfrac{\lambda-1}{\sqrt{\lambda}}+\dfrac{\mu-1}{\sqrt{\mu}}=0, \\ \lambda x^2=1-x^2, \\ \mu x^2=4-x^2, \end{cases}$ 即 $\begin{cases} \lambda=\dfrac{1}{4}, \\ \mu=4, \\ x=\dfrac{2}{\sqrt{5}}, \end{cases}$ 时取等号，此时 $\dfrac{1}{2}\left(\dfrac{1}{\sqrt{\lambda}}+\dfrac{4}{\sqrt{\mu}}\right)=2$，

综上所述：$f(x)_{\max}=f\left(\dfrac{2}{\sqrt{5}}\right)=2$.

解法三：几何法

如图 $4-2-1$ 所示，过点 O 作半径为 1 和 2 的两个同心圆，$OB \perp AC$，设

$x = |OB|$，$0 < x \leqslant 1$，则 $x \sqrt{1-x^2} = 2S_{\triangle OBC}$，

$x \sqrt{4-x^2} = 2S_{\triangle OBA}$，

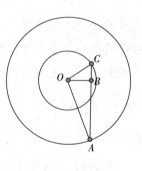

所以 $f(x) = x\left(\sqrt{1-x^2} + \sqrt{4-x^2} \right) =$

$2S_{\triangle OAC} \leqslant |OA| \cdot |OC| = 2$，

当且仅当 $OA \perp OC$，即 $x = |OB| = \dfrac{2}{\sqrt{5}}$ 时取等号，

综上所述：$f(x)_{max} = f\left(\dfrac{2}{\sqrt{5}} \right) = 2$.

图 4-2-1

【思维升华】

利用柯西不等式求最值，需要仔细观察，巧妙配凑；利用均值不等式求最值，要注意等号是否可以取到，难度较大的最值问题，如果要用均值不等式求解，还需用到平衡系数法去配凑. 利用几何法求解，需要很强的数学建模的能力，数学建模是对现实问题进行数学抽象，用数学语言表达问题，用数学知识与方法构建模型解决问题的过程.

第三节　题源教学法在逻辑推理能力培养中的应用

一、逻辑推理在函数问题中的应用

题源1：（1）设函数 $f(x) = ax^2 - 2x + 2$，对于满足 $1 < x < 4$ 的一切 x 值都有 $f(x) > 0$，则实数 a 的取值范围为_____.

（2）已知 a 是实数，函数 $f(x) = 2ax^2 + 2x - 3$ 在 $x \in [-1, 1]$ 上恒小于零，则实数 a 的取值范围为_____.

答案：（1）$\left(\dfrac{1}{2}, +\infty \right)$；（2）$\left(-\infty, \dfrac{1}{2} \right)$.

解析：

（1）由题意得 $a > \dfrac{2}{x} - \dfrac{2}{x^2}$ 对 $1 < x < 4$ 恒成立，

又 $\dfrac{2}{x} - \dfrac{2}{x^2} = -2\left(\dfrac{1}{x} - \dfrac{1}{2}\right)^2 + \dfrac{1}{2}$，$\dfrac{1}{4} < \dfrac{1}{x} < 1$，

$\therefore \left(\dfrac{2}{x} - \dfrac{2}{x^2}\right)_{\max} = \dfrac{1}{2}$，$\therefore a > \dfrac{1}{2}$.

（2）$2ax^2 + 2x - 3 < 0$ 在 $[-1, 1]$ 上恒成立.

当 $x = 0$ 时，适合；

当 $x \neq 0$ 时，$a < \dfrac{3}{2}\left(\dfrac{1}{x} - \dfrac{1}{3}\right)^2 - \dfrac{1}{6}$，因为 $\dfrac{1}{x} \in (-\infty, -1] \cup [1, +\infty)$，当 $x = 1$ 时，右边取最小值 $\dfrac{1}{2}$，所以 $a < \dfrac{1}{2}$.

综上，实数 a 的取值范围是 $\left(-\infty, \dfrac{1}{2}\right)$.

【思维升华】

1. 二次函数最值问题解法：抓住"三点一轴"数形结合，三点是指区间两个端点和中点，一轴指的是对称轴，结合配方法，根据函数的单调性及分类讨论的思想即可完成.

2. 由不等式恒成立求参数取值范围的思路及关键：

（1）一般有两个解题思路：一是分离参数；二是不分离参数.

（2）两种思路都是将问题归结为求函数的最值，至于用哪种方法，关键是看参数是否已分离. 这两个思路的依据是：$a \geqslant f(x)$ 恒成立 $\Leftrightarrow a \geqslant f(x)_{\max}$，$a \leqslant f(x)$ 恒成立 $\Leftrightarrow a \leqslant f(x)_{\min}$.

变式 1：已知函数 $f(x) = x^2 + 2ax + 2$，$x \in [-5, 5]$.

（1）当 $a = -1$ 时，求函数 $f(x)$ 的最大值和最小值；

（2）求实数 a 的取值范围，使 $y = f(x)$ 在区间 $[-5, 5]$ 上是单调函数.

解析：

（1）当 $a = -1$ 时，$f(x) = x^2 - 2x + 2 = (x-1)^2 + 1$，$x \in [-5, 5]$，

所以当 $x = 1$ 时，$f(x)$ 取得最小值 1；

当 $x = -5$ 时，$f(x)$ 取得最大值 37.

（2）函数 $f(x) = (x+a)^2 + 2 - a^2$ 的图像的对称轴为直线 $x = -a$，

因为 $y = f(x)$ 在区间 $[-5, 5]$ 上是单调函数，

所以 $-a \leqslant -5$ 或 $-a \geqslant 5$，即 $a \leqslant -5$ 或 $a \geqslant 5$.

故 a 的取值范围是 $(-\infty, -5] \cup [5, +\infty)$.

题源 2：设函数 $f(x) = ka^x - a^{-x}$（$a > 0$ 且 $a \neq 1$）是定义域为 **R** 的奇

函数.

(1) 若 $f(1) > 0$，试求不等式 $f(x^2 + 2x) + f(x-4) > 0$ 的解集.

(2) 若 $f(1) = \dfrac{3}{2}$，且 $g(x) = a^{2x} + a^{-2x} - 4f(x)$，求 $g(x)$ 在 $[1, +\infty)$ 上的最小值.

解析：

解 因为 $f(x)$ 是定义域为 **R** 的奇函数,

所以 $f(0) = 0$, 所以 $k-1 = 0$, 即 $k=1$, $f(x) = a^x - a^{-x}$.

(1) 因为 $f(1) > 0$, 所以 $a - \dfrac{1}{a} > 0$, 又 $a > 0$ 且 $a \neq 1$, 所以 $a > 1$.

因为 $f'(x) = a^x \ln a + a^{-x} \ln a = (a^x + a^{-x}) \ln a > 0$,

所以 $f(x)$ 在 **R** 上为增函数, 原不等式可化为 $f(x^2 + 2x) > f(4-x)$,

所以 $x^2 + 2x > 4 - x$, 即 $x^2 + 3x - 4 > 0$, 所以 $x > 1$ 或 $x < -4$.

所以不等式的解集为 $\{x \mid x > 1$ 或 $x < -4\}$.

(2) 因为 $f(1) = \dfrac{3}{2}$, 所以 $a - \dfrac{1}{a} = \dfrac{3}{2}$,

即 $2a^2 - 3a - 2 = 0$, 所以 $a = 2$ 或 $a = -\dfrac{1}{2}$（舍去）.

所以 $g(x) = 2^{2x} + 2^{-2x} - 4(2^x - 2^{-x}) = (2^x - 2^{-x})^2 - 4(2^x - 2^{-x}) + 2$.

令 $t(x) = 2^x - 2^{-x}$ $(x \geq 1)$, 则 $t(x)$ 在 $(1, +\infty)$ 为增函数（由 (1) 可知), 即 $t(x) \geq t(1) = \dfrac{3}{2}$,

所以原函数为 $\omega(t) = t^2 - 4t + 2 = (t-2)^2 - 2$,

所以当 $t = 2$ 时, $\omega(t)_{\min} = -2$, 此时 $x = \log_2(1 + \sqrt{2})$.

即 $g(x)$ 在 $x = \log_2(1 + \sqrt{2})$ 时取得最小值 -2.

【思维升华】

指数函数的性质及应用问题解题策略：

1. 比较大小问题. 常利用指数函数的单调性及中间值（0 或 1）法.

2. 简单的指数方程或不等式的求解问题. 解决此类问题应利用指数函数的单调性, 要特别注意底数 a 的取值范围, 并在必要时进行分类讨论.

3. 解决指数函数的综合问题时, 要把指数函数的概念和性质同函数的其他性质（如奇偶性、周期性）相结合, 同时要特别注意底数不确定时, 对底数的分类讨论.

变式2：（1）已知函数 $f(x) = 2^{|2x-m|}$（m 为常数），若 $f(x)$ 在区间 $[2, +\infty)$ 上是增函数，则 m 的取值范围是_____.

（2）如果函数 $y = a^{2x} + 2a^x - 1$（$a > 0$，$a \neq 1$）在区间 $[-1, 1]$ 上的最大值是 14，则 a 的值为（　　）

A. $\dfrac{1}{3}$　　　　　　B. 1　　　　　　C. 3　　　　　　D. $\dfrac{1}{3}$ 或 3

答案：（1）$(-\infty, 4]$；　　（2）D.

解析：

（1）令 $t = |2x - m|$，则 $t = |2x - m|$ 在区间 $\left[\dfrac{m}{2}, +\infty\right)$ 上单调递增，在区间 $\left(-\infty, \dfrac{m}{2}\right]$ 上单调递减. 而 $y = 2^t$ 为 **R** 上的增函数，所以要使函数 $f(x) = 2^{|2x-m|}$ 在 $[2, +\infty)$ 上单调递增，则有 $\dfrac{m}{2} \leqslant 2$，即 $m \leqslant 4$，所以 m 的取值范围是 $(-\infty, 4]$.

（2）令 $a^x = t$，则 $y = a^{2x} + 2a^x - 1 = t^2 + 2t - 1 = (t+1)^2 - 2$.

当 $a > 1$ 时，因为 $x \in [-1, 1]$，所以 $t \in \left[\dfrac{1}{a}, a\right]$，

又函数 $y = (t+1)^2 - 2$ 在 $\left[\dfrac{1}{a}, a\right]$ 上单调递增，

所以 $y_{\max} = (a+1)^2 - 2 = 14$，解得 $a = 3$（负值舍去）.

当 $0 < a < 1$ 时，因为 $x \in [-1, 1]$，所以 $t \in \left[a, \dfrac{1}{a}\right]$，

又函数 $y = (t+1)^2 - 2$ 在 $\left[a, \dfrac{1}{a}\right]$ 上单调递增，

则 $y_{\max} = \left(\dfrac{1}{a} + 1\right)^2 - 2 = 14$，解得 $a = \dfrac{1}{3}$（负值舍去）.

综上可知，$a = 3$ 或 $a = \dfrac{1}{3}$.

二、逻辑推理在导数问题中的应用

题源1：（1）已知 $f(x) = x^3 + 3ax^2 + bx + a^2$ 在 $x = -1$ 时有极值 0，则 $a - b =$ _____.

（2）若函数 $f(x) = \dfrac{x^3}{3} - \dfrac{a}{2}x^2 + x + 1$ 在区间 $\left(\dfrac{1}{2}, 3\right)$ 上有极值点，则实数

a 的取值范围是（　　　）

A. $\left(2, \dfrac{5}{2}\right)$　　B. $\left[2, \dfrac{5}{2}\right)$　　C. $\left(2, \dfrac{10}{3}\right)$　　D. $\left[2, \dfrac{10}{3}\right)$

解析：

（1）由题意得 $f'(x) = 3x^2 + 6ax + b$，则

$$\begin{cases} a^2 + 3a - b - 1 = 0, \\ b - 6a + 3 = 0, \end{cases} \text{解得} \begin{cases} a = 1, \\ b = 3, \end{cases} \text{或} \begin{cases} a = 2, \\ b = 9, \end{cases}$$

经检验当 $a = 1$，$b = 3$ 时，函数 $f(x)$ 在 $x = -1$ 处无法取得极值，而 $a = 2$，$b = 9$ 满足题意，故 $a - b = -7$.

（2）若函数 $f(x)$ 在区间 $\left(\dfrac{1}{2}, 3\right)$ 上无极值点，

则当 $x \in \left(\dfrac{1}{2}, 3\right)$ 时，$f'(x) = x^2 - ax + 1 \geqslant 0$ 恒成立，或当 $x \in \left(\dfrac{1}{2}, 3\right)$ 时，$f'(x) = x^2 - ax + 1 \leqslant 0$ 恒成立.

当 $x \in \left(\dfrac{1}{2}, 3\right)$ 时，$y = x + \dfrac{1}{x}$ 的值域是 $\left[2, \dfrac{10}{3}\right)$；

当 $x \in \left(\dfrac{1}{2}, 3\right)$ 时，$f'(x) = x^2 - ax + 1 \geqslant 0$，

即 $a \leqslant x + \dfrac{1}{x}$ 恒成立，$a \leqslant 2$；

当 $x \in \left(\dfrac{1}{2}, 3\right)$ 时，$f'(x) = x^2 - ax + 1 \leqslant 0$，即 $a \geqslant x + \dfrac{1}{x}$ 恒成立，$a \geqslant \dfrac{10}{3}$.

因此要使函数 $f(x)$ 在 $\left(\dfrac{1}{2}, 3\right)$ 上有极值点，

实数 a 的取值范围是 $\left(2, \dfrac{10}{3}\right)$.

【思维升华】

1. 求函数 $f(x)$ 极值的步骤：

（1）确定函数的定义域.

（2）求导数 $f'(x)$.

（3）解方程 $f'(x) = 0$，求出函数定义域内的所有根.

（4）列表检验 $f'(x)$ 在 $f'(x) = 0$ 的根 x_0 左右两侧值的符号，如果左正右负，那么 $f(x)$ 在 x_0 处取极大值，如果左负右正，那么 $f(x)$ 在 x_0 处取极小值.

2. 若函数 $y=f(x)$ 在区间 (a, b) 内有极值，那么 $y=f(x)$ 在 (a, b) 内绝不是单调函数，即在某区间上单调函数没有极值．

变式 1：（1）函数 $y=2x-\dfrac{1}{x^2}$ 的极大值是_____．

（2）设 $f(x)=\ln(1+x)-x-ax^2$，若 $f(x)$ 在 $x=1$ 处取得极值，则 a 的值为_____．

解析：

（1）$y'=2+\dfrac{2}{x^3}$，令 $y'=0$，得 $x=-1$．当 $x<-1$ 时，$y'>0$；当 $-1<x<0$ 时，$y'<0$．

∴当 $x=-1$ 时，y 取极大值 -3．

（2）由题意知，$f(x)$ 的定义域为 $(-1, +\infty)$，

且 $f'(x)=\dfrac{1}{1+x}-2ax-1=\dfrac{-2ax^2-(2a+1)x}{1+x}$，由题意得：$f'(1)=0$，

则 $-2a-2a-1=0$，

得 $a=-\dfrac{1}{4}$，又当 $a=-\dfrac{1}{4}$ 时，$f'(x)=\dfrac{\frac{1}{2}x^2-\frac{1}{2}x}{1+x}=\dfrac{\frac{1}{2}x(x-1)}{1+x}$，

当 $0<x<1$ 时，$f'(x)<0$；当 $x>1$ 时，$f'(x)>0$，

所以 $f(1)$ 是函数 $f(x)$ 的极小值，所以 $a=-\dfrac{1}{4}$．

题源 2：已知函数 $f(x)=ax-\ln x-1$．

（1）若 $f(x)\geqslant 0$ 恒成立，求 a 的最小值．

（2）证明：$\dfrac{e^{-x}}{x}+x+\ln x-1\geqslant 0$．

（3）已知 $k(e^{-x}+x^2)\geqslant x-x\ln x$ 恒成立，求 k 的取值范围．

解析：

（1）$f(x)\geqslant 0$ 等价于 $a\geqslant\dfrac{\ln x+1}{x}$（$x>0$）．令 $g(x)=\dfrac{\ln x+1}{x}$，则 $g'(x)=\dfrac{-\ln x}{x^2}$，

所以当 $x\in(0, 1)$ 时，$g'(x)>0$，当 $x\in(1, +\infty)$ 时，$g'(x)<0$，

则 $g(x)$ 在 $(0, 1)$ 上单调递增，在 $(1, +\infty)$ 上单调递减，所以 $g(x)_{\max}=g(1)=1$，则 $a\geqslant 1$，

所以 a 的最小值为 1.

（2）证明：由（1）知，当 $a=1$ 时，有 $f(x)=x-\ln x-1\geq 0$ 成立，即 $x\geq \ln x+1$，即 $t\geq \ln t+1$.

令 $\dfrac{e^{-x}}{x}=t$，则 $-x-\ln x=\ln t$，所以 $\dfrac{e^{-x}}{x}\geq -x-\ln x+1$，即 $\dfrac{e^{-x}}{x}+x+\ln x-1\geq 0$.

（3）因为 $k(e^{-x}+x^2)\geq x-x\ln x$，即 $k\left(\dfrac{e^{-x}}{x}+x\right)\geq 1-\ln x$ 恒成立，

所以 $k\geq \dfrac{1-\ln x}{\dfrac{e^{-x}}{x}+x}=-\dfrac{\dfrac{e^{-x}}{x}+x+\ln x-1}{\dfrac{e^{-x}}{x}+x}+1$，由（2）知 $\dfrac{e^{-x}}{x}+x+\ln x-1\geq 0$ 恒成立，

所以 $-\dfrac{\dfrac{e^{-x}}{x}+x+\ln x-1}{\dfrac{e^{-x}}{x}+x}+1\leq 1$，故 $k\geq 1$.

【思维升华】

这种方法往往要在前面问题中证明出某个不等式，在后续的问题中应用前面的结论，呈现出层层递进的特点.

变式 2： 已知函数 $f(x)=\ln(x-1)-k(x-1)+1$.

（1）求函数 $f(x)$ 的单调区间.

（2）若 $f(x)\leq 0$ 恒成立，试确定实数 k 的取值范围.

（3）证明：$\dfrac{\ln 2}{3}+\dfrac{\ln 3}{4}+\dfrac{\ln 4}{5}+\cdots +\dfrac{\ln n}{n+1}<\dfrac{n(n-1)}{4}$（$n\in \mathbf{N}^*$ 且 $n>1$）.

解析：

（1）因为 $f(x)=\ln(x-1)-k(x-1)+1$，所以 $f'(x)=\dfrac{1}{x-1}-k$，$x>1$.

所以当 $k\leq 0$ 时，$f'(x)=\dfrac{1}{x-1}-k>0$，$f(x)$ 在 $(1,+\infty)$ 上是增函数；

当 $k>0$ 时，令 $f'(x)>0$，得 $1<x<1+\dfrac{1}{k}$. 令 $f(x)<0$，得 $x>1+\dfrac{1}{k}$.

所以 $f(x)$ 在 $\left(1,1+\dfrac{1}{k}\right)$ 上是增函数，在 $\left(1+\dfrac{1}{k},+\infty\right)$ 上是减函数.

（2）因为 $f(x) \leqslant 0$ 恒成立，所以 $\forall x > 1$，$\ln(x-1) - k(x-1) + 1 \leqslant 0$，

所以 $\forall x > 1$，$\ln(x-1) \leqslant k(x-1) - 1$，所以 $k > 0$.

由（1）知，当 $k > 0$ 时，$f(x)_{\max} = f\left(1 + \dfrac{1}{k}\right) = -\ln k \leqslant 0$，解得 $k \geqslant 1$.

故实数 k 的取值范围是 $[1, +\infty)$.

（3）证明：令 $k = 1$，则由（2）知，$\ln(x-1) \leqslant x - 2$ 对任意 $x \in (1, +\infty)$ 恒成立，

即 $\ln x \leqslant x - 1$ 对任意 $x \in (0, +\infty)$ 恒成立. 取 $x = n^2$，则 $2\ln n \leqslant n^2 - 1$，

即 $\dfrac{\ln n}{n+1} < \dfrac{n-1}{2}$，$n \geqslant 2$，所以 $\dfrac{\ln 2}{3} + \dfrac{\ln 3}{4} + \dfrac{\ln 4}{5} + \cdots + \dfrac{\ln n}{n+1} < \dfrac{n(n-1)}{4}$（$n \in \mathbf{N}^*$ 且 $n > 1$）.

三、逻辑推理在三角函数问题中的应用

题源 1：（1）已知函数 $f(x) = \cos x \sin 2x$，则函数 $f(x)$ 的最大值为_____.

（2）已知函数 $f(x) = (\sin x + \cos x)^2 + \cos 2x$，求 $f(x)$ 在区间 $\left[0, \dfrac{\pi}{2}\right]$ 上的最大值和最小值.

解析：

（1）（换元法）因为 $y = f(x) = \cos x \sin 2x = 2\cos^2 x \sin x = 2(1 - \sin^2 x) \cdot \sin x = 2(\sin x - \sin^3 x)$，令 $t = \sin x$，则 $y = g(t) = 2(t - t^3)$，$-1 \leqslant t \leqslant 1$. 令 $g'(t) = 2(1 - 3t^2) = 0$，得 $t = \pm\dfrac{\sqrt{3}}{3}$. 当 $t \in \left[-1, -\dfrac{\sqrt{3}}{3}\right)$ 时，$g'(t) < 0$，$g(t)$ 在 $\left[-1, -\dfrac{\sqrt{3}}{3}\right]$ 上是减函数；当 $t \in \left(-\dfrac{\sqrt{3}}{3}, \dfrac{\sqrt{3}}{3}\right)$ 时，$g'(t) > 0$，$g(t)$ 在 $\left[-\dfrac{\sqrt{3}}{3}, \dfrac{\sqrt{3}}{3}\right]$ 上是增函数；当 $t \in \left(\dfrac{\sqrt{3}}{3}, 1\right]$ 时，$g'(t) < 0$，$g(t)$ 在 $\left[\dfrac{\sqrt{3}}{3}, 1\right]$ 上是减函数. 由此，得 $y = g(t)$ 在 $t = \dfrac{\sqrt{3}}{3}$ 时取得最大值，最大值为 $\dfrac{4\sqrt{3}}{9}$. 故 $f(x)$ 的最大值为 $\dfrac{4\sqrt{3}}{9}$.

（2）因为 $f(x) = \sin^2 x + \cos^2 x + 2\sin x \cos x + \cos 2x = 1 + \sin 2x + \cos 2x = \sqrt{2}\sin$

$\left(2x+\dfrac{\pi}{4}\right)+1$，当 $x\in\left[0,\dfrac{\pi}{2}\right]$ 时，$\left(2x+\dfrac{\pi}{4}\right)\in\left[\dfrac{\pi}{4},\dfrac{5\pi}{4}\right]$. 由正弦函数 $y=\sin x$ 在 $\left[\dfrac{\pi}{4},\dfrac{5\pi}{4}\right]$ 上的图像知，

当 $2x+\dfrac{\pi}{4}=\dfrac{\pi}{2}$，即 $x=\dfrac{\pi}{8}$ 时，$f(x)$ 取最大值 $\sqrt{2}+1$；

当 $2x+\dfrac{\pi}{4}=\dfrac{5\pi}{4}$，即 $x=\dfrac{\pi}{2}$ 时，$f(x)$ 取最小值 0.

综上，$f(x)$ 在 $\left[0,\dfrac{\pi}{2}\right]$ 上的最大值为 $\sqrt{2}+1$，最小值为 0.

【思维升华】

求解三角函数的值域（最值）常见到以下几种类型：

1. 形如 $y=a\sin x+b\cos x+c$ 的三角函数化为 $y=A\sin(\omega x+\varphi)+c$ 的形式，再求值域（最值）.

2. 形如 $y=a\sin^2 x+b\sin x+c$ 的三角函数，可先设 $\sin x=t$，化为关于 t 的二次函数求值域（最值）.

3. 形如 $y=a\sin^3 x+b\sin^2 x+c\sin x+d$，类似于（2）进行换元，然后用导数法求最值.

变式 1：（1）函数 $f(x)=\sin^2 x+\sqrt{3}\cos x-\dfrac{3}{4}\left(x\in\left[0,\dfrac{\pi}{2}\right]\right)$ 的最大值是_____.

（2）若函数 $f(x)=(1+\sqrt{3}\tan x)\cos x$，$-\dfrac{\pi}{3}\leqslant x\leqslant\dfrac{\pi}{6}$，则 $f(x)$ 的最大值为（　　）

A. 1　　　　　　B. 2　　　　　　C. $\sqrt{3}$　　　　　　D. $\sqrt{3}+1$

解析：

（1）$f(x)=\sin^2 x+\sqrt{3}\cos x-\dfrac{3}{4}=1-\cos^2 x+\sqrt{3}\cos x-\dfrac{3}{4}=-\left(\cos x-\dfrac{\sqrt{3}}{2}\right)^2+1$，$\cos x\in[0,1]$，当 $\cos x=\dfrac{\sqrt{3}}{2}$ 时，$f(x)$ 取得最大值 1.

（2）$f(x)=(1+\sqrt{3}\tan x)\cos x=\cos x+\sqrt{3}\sin x=2\sin\left(x+\dfrac{\pi}{6}\right)$. 因为 $-\dfrac{\pi}{3}\leqslant x\leqslant\dfrac{\pi}{6}$，

所以 $-\dfrac{\pi}{6} \leqslant x + \dfrac{\pi}{6} \leqslant \dfrac{\pi}{3}$，故当 $x = \dfrac{\pi}{6}$ 时，$f(x)$ 取最大值为 $\sqrt{3}$，故选 C.

题源 2：（2018·江苏高考）已知 α，β 为锐角，$\tan\alpha = \dfrac{4}{3}$，$\cos(\alpha+\beta) = -\dfrac{\sqrt{5}}{5}$.

（1）求 $\cos2\alpha$ 的值.

（2）求 $\tan(\alpha-\beta)$ 的值.

解析：

（1）$\cos2\alpha = \dfrac{\cos^2\alpha - \sin^2\alpha}{\cos^2\alpha + \sin^2\alpha} = \dfrac{1 - \tan^2\alpha}{1 + \tan^2\alpha} = \dfrac{1 - \left(\dfrac{4}{3}\right)^2}{1 + \left(\dfrac{4}{3}\right)^2} = -\dfrac{7}{25}$.

（2）因为 α，β 为锐角，所以 $\alpha+\beta \in (0, \pi)$. 又因为 $\cos(\alpha+\beta) = -\dfrac{\sqrt{5}}{5}$，

所以 $\sin(\alpha+\beta) = \sqrt{1 - \cos^2(\alpha+\beta)} = \dfrac{2\sqrt{5}}{5}$，因此 $\tan(\alpha+\beta) = -2$. 因为 $\tan\alpha = \dfrac{4}{3}$，

所以 $\tan2\alpha = \dfrac{2\tan\alpha}{1 - \tan^2\alpha} = -\dfrac{24}{7}$，

因此，$\tan(\alpha-\beta) = \tan[2\alpha - (\alpha+\beta)] = \dfrac{\tan2\alpha - \tan(\alpha+\beta)}{1 + \tan2\alpha\tan(\alpha+\beta)} = -\dfrac{2}{11}$.

【思维升华】

1. 解决三角函数的求值问题的关键是把"所求角"用"已知角"表示.

（1）当"已知角"有两个时，"所求角"一般表示为两个"已知角"的和或差的形式.

（2）当"已知角"有一个时，此时应着眼于"所求角"与"已知角"的和或差的关系.

2. 常见的配角技巧：$2\alpha = (\alpha+\beta) + (\alpha-\beta)$，$\alpha = (\alpha+\beta) - \beta$，$\beta = \dfrac{\alpha+\beta}{2} - \dfrac{\alpha-\beta}{2}$，$\alpha = \dfrac{\alpha+\beta}{2} + \dfrac{\alpha-\beta}{2}$，$\dfrac{\alpha-\beta}{2} = \left(\alpha + \dfrac{\beta}{2}\right) - \left(\dfrac{\alpha}{2} + \beta\right)$ 等.

变式 2：（1）（2019·南充模拟）已知 $\alpha \in \left(0, \dfrac{\pi}{2}\right)$，$\beta \in \left(0, \dfrac{\pi}{2}\right)$，且 $\cos\alpha$

$= \dfrac{1}{7}$，$\cos(\alpha+\beta) = -\dfrac{11}{14}$，则 $\sin\beta =$ _____．

（2）（2019·河南濮阳一模）设 $0° < \alpha < 90°$，若 $\sin(75°+2\alpha) = -\dfrac{3}{5}$，则 $\sin(15°+\alpha) \cdot \sin(75°-\alpha) =$ _____．

解析：

（1）因为已知 $\alpha \in \left(0, \dfrac{\pi}{2}\right)$，$\beta \in \left(0, \dfrac{\pi}{2}\right)$，且 $\cos\alpha = \dfrac{1}{7}$，$\cos(\alpha+\beta) = -\dfrac{11}{14}$，所以 $\sin\alpha = \sqrt{1-\cos^2\alpha} = \dfrac{4\sqrt{3}}{7}$，$\sin(\alpha+\beta) = \sqrt{1-\cos^2(\alpha+\beta)} = \dfrac{5\sqrt{3}}{14}$，

则 $\sin\beta = \sin[(\alpha+\beta)-\alpha] = \sin(\alpha+\beta)\cos\alpha - \cos(\alpha+\beta)\sin\alpha = \dfrac{5\sqrt{3}}{14} \times \dfrac{1}{7} - \left(-\dfrac{11}{14}\right) \times \dfrac{4\sqrt{3}}{7} = \dfrac{\sqrt{3}}{2}$.

（2）因为 $0° < \alpha < 90°$，所以 $75° < 75°+2\alpha < 255°$. 又因为 $\sin(75°+2\alpha) = -\dfrac{3}{5} < 0$，$180° < 75°+2\alpha < 255°$，所以角 $75°+2\alpha$ 为第三象限角，所以 $\cos(75°+2\alpha) = -\dfrac{4}{5}$. 所以 $\sin(15°+\alpha) \cdot \sin(75°-\alpha) = \sin(15°+\alpha) \cdot \cos(15°+\alpha) = \dfrac{1}{2}\sin(30°+2\alpha) = \dfrac{1}{2}\sin[(75°+2\alpha)-45°] = \dfrac{1}{2}[\sin(75°+2\alpha)\cos45° - \cos(75°+2\alpha) \cdot \sin45°] = \dfrac{1}{2} \times \left(-\dfrac{3}{5} \times \dfrac{\sqrt{2}}{2} + \dfrac{4}{5} \times \dfrac{\sqrt{2}}{2}\right) = \dfrac{\sqrt{2}}{20}$.

四、逻辑推理在立体几何问题中的应用

题源 1： 如图 4-3-1 所示，在直四棱柱 $ABCD - A_1B_1C_1D_1$ 中，$DB = BC$，$DB \perp AC$，点 M 是棱 BB_1 上一点.

（1）求证：$B_1D_1 /\!/$ 平面 A_1BD.

（2）求证：$MD \perp AC$.

（3）试确定点 M 的位置，使得平面 $DMC_1 \perp$ 平面 CC_1D_1D.

解析：

（1）证明：由直四棱柱，得 $BB_1 /\!/ DD_1$，且 $BB_1 = DD_1$，

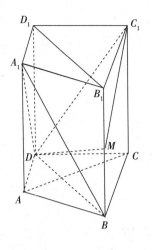

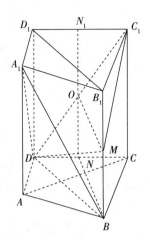

图 4-3-1　　　　　图 4-3-2

所以 BB_1D_1D 是平行四边形，所以 $B_1D_1 /\!/ BD$.

而 $BD \subset$ 平面 A_1BD，$B_1D_1 \not\subset$ 平面 A_1BD，所以 $B_1D_1 /\!/$ 平面 A_1BD.

（2）证明：因为 $BB_1 \perp$ 平面 $ABCD$，$AC \subset$ 平面 $ABCD$，所以 $BB_1 \perp AC$.

又因为 $BD \perp AC$，且 $BD \cap BB_1 = B$，所以 $AC \perp$ 平面 BB_1D，

而 $MD \subset$ 平面 BB_1D，所以 $MD \perp AC$.

（3）当点 M 为棱 BB_1 的中点时，平面 $DMC_1 \perp$ 平面 CC_1D_1D. 证明如下：

取 DC 的中点 N，D_1C_1 的中点 N_1，连接 NN_1 交 DC_1 于点 O，连接 OM.

因为 N 是 DC 中点，$BD = BC$，所以 $BN \perp DC$.

又因为 DC 是平面 $ABCD$ 与平面 DCC_1D_1 的交线，而平面 $ABCD \perp$ 平面 DCC_1D_1，

所以 $BN \perp$ 平面 DCC_1D_1. 又可证得，O 是 NN_1 的中点，

所以 $BM /\!/ ON$，且 $BM = ON$，即 $BMON$ 是平行四边形，所以 $BN /\!/ OM$，

所以 $OM \perp$ 平面 CC_1D_1D，因为 $OM \subset$ 平面 DMC_1，所以平面 $DMC_1 \perp$ 平面 CC_1D_1D.

【思维升华】

1. 求条件探索性问题的主要途径：

（1）先猜后证，即先观察与尝试，猜出条件再证明.

（2）先通过命题成立的必要条件探索出命题成立的条件，再证明充分性.

2. 涉及点的位置探索性问题一般是先根据条件猜测点的位置再给出证明，探索点存在问题，点多为中点或三等分点中某一个，也可以根据相似知识找出

点的位置.

变式 1：如图 4 - 3 - 3 所示，平面 $ABCD\perp$ 平面 BCE，四边形 $ABCD$ 为矩形，$BC = CE$，点 F 为 CE 的中点.

（1）证明：AE // 平面 BDF.

（2）点 M 为 CD 上任意一点，在线段 AE 上是否存在点 P，使得 $PM\perp BE$？若存在，确定点 P 的位置，并加以证明；若不存在，请说明理由.

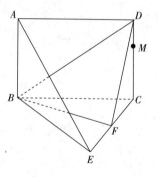

图 4 - 3 - 3

解析：

（1）证明：连接 AC 交 BD 于点 O，连接 OF.

因为四边形 $ABCD$ 是矩形，所以 O 为 AC 的中点. 又 F 为 EC 的中点，

所以 OF // AE. 又 $OF\subset$ 平面 BDF，$AE\not\subset$ 平面 BDF，所以 AE // 平面 BDF.

（2）当点 P 为 AE 的中点时，有 $PM\perp BE$，证明如下：

取 BE 的中点 H，连接 DP，PH，CH. 因为 P 为 AE 的中点，H 为 BE 的中点，

所以 PH // AB. 又 AB // CD，所以 PH // CD，所以 P，H，C，D 四点共面.

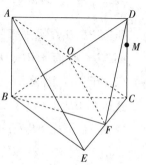

图 4 - 3 - 4

因为平面 $ABCD\perp$ 平面 BCE，且平面 $ABCD\cap$ 平面 $BCE = BC$，$CD\perp BC$，

$CD\subset$ 平面 $ABCD$，所以 $CD\perp$ 平面 BCE.

又 $BE\subset$ 平面 BCE，所以 $CD\perp BE$，因为 $BC = CE$，且 H 为 BE 的中点，

所以 $CH\perp BE$. 又 $CH\cap CD = C$，且 CH，$CD\subset$ 平面 $DPHC$，

所以 $BE\perp$ 平面 $DPHC$. 又 $PM\subset$ 平面 $DPHC$，所以 $PM\perp BE$.

题源 2：（2018·江苏高考）如图 4 - 3 - 6 所示，在正三棱柱 $ABC - A_1B_1C_1$ 中，$AB = AA_1 = 2$，点 P，Q 分别为 A_1B_1，BC 的中点.

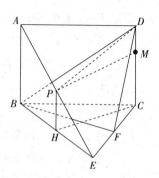

图 4 - 3 - 5

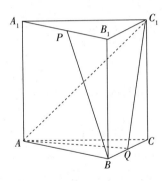

图 4 - 3 - 6

（1）求异面直线 BP 与 AC_1 所成角的余弦值.

（2）求直线 CC_1 与平面 AQC_1 所成角的正弦值.

解析：

如图 4 - 3 - 7 所示，在正三棱柱 $ABC - A_1B_1C_1$ 中，设 AC，A_1C_1 的中点分别为 O，O_1，连接 OB，OO_1，则 $OB \perp OC$，$OO_1 \perp OC$，$OO_1 \perp OB$，以 $\{\overrightarrow{OB}$，$\overrightarrow{OC}$，$\overrightarrow{OO_1}\}$ 为基底，建立空间直角坐标系 $O - xyz$. 因为 $AB = AA_1 = 2$，所以 A $(0, -1, 0)$，B $(\sqrt{3}, 0, 0)$，C $(0, 1, 0)$，A_1 $(0, -1, 2)$，B_1 $(\sqrt{3}, 0, 2)$，C_1 $(0, 1, 2)$.

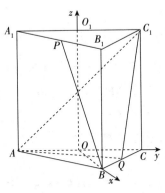

图 4 - 3 - 7

（1）因为 P 为 A_1B_1 的中点，所以 $P\left(\dfrac{\sqrt{3}}{2}, -\dfrac{1}{2}, 2\right)$，从而 $\overrightarrow{BP} = \left(-\dfrac{\sqrt{3}}{2}, -\dfrac{1}{2}, 2\right)$，$\overrightarrow{AC_1} = (0, 2, 2)$，故 $|\cos\langle \overrightarrow{BP}, \overrightarrow{AC_1}\rangle| = $

$$\frac{|\overrightarrow{BP}\cdot\overrightarrow{AC_1}|}{|\overrightarrow{BP}|\cdot|\overrightarrow{AC_1}|}=\frac{|-1+4|}{\sqrt{5}\times2\sqrt{2}}=\frac{3\sqrt{10}}{20}.$$

因此，异面直线 BP 与 AC_1 所成角的余弦值为 $\frac{3\sqrt{10}}{20}$.

(2) 因为 Q 为 BC 的中点，所以 $Q\left(\frac{\sqrt{3}}{2},\frac{1}{2},0\right)$，因此 $\overrightarrow{AQ}=\left(\frac{\sqrt{3}}{2},\frac{3}{2},0\right)$，

$\overrightarrow{AC_1}=(0,2,2)$，$\overrightarrow{CC_1}=(0,0,2)$. 设 $\boldsymbol{n}=(x,y,z)$ 为平面 AQC_1 的法向量，

则 $\begin{cases}\overrightarrow{AQ}\cdot\boldsymbol{n}=0,\\\overrightarrow{AC_1}\cdot\boldsymbol{n}=0,\end{cases}$ 即 $\begin{cases}\frac{\sqrt{3}}{2}x+\frac{3}{2}y=0,\\2y+2z=0\end{cases}$ 不妨取 $\boldsymbol{n}=(\sqrt{3},-1,1)$.

设直线 CC_1 与平面 AQC_1 所成角为 θ，

则 $\sin\theta=|\cos\langle\overrightarrow{CC_1},\boldsymbol{n}\rangle|=\frac{|\overrightarrow{CC_1}\cdot\boldsymbol{n}|}{|\overrightarrow{CC_1}|\cdot|\boldsymbol{n}|}=\frac{2}{\sqrt{5}\times2}=\frac{\sqrt{5}}{5}$，

所以直线 CC_1 与平面 AQC_1 所成角的正弦值为 $\frac{\sqrt{5}}{5}$.

【思维升华】

1. 两异面直线所成角的范围是 $\theta\in\left(0,\frac{\pi}{2}\right]$，两向量的夹角 α 的范围是 $[0,\pi]$，当异面直线的方向向量的夹角为锐角或直角时，就是该异面直线的夹角；当异面直线的方向向量的夹角为钝角时，其补角才是异面直线的夹角.

2. 利用向量法求线面角的方法：

(1) 分别求出斜线和它在平面内的射影直线的方向向量，转化为求两个方向向量的夹角（或其补角）；

(2) 通过平面的法向量来求，即求出斜线的方向向量与平面的法向量所夹的锐角或钝角的补角，取其余角就是斜线和平面所成的角.

变式 2：（2018·湖北八校 4 月联考）如图 4-3-8 所示，四边形 $ABCD$ 与 $BDEF$ 均为菱形，$FA=FC$，且 $\angle DAB=\angle DBF=60°$.

(1) 求证：$AC\perp$ 平面 $BDEF$.

(2) 求直线 AD 与平面 ABF 所成角的正弦值.

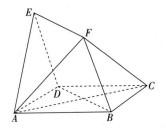

图 4 - 3 - 8

解析：

（1）证明：设 AC 与 BD 相交于点 O，连接 FO，因为四边形 $ABCD$ 为菱形，所以 $AC \perp BD$，且 O 为 AC 中点，因为 $FA = FC$，所以 $AC \perp FO$，

又 $FO \cap BD = O$，所以 $AC \perp$ 平面 $BDEF$.

（2）连接 DF，因为四边形 $BDEF$ 为菱形，且 $\angle DBF = 60°$，所以 $\triangle DBF$ 为等边三角形，

因为 O 为 BD 中点，所以 $FO \perp BD$，又 $AC \perp FO$，$AC \cap BD = O$，所以 $FO \perp$ 平面 $ABCD$.

因为 OA，OB，OF 两两垂直，所以可建立空间直角坐标系 $O - xyz$，如图 4 - 3 - 9所示，

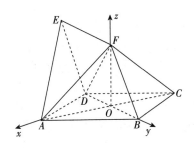

图 4 - 3 - 9

设 $AB = 2$，因为四边形 $ABCD$ 为菱形，$\angle DAB = 60°$，所以 $BD = 2$，$AC = 2\sqrt{3}$.

因为 $\triangle DBF$ 为等边三角形，所以 $OF = \sqrt{3}$.

所以 $A(\sqrt{3}, 0, 0)$，$B(0, 1, 0)$，$D(0, -1, 0)$，$F(0, 0, \sqrt{3})$，

所以 $\overrightarrow{AD} = (-\sqrt{3}, -1, 0)$，$\overrightarrow{AF} = (-\sqrt{3}, 0, \sqrt{3})$，$\overrightarrow{AB} = (-\sqrt{3}, 1, 0)$.

设平面 ABF 的法向量为 $\boldsymbol{n}=(x,\ y,\ z)$，则 $\begin{cases}\overrightarrow{AF}\cdot\boldsymbol{n}=-\sqrt{3}x+\sqrt{3}z=0,\\ \overrightarrow{AB}\cdot\boldsymbol{n}=-\sqrt{3}x+y=0,\end{cases}$

取 $x=1$，得 $n=(1,\ \sqrt{3},\ 1)$．设直线 AD 与平面 ABF 所成角为 θ，

则 $\sin\theta=|\cos\langle\overrightarrow{AD},\ \boldsymbol{n}\rangle|=\dfrac{|\overrightarrow{AD}\cdot\boldsymbol{n}|}{|\overrightarrow{AD}|\cdot|\boldsymbol{n}|}=\dfrac{\sqrt{15}}{5}.$

五、逻辑推理在解析几何问题中的应用

题源 1：（2018·浙江高考）如图 4-3-10 所示，已知点 P 是 y 轴左侧（不含 y 轴）一点，抛物线 C：$y^2=4x$ 上存在不同的两点 A，B 满足 PA，PB 的中点均在 C 上．

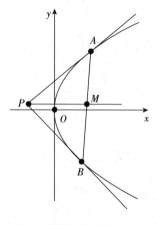

图 4-3-10

（1）设 AB 中点为 M，证明：PM 垂直于 y 轴.

（2）若 P 是半椭圆 $x^2+\dfrac{y^2}{4}=1$（$x<0$）上的动点，求 $\triangle PAB$ 面积的取值范围.

解析：

（1）设 $P(x_0,\ y_0)$，$A\left(\dfrac{1}{4}y_1^2,\ y_1\right)$，$B\left(\dfrac{1}{4}y_2^2,\ y_2\right)$.

因为 PA，PB 的中点在抛物线上，

所以 y_1，y_2 为方程 $\left(\dfrac{y+y_0}{2}\right)^2=4\cdot\dfrac{\frac{1}{4}y^2+x_0}{2}$，

即 $y^2 - 2y_0 y + 8x_0 - y_0^2 = 0$ 的两个不同的实根，所以 $y_1 + y_2 = 2y_0$，因此，PM 垂直于 y 轴.

（2）由（1）可知，$\begin{cases} y_1 + y_2 = 2y_0, \\ y_1 y_2 = 8x_0 - y_0^2, \end{cases}$

所以 $|PM| = \dfrac{1}{8}(y_1^2 + y_2^2) - x_0 = \dfrac{3}{4}y_0^2 - 3x_0$，

$|y_1 - y_2| = 2\sqrt{2(y_0^2 - 4x_0)}$.

因此，$\triangle PAB$ 的面积 $S_{\triangle PAB} = \dfrac{1}{2}|PM| \cdot |y_1 - y_2| = \dfrac{3\sqrt{2}}{4}(y_0^2 - 4x_0)^{\frac{3}{2}}$.

因为 $x_0^2 + \dfrac{y_0^2}{4} = 1$（$x_0 < 0$），所以 $y_0^2 - 4x_0 = -4x_0^2 - 4x_0 + 4 \in [4, 5]$，

因此，$\triangle PAB$ 面积的取值范围是 $\left[6\sqrt{2}, \dfrac{15\sqrt{10}}{4} \right]$.

【思维升华】

范围问题与最值问题方法类似，也是从几何法和代数法两种角度思考问题，但是范围问题比最值问题更为灵活.

变式1：设 O 为坐标原点，已知椭圆 C_1：$\dfrac{x^2}{a^2} + \dfrac{y^2}{b^2} = 1$（$a > b > 0$）的离心率为 $\dfrac{\sqrt{3}}{2}$，抛物线 C_2：$x^2 = -ay$ 的准线方程为 $y = \dfrac{1}{2}$.

（1）求椭圆 C_1 和抛物线 C_2 的方程.

（2）设过定点 $M(0, 2)$ 的直线 l 与椭圆 C_1 交于不同的两点 P，Q，若 O 在以线段 PQ 为直径的圆的外部，求直线 l 的斜率 k 的取值范围.

解析：

（1）由题意得，$\dfrac{a}{4} = \dfrac{1}{2}$，所以 $a = 2$，故抛物线 C_2 的方程为 $x^2 = -2y$.

又 $e = \dfrac{c}{a} = \dfrac{\sqrt{3}}{2}$，所以 $c = \sqrt{3}$，所以 $b = 1$，从而椭圆 C_1 的方程为 $\dfrac{x^2}{4} + y^2 = 1$.

（2）显然直线 $x = 0$ 不满足题设条件，故可设直线 l：$y = kx + 2$，$P(x_1, y_1)$，$Q(x_2, y_2)$.

由 $\begin{cases} \dfrac{x^2}{4} + y^2 = 1, \\ y = kx + 2, \end{cases}$ 得 $(1 + 4k^2)x^2 + 16kx + 12 = 0$，因为 $\Delta = (16k)^2 - 4 \times$

$12\left(1+4k^2\right)>0$，

所以 $k\in\left(-\infty,\ -\dfrac{\sqrt{3}}{2}\right)\cup\left(\dfrac{\sqrt{3}}{2},\ +\infty\right)$，$x_1+x_2=\dfrac{-16k}{1+4k^2}$，$x_1x_2=\dfrac{12}{1+4k^2}$，

根据题意，得 $0°<\angle POQ<90°$，即 $\overrightarrow{OP}\cdot\overrightarrow{OQ}>0$，

所以 $\overrightarrow{OP}\cdot\overrightarrow{OQ}=x_1x_2+y_1y_2=x_1x_2+\left(kx_1+2\right)\left(kx_2+2\right)=\left(1+k^2\right)x_1x_2+$

$2k\left(x_1+x_2\right)+4=\dfrac{12}{1+4k^2}\cdot\left(1+k^2\right)+2k\times\dfrac{-16k}{1+4k^2}+4=\dfrac{16-4k^2}{1+4k^2}>0$，解得 $-2<k<2$.

综上可得，$k\in\left(-2,\ \dfrac{\sqrt{3}}{2}\right)\cup\left(\dfrac{\sqrt{3}}{2},\ 2\right)$.

题源2：如图 $4-3-11$ 所示，已知椭圆 C 的离心率为 $\dfrac{\sqrt{3}}{2}$，点 A，B，F 分别

为椭圆的右顶点、上顶点和右焦点，且 $S_{\triangle ABF}=1-\dfrac{\sqrt{3}}{2}$.

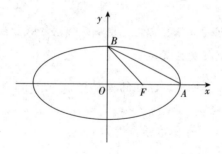

图 $4-3-11$

（1）求椭圆 C 的方程.

（2）已知直线 $l:y=kx+m$ 与圆 $O:x^2+y^2=1$ 相切，若直线 l 与椭圆 C 交

于 M，N 两点，求 $\triangle OMN$ 面积的最大值.

解析：

（1）由已知椭圆的焦点在 x 轴上，设其方程为 $\dfrac{x^2}{a^2}+\dfrac{y^2}{b^2}=1$（$a>b>0$），则

$A\left(a,0\right)$，$B\left(0,b\right)$，$F\left(c,0\right)$（$c=\sqrt{a^2-b^2}$），由已知可得 $e^2=\dfrac{a^2-b^2}{a^2}$

$=\dfrac{3}{4}$，

所以 $a^2=4b^2$，即 $a=2b$，可得 $c=\sqrt{3}b$①.

$$S_{\triangle AFB} = \frac{1}{2} \times |AF| \times |OB| = \frac{1}{2}(a-c)b = 1 - \frac{\sqrt{3}}{2} ②.$$

将①代入②，得 $\frac{1}{2}(2b - \sqrt{3}b)b = 1 - \frac{\sqrt{3}}{2}$，解得 $b = 1$，故 $a = 2$，$c = \sqrt{3}$.

所以椭圆 C 的方程为 $\frac{x^2}{4} + y^2 = 1$.

（2）圆 O 的圆心为坐标原点，半径 $r = 1$，由直线 l：$y = kx + m$ 与圆 O：$x^2 + y^2 = 1$ 相切，得 $\frac{|m|}{\sqrt{1+k^2}} = 1$，故有 $m^2 = 1 + k^2 ③$.

由 $\begin{cases} \dfrac{x^2}{4} + y^2 = 1, \\ y = kx + m, \end{cases}$ 消去 y，得 $\left(\dfrac{1}{4} + k^2\right)x^2 + 2kmx + m^2 - 1 = 0$.

由题可知 $k \neq 0$，即 $(1 + 4k^2)x^2 + 8kmx + 4(m^2 - 1) = 0$，

所以 $\Delta = 16(4k^2 - m^2 + 1) = 48k^2 > 0$.

设 $M(x_1, y_1)$，$N(x_2, y_2)$，

则 $x_1 + x_2 = \dfrac{-2km}{\frac{1}{4} + k^2} = \dfrac{-8km}{4k^2 + 1}$，$x_1 x_2 = \dfrac{m^2 - 1}{\frac{1}{4} + k^2} = \dfrac{4m^2 - 4}{4k^2 + 1}$.

所以 $|x_1 - x_2|^2 = (x_1 + x_2)^2 - 4x_1 x_2 = \left(\dfrac{-8km}{4k^2 + 1}\right)^2 - 4 \times \dfrac{4m^2 - 4}{4k^2 + 1} = \dfrac{16(4k^2 - m^2 + 1)}{(4k^2 + 1)^2} ④$.

将③代入④中，得 $|x_1 - x_2|^2 = \dfrac{48k^2}{(4k^2 + 1)^2}$，故 $|x_1 - x_2| = \dfrac{4\sqrt{3}|k|}{4k^2 + 1}$.

所以 $|MN| = \sqrt{1 + k^2}\, |x_1 - x_2| = \sqrt{1 + k^2} \times \dfrac{4\sqrt{3}|k|}{4k^2 + 1} = \dfrac{4\sqrt{3k^2(k^2 + 1)}}{4k^2 + 1}$.

故 $\triangle OMN$ 的面积 $S = \dfrac{1}{2}|MN| \times 1 = \dfrac{1}{2} \times \dfrac{4\sqrt{3k^2(k^2 + 1)}}{4k^2 + 1} \times 1$

$= \dfrac{2\sqrt{3k^2(k^2 + 1)}}{4k^2 + 1}$.

令 $t = 4k^2 + 1$，则 $t \geq 1$，$k^2 = \dfrac{t-1}{4}$，代入上式，得

$$S = 2\sqrt{\dfrac{3 \times \dfrac{t-1}{4}\left(\dfrac{t-1}{4} + 1\right)}{t^2}} = \dfrac{\sqrt{3}}{2} \dfrac{\sqrt{(t-1)(t+3)}}{t}$$

$$= \frac{\sqrt{3}}{2}\sqrt{\frac{t^2+2t-3}{t^2}} = \frac{\sqrt{3}}{2}\sqrt{-\frac{3}{t^2}+\frac{2}{t}+1}$$

$$= \frac{3}{2}\sqrt{-\frac{1}{t^2}+\frac{2}{3t}+\frac{1}{3}} = \frac{3}{2}\sqrt{-\left(\frac{1}{t}-\frac{1}{3}\right)^2+\frac{4}{9}},$$

所以当 $t=3$，即 $4k^2+1=3$，解得 $k=\pm\frac{\sqrt{2}}{2}$ 时，S 取得最大值，且最大值为

$$\frac{3}{2}\times\sqrt{\frac{4}{9}}=1.$$

【思维升华】

破解此类题的关键：一是利用已知条件，建立关于参数的方程，解方程，求出参数的值，二是通过变量换元法将所给函数转化为值域容易确定的另一函数，求得其值域，从而求得原函数的值域，形如 $y=ax+b\pm\sqrt{cx+d}$（a，b，c，d 均为常数，且 $ac\neq0$）的函数常用此法求解，但在换元时一定要注意新元的取值范围，以保证等价转化，这样目标函数的值域才不会发生变化.

变式2：已知中心在原点，焦点在 y 轴上的椭圆 C，其上一点 P 到两个焦点 F_1，F_2 的距离之和为 4，离心率为 $\frac{\sqrt{3}}{2}$.

（1）求椭圆 C 的方程.

（2）若直线 $y=kx+1$ 与曲线 C 交于 A，B 两点，求 $\triangle OAB$ 面积的取值范围.

解析：

（1）设椭圆的标准方程为 $\frac{y^2}{a^2}+\frac{x^2}{b^2}=1$（$a>b>0$），由题意可知 $2a=4$，$\frac{c}{a}=\frac{\sqrt{3}}{2}$，

又 $a^2-b^2=c^2$，解得 $a=2$，$c=\sqrt{3}$，$b=1$，故椭圆 C 的方程为 $\frac{y^2}{4}+x^2=1$.

（2）设 $A(x_1,y_1)$，$B(x_2,y_2)$，由 $\begin{cases} x^2+\frac{y^2}{4}=1, \\ y=kx+1, \end{cases}$

得 $(k^2+4)x^2+2kx-3=0$,

故 $x_1+x_2=-\frac{2k}{k^2+4}$，$x_1x_2=-\frac{3}{k^2+4}$①,

设 $\triangle OAB$ 的面积为 S，由 $x_1 x_2 = -\dfrac{3}{k^2+4} < 0$，

知 $S = \dfrac{1}{2}$（$|\,x_1\,| + |\,x_2\,|$）$= \dfrac{1}{2}\,|\,x_1 - x_2\,|$

$= \dfrac{1}{2}\sqrt{(x_1 + x_2)^2 - 4x_1 x_2} = 2\sqrt{\dfrac{k^2+3}{(k^2+4)^2}}.$

令 $k^2 + 3 = t$，知 $t \geq 3$，所以 $S = 2\sqrt{\dfrac{1}{t + \dfrac{1}{t} + 2}}.$

令函数 $y = t + \dfrac{1}{t}$（$t \geq 3$），知 $y' = 1 - \dfrac{1}{t^2} = \dfrac{t^2-1}{t^2} > 0$，

所以 $y = t + \dfrac{1}{t}$ 在 $t \in [3,\ +\infty)$ 上单调递增，所以 $t + \dfrac{1}{t} \geq \dfrac{10}{3}$，

所以 $0 < \dfrac{1}{t + \dfrac{1}{t} + 2} \leq \dfrac{3}{16}$，所以 $0 < S \leq \dfrac{\sqrt{3}}{2}$，

故 $\triangle OAB$ 面积的取值范围是 $\left(0,\ \dfrac{\sqrt{3}}{2}\right].$

第 五 章

基于数学建模能力培养的题源教学研究

第一节　数学建模的概念

　　什么是数学建模？数学建模就是根据实际问题来建立数学模型，并对数学模型进行求解，然后根据结果去解决实际问题．当需要从定量的角度分析和研究一个实际问题时，人们就要在深入调查研究、了解对象信息、做出简化假设、分析内在规律等工作的基础上，用数学的符号和语言作表述来建立数学模型．数学模型是一种模拟，是用数学符号、数学式子、程序、图形等对实际课题本质属性的抽象而又简洁的刻画，它或能解释某些客观现象，或能预测未来的发展规律，或能为控制某一现象的发展提供某种意义下的最优策略或较好策略．数学模型一般并非现实问题的直接翻版，它的建立常常既需要人们对现实问题深入细微的观察和分析，又需要人们灵活巧妙地利用各种数学知识．这种应用知识从实际课题中抽象、提炼出数学模型的过程就称为数学建模．

　　数学是研究现实世界数量关系和空间形式的科学，在它产生和发展的历史长河中，一直是和各种各样的应用问题紧密相关的．数学的特点不仅在于概念的抽象性、逻辑的严密性、结论的明确性和体系的完整性，而且在于它应用的广泛性．自从 20 世纪以来，随着科学技术的迅速发展和计算机的日益普及，人们对各种问题的要求越来越精确，使得数学的应用越来越广泛和深入，特别是在 21 世纪这个知识经济时代，数学科学的地位会发生巨大的变化，它正在从国家经济和科技的后台走到了前沿．经济发展的全球化、计算机的迅猛发展、数学理论与方法的不断扩充，使得数学已经成为当代高科技的一个重要组成部分和思想库，数学已经成为一种能够普遍实施的技术．培养学生应用数学的意识和能力已经成为数学教学的一个重要方面.

数学建模一般会经历如下几个过程：

（1）模型准备. 了解问题的实际背景，明确其实际意义，掌握对象的各种信息. 以数学思想来包容问题的精髓，将数学思路贯穿问题的全过程，进而用数学语言来描述问题. 要求符合数学理论，符合数学习惯，清晰准确.

（2）模型假设. 根据实际对象的特征和建模的目的，对问题进行必要的简化，并用精确的语言提出一些恰当的假设.

（3）模型建立. 在假设的基础上，利用适当的数学工具来刻画各变量和常量之间的数学关系，建立相应的数学结构（尽量用简单的数学工具）.

（4）模型求解. 利用获取的数据资料，对模型的所有参数做出计算（或近似计算）.

（5）模型分析. 对所要建立模型的思路进行阐述，对所得的结果进行数学上的分析.

（6）模型检验. 将模型分析结果与实际情形进行比较，以此来验证模型的准确性、合理性和适用性. 如果模型与实际较吻合，则要对计算结果给出其实际含义，并进行解释. 如果模型与实际吻合较差，则应该修改假设，再次重复建模过程.

（7）模型应用与推广. 模型的应用方式因问题的性质和建模的目的而异，而模型的推广就是在现有模型的基础上对模型有一个更加全面的考虑，建立更符合现实情况的模型.

数学建模是一种数学的思考方法，是运用数学的语言和方法，通过抽象、简化建立能近似刻画并"解决"实际问题的一种强有力的数学手段. 数学建模就是用数学语言描述实际现象的过程. 这里的实际现象既包含具体的自然现象，比如自由落体现象，也包含抽象的现象，比如顾客对某种商品的价值倾向. 这里的描述不但包括外在形态、内在机制的描述，也包括预测、试验和解释实际现象等内容. 数学模型一般是实际事物的一种数学简化. 它常常是以某种意义上接近实际事物的抽象形式存在的，但它和真实的事物有着本质的区别. 要描述一个实际现象可以有很多种方式，比如录音、录像、比喻、传言等等. 为了使描述更具科学性、逻辑性、客观性和可重复性，人们采用一种普遍认为比较严格的语言来描述各种现象，这种语言就是数学. 使用数学语言描述的事物就称为数学模型. 有时候我们需要做一些实验，但这些实验往往用抽象出来的数学模型作为实际物体的代替而进行，实验本身也是实际操作的一种理论替代.

　　应用数学去解决各类实际问题时，建立数学模型是十分关键的一步，同时也是十分困难的一步. 建立数学模型的过程，是把错综复杂的实际问题简化、抽象为合理的数学结构的过程. 要通过调查、收集数据资料，观察和研究实际对象的固有特征和内在规律，抓住问题的主要矛盾，建立起反映实际问题的数量关系，然后利用数学的理论和方法去分析和解决问题. 这就需要深厚扎实的数学基础，敏锐的洞察力和想象力，对实际问题的浓厚兴趣和广博的知识面. 数学建模是联系数学与实际问题的桥梁，是数学在各个领域广泛应用的媒介，是数学科学技术转化的主要途径. 数学建模在科学技术发展中的重要作用越来越受到数学界和工程界的普遍重视，它已成为现代科技工作者必备的重要能力之一. 为了适应科学技术发展的需要和培养高质量、高层次科技人才，数学建模已经在大学教育中逐步开展，国内外越来越多的大学正在进行数学建模课程的教学和参加开放性的数学建模竞赛，将数学建模教学和竞赛作为高等院校的教学改革和培养高层次的科技人才的一个重要方面，许多院校正在将数学建模与教学改革相结合，努力探索更有效的数学建模教学法和培养面向 21 世纪的人才的新思路. 与我国高校的其他数学类课程相比，数学建模具有难度大、涉及面广、形式灵活，对教师和学生要求高等特点，数学建模的教学本身是一个不断探索、不断创新、不断完善和提高的过程. 为了改变过去以教师为中心、以课堂讲授为主、以知识传授为主的传统教学模式，数学建模课程指导思想是：以实验室为基础、以学生为中心、以问题为主线、以培养能力为目标来组织教学工作. 数学建模教学可以使学生了解利用数学理论和方法去分析和解决问题的全过程，提高他们分析问题和解决问题的能力；提高他们学习数学的兴趣和应用数学的意识与能力，使他们在以后的工作中能经常性地想到用数学去解决问题，提高他们尽量利用计算机软件及当代高新科技成果的意识，并能将数学、计算机有机地结合起来去解决实际问题. 数学建模以学生为主，教师利用一些事先设计好的问题启发、引导学生主动查阅文献资料和学习新知识，鼓励学生积极开展讨论和辩论，培养学生主动探索、努力进取的学风，培养学生从事科研工作的初步能力和团结协作的精神，从而形成一个生动活泼的环境和气氛. 教学过程的重点是创造一个环境去激发学生的学习欲望，培养他们的自学能力，增强他们的数学素质和创新能力，提高他们的数学素养，强调的是获取新知识的能力，是解决问题的过程，而不是知识与结果.

　　中学数学建模是一种以"问题引领、操作实践"为特征的活动型课程. 学生要通过经历建模特有的过程，真实地解决一个实际问题，由此积累做数学、学数学、用数学的经验，提升对数学及其价值的认识. 其设置目的是希望通过教师对数学建模有目标、有层次地教与学的设计和指导，进而影响学生的学习过程，改变传统的学习方式，激发学生自主思考，促进学生合作交流，提高学生学习兴趣，发展学生创新精神，培养学生应用意识和应用数学的能力，最终使学生提升适应现代社会要求的可持续发展的素养. 数学课程标准指出："数学模型可以有效地描述自然现象和社会现象，数学课程应体现'问题情境—建立数学模型—理解、应用与拓展'，让学生亲身经历将实际问题抽象成数学模型并进行解释与应用的过程，进而使学生获得对数学理解的同时，在思维能力、情感、态度与价值观等多方面得到进步和发展."数学可以帮助人们更好地探求客观世界的规律，并对现代社会中大量纷繁复杂的信息做出恰当的选择与判断，同时为人们交流信息提供了一种有效、简捷的手段. 事实上，中学数学教师对数学建模也很陌生，许多问题教师可能都不会，怎么教学生？在数学建模过程中表现出的问题形式与内容的多样，问题解决方法的多样性、新奇性和个性的展示，问题解决过程和结果层次的多样性，无疑是对参与者创造力的一种激发、挑战、考验和有效的锻炼. 教师在陌生的问题前感到困难、失去相对于学生的优势是自然的、常常出现的. 这里有两个认识需要改变：一是数学建模教学能力提高的主要途径恰恰是自己多参与，多独立思考和实际去"做"；二是数学建模的教学过程中，教师的角色不应该总是"正确的指导者，正确的化身"，而应该平等地参与，适时扮演"同事、参谋、建议者、欣赏者". 教师要在自己的视野内努力寻找适合学生使用的数学建模问题，做好每个问题解决过程的记录，学生成功的经验和自己在挫折中得到的教训对于今后的数学建模的教学设计有重要的价值，也是教师由数学建模的生手成长为行家的有效途径之一.

第二节 数学建模核心素养的培养

一、数学建模的价值

1. 有利于培养学生数学应用意识

应用意识是中学数学的一个重要目标指向，也是数学学以致用的价值体现，具有应用意识和能力的学生，往往能够在实际问题与数学知识之间迅速建立联系，这有助于学生巩固所学数学知识，也有助于学生提高数学问题的解决能力．从小学到高中，学生经过十年来的数学教育，一定程度上具备了基本数学理论知识，但是接触到实际问题却常常表现为束手无策，灵活地、创造地运用数学知识解决实际问题的能力较低，而数学建模的过程，正是实践—理论—实践的过程，是理论与实践的有机结合，强化数学建模的教学，不仅能使学生更好地掌握数学基础知识，学会数学的思想、方法、语言，也能让学生树立正确的数学观，增强应用数学的意识，全面认识数学及其与科学、技术、社会的关系，提高分析问题和解决问题的能力．

2. 有利于培养学生主体性意识

传统教学法一般表现为以教师为主体的满堂灌输式的教学，而强化数学建模的教学可极大地改变教学组织形式，教师扮演的是教学的设计者和指导者，学生是学习过程中的主体．由于数学建模教学要求学生对学习的内容进行报告、答辩或争辩，因此极大地调动了学生自觉学习的积极性．根据现代建构主义学习观，知识不能简单地由教师或其他人传授给学生，而只能由学生依据自身已有的知识和经验主动地加以建构，因为知识建构过程中有利于学生主体性意识的提升．

3. 有利于培养学生创新意识

从问题的提出到问题的解决，建模没有现成的答案和模式．学生必须通过自己的判断和分析，以及小组队员的讨论，创造性地解决问题．数学建模本身就是给学生一个自我学习、独立思考、深入探讨的实践过程，同时也给了那些只重视定理证明和抽象逻辑思维、只会套用公式的学生一个全新的数学观念，学生在建模活动中有更大的自主性和想象空间．数学建模的教学可以培养学生分析问题和解决问题的能力，同时还能培养学生的独立工作能力和创新能力．

4. 有利于培养学生合作意识

在现实社会中，很多实际问题不是单个人所能解决的，需要众多人员共同合作完成．数学建模的实施往往通过组建多人团队来完成，建模团队为实现共同的目标既要明确分工，各尽所能，又要密切配合，集思广益，只有发挥团队精神，共同努力，集体攻关，才能取得正确的答案．因此，数学建模教学有利于培养学生相互学习、积极合作、集体攻关的合作意识．

二、数学建模核心素养的培养方法

数学建模核心素养的第一个培养方法是：利用教材或教辅上的基础例题以及高考题，渗透数学建模的思想．教材或教辅上的基础例题以及高考题，都是众多数学专家精心设计与反复筛选后才被选用的，具有典型性和功能性的基本特征．这些题目往往蕴含了丰富的数学模型的思想，我们可以不失时机地利用这些经典好题，有目的地渗透数学建模的思想，让学生的数学建模的能力得到潜移默化的提高．

案例 1：（2017·全国卷Ⅲ）某城市为了解游客人数的变化规律，提高旅游服务质量，收集并整理了 2014 年 1 月至 2016 年 12 月期间月接待游客量（单位：万人）的数据，绘制了下面的折线图．

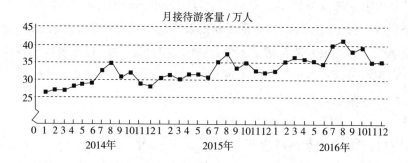

根据该折线图，下列结论错误的是（　　　）

A. 月接待游客量逐月增加

B. 年接待游客量逐年增加

C. 各年的月接待游客量高峰期大致在 7，8 月

D. 各年 1 月至 6 月的月接待游客量相对于 7 月至 12 月，波动性更小，变化比较平稳

解析：

通过题图可知 A 不正确，并不是逐月增加，但是每一年是递增的，所以 B 正确．从图观察 C 是正确的，D 也正确，1 月至 6 月比较平稳，7 月至 12 月波动比较大．故选 A．

【思维升华】

当根据题意不易建立函数模型时，可根据实际问题中两变量的变化快慢等特点，结合图像的变化趋势，验证是否吻合，从中排除不符合实际的情况，选择出符合实际情况的答案.

案例2：某商场销售某种商品的经验表明，该商品每日的销售量 y（单位：千克）与销售价格 x（单位：元/千克）满足关系式 $y = \dfrac{a}{x-3} + 10\,(x-6)^2$，其中 $3 < x < 6$，a 为常数. 已知销售价格为 5 元/千克时，每日可售出该商品 11 千克.

（1）求 a 的值.

（2）若该商品的成本为 3 元/千克，试确定销售价格 x 的值，使商场每日销售该商品所获得的利润最大.

解析：

（1）因为 $x = 5$ 时，$y = 11$，所以 $\dfrac{a}{2} + 10 = 11$，$a = 2$.

（2）由（1）可知，该商品每日的销售量 $y = \dfrac{2}{x-3} + 10\,(x-6)^2$，

所以商场每日销售该商品所获得的利润

$$f(x) = (x-3)\left[\dfrac{2}{x-3} + 10\,(x-6)^2\right] = 2 + 10\,(x-3)\,(x-6)^2, \quad 3 < x < 6.$$

从而，$f'(x) = 30\,(x-4)\,(x-6)$.

于是，当 x 变化时，$f'(x)$，$f(x)$ 的变化情况如下表：

表 5 – 2 – 1

x	(3, 4)	4	(4, 6)
$f'(x)$	+	0	−
$f(x)$	↗	极大值42	↘

由上表可得，$x = 4$ 是函数 $f(x)$ 在区间（3，6）内的极大值点，也是最大值点.

所以，当 $x = 4$ 时，函数 $f(x)$ 取得最大值，且最大值等于 42.

即当销售价格为 4 元/千克时，商场每日销售该商品所获得的利润最大.

【思维升华】

1. 认清所给函数模型，弄清哪些量为待定系数.

2. 根据已知利用待定系数法，确定模型中的待定系数.

3. 利用该模型求解实际问题.

数学建模核心素养的第二个培养方法是：利用构造法进行教学，培养学生数学建模的核心素养. 构造法是指当某些数学问题使用通常方法按照定向思维难以解决时，根据题设条件和结论的特征、性质，从新的角度，用新的观点去观察、分析、理解对象，牢牢抓住反映问题的条件与结论之间的内在联系，运用问题的数据、外形、坐标等特征，使用题中的已知条件为原材料，运用已知数学关系式和理论为工具，在思维中构造出满足条件或结论的数学对象，从而使原问题中隐含的关系和性质在新构造的数学对象中清晰地展现出来，并借助该数学对象方便快捷地解决数学问题的方法.

案例 3： 已知 $a > 0$，且存在 $x_0 \geq 1$，使得 $e^{x_0} + e^{-x_0} < a(3x_0 - x_0^3)$ 成立，试比较 e^{a-1} 与 a^{e-1} 的大小，并证明你的结论.

解析：

令 $g(x) = e^x + e^{-x} - a(3x - x^3)$，

则 $g'(x) = e^x - e^{-x} + 3a(x^2 - 1)$，考虑到 $x \geq 1$，$a > 0$，所以 $g'(x) > 0$，所以 $g(x)$ 在 $[1, +\infty)$ 递增，所以 $g(x) \geq g(1) = e + e^{-1} - 2a$，因为已知存在 $x_0 \geq 1$，使得 $g(x_0) < 0$ 成立，

所以 $e + e^{-1} - 2a < 0$，

所以 $a > \dfrac{e + e^{-1}}{2} > 1$.

令 $h(a) = \dfrac{\ln a}{a - 1}\left(a > \dfrac{e + e^{-1}}{2}\right)$，

所以 $h'(a) = \dfrac{\left(1 - \dfrac{1}{a}\right) - \ln a}{(a - 1)^2}$，

令 $\varphi(a) = \left(1 - \dfrac{1}{a}\right) - \ln a$，易证 $\varphi(a) < 0$，所以 $h'(a) < 0$，

所以 $h(a)$ 在 $\left(\dfrac{e + e^{-1}}{2}, +\infty\right)$ 递减，

所以当 $a = e$ 时，$\dfrac{\ln a}{a - 1} = \dfrac{\ln e}{e - 1}$，所以 $e^{a-1} = a^{e-1}$；

当 $\dfrac{e+e^{-1}}{2} < a < e$ 时，$\dfrac{\ln a}{a-1} > \dfrac{\ln e}{e-1}$，所以 $e^{a-1} < a^{e-1}$；

当 $a > e$ 时，$\dfrac{\ln a}{a-1} < \dfrac{\ln e}{e-1}$，所以 $e^{a-1} > a^{e-1}$.

【思维升华】

　　首先，从已知条件的结构特征看，这是一个函数不等式的"有解"问题，在解题思路上，可以转化为求最值的问题. 其次，从问题的结构特征上看，比较 e^{a-1} 与 a^{e-1} 的大小，同学们很快就联想到了以前的一道基础题：已知 $e < a < b$，比较 a^b 与 b^a 的大小. 于是很快想到了两边同时取对数再转化的思路，从而很自然地构造出了新函数.

　　案例 4：已知函数 $f(x) = x^2 + (\ln 3x)^2 - 2a(x + 3\ln 3x) + 10a^2$，若存在 x_0 使得 $f(x_0) \leqslant \dfrac{1}{10}$ 成立，则实数 $a = $ _____.

解析：

解法一：构造几何模型

$\because f(x) = (\ln 3x - 3a)^2 + (x-a)^2$，

则 $f(x)$ 表示点 $M(x, \ln 3x)$ 与点 $N(a, 3a)$ 之间的距离的平方，

点 $M(x, \ln 3x)$ 为 $y = \ln 3x$ 上的动点，点 $N(a, 3a)$ 为 $y = 3x$ 上的动点，

令 $y' = (\ln 3x)' = \dfrac{1}{x} = 3$，所以 $x = \dfrac{1}{3}$，

所以点 $M\left(\dfrac{1}{3}, 0\right)$ 到直线 $y = 3x$ 的距离最小，

且最小距离 $d = \dfrac{1}{\sqrt{10}}$，此时点 $N(a, 3a)$ 恰好为垂足，且 $f\left(\dfrac{1}{3}\right) = \dfrac{1}{10}$，

此时 MN 的斜率为 $\dfrac{3a-0}{a-\dfrac{1}{3}} = -\dfrac{1}{3}$，解得 $a = \dfrac{1}{30}$，$\therefore f(x) \geqslant \dfrac{1}{10}$，

又已知存在 x_0 使得 $f(x_0) \leqslant \dfrac{1}{10}$ 成立，所以实数 $a = \dfrac{1}{30}$.

解法二：构造柯西不等式的形式

令 $h(x) = x - \ln x$，$h'(x) = \dfrac{x-1}{x}$，

$\therefore h(x)$ 在 $(0, 1)$ 递减，在 $(1, +\infty)$ 递增，

$\therefore h(x) \geqslant h(1) = 1$，即 $x - \ln x \geqslant 1$，当且仅当 $x = 1$ 时取等号，

由柯西不等式得：$f(x) = (3a - \ln 3x)^2 + \dfrac{(3x - 3a)^2}{9} \geq \dfrac{(3x - \ln 3x)^2}{10} \geq \dfrac{1}{10}$，

当且仅当 $\begin{cases} 3x = 1, \\ 3a - \ln 3x = \dfrac{3x - 3a}{9}, \end{cases}$ 即 $\begin{cases} x = \dfrac{1}{3}, \\ a = \dfrac{1}{30} \end{cases}$ 时取等号，

又已知存在 x_0 使得 $f(x_0) \leq \dfrac{1}{10}$ 成立，所以实数 $a = \dfrac{1}{30}$.

【思维升华】

本题 $f(x) = x^2 + (\ln 3x)^2 - 2a(x + 3\ln 3x) + 10a^2$ 结构看起来很复杂，问题解决的入口比较窄，若采用常规思维直接对 $f(x)$ 求导，就很难找到问题的突破口，考虑到 $f(x)$ 可以通过分组配方处理转化为 $(\ln 3x - 3a)^2 + (x - a)^2$ 的结构，于是从几何的角度入手，从两点之间的距离公式寻找问题的突破口就显得非常自然，当然如果不等式基础比较扎实，利用不等式求解也显得非常优美.

数学建模核心素养的第三个培养方法是：利用应用题教学，帮助学生学会数学建模的思想. 应用题是用语言或文字叙述有关事实，反映某种数量关系，并求解未知数量的题目. 每个应用题都包括已知条件和所求问题. 一般来说，应用题通常要求叙述满足三个要求：无矛盾性，即条件之间、条件与问题之间不能相互矛盾；完备性，即条件必须充分，足以保证从条件求出未知量的数值；独立性，即已知的几个条件不能相互推出. 应用题的一个明显的特点就是文字多、常识多、术语多、字母变量多等，正因为如此，我们解答时，要认真审题，准确理解题意，梳理信息，抓住题目当中的关键词. 很多应用题还具备一定的几何背景或物理背景等，建模之前，我们要将题目当中的文字语言翻译为直观图或物理图形，再进行进一步的观察分析，从而找到解决问题的方法.

案例 5：（1）一个人喝了少量酒后，血液中的酒精含量迅速上升到 $0.3\,\text{mg/mL}$，在停止喝酒后，血液中的酒精含量以每小时 25% 的速度减少，为了保障交通安全，某地根据《道路交通安全法》规定：驾驶员血液中的酒精含量不得超过 $0.09\,\text{mg/mL}$，那么，此人至少经过_____小时才能开车. （精确到 1 小时）

（2）某企业投入 100 万元购入一套设备，该设备每年的运转费用是 0.5 万元，此外每年都要花费一定的维护费，第一年的维护费为 2 万元，由于设备老

化，以后每年的维护费都比上一年增加 2 万元．为使该设备年平均费用最低，该企业需要更新设备的年数为（ ）

A. 10   B. 11

C. 13   D. 21

解析：

（1）设经过 x 小时才能开车．由题意得 $0.3\left(1-25\%\right)^{x}\leqslant 0.09$，

∴ $0.75^{x}\leqslant 0.3$，$x\geqslant\log_{0.75}0.3\approx4.19$．∴ x 最小为 5．

（2）设该企业需要更新设备的年数为 x，设备年平均费用为 y，

则 x 年后的设备维护费用为 $2+4+\cdots+2x=x\left(x+1\right)$，

所以 x 年的平均费用为 $y=\dfrac{100+0.5x+x\left(x+1\right)}{x}=x+\dfrac{100}{x}+1.5$，

由基本不等式得 $y=x+\dfrac{100}{x}+1.5\geqslant2\sqrt{x\cdot\dfrac{100}{x}}+1.5=21.5$，

当且仅当 $x=\dfrac{100}{x}$，即 $x=10$ 时取等号，所以选 A．

【思维升华】

构建数学模型解决实际问题，要正确理解题意，分清条件和结论，理顺数量关系，将文字语言转化成数学语言，建立适当的函数模型，求解过程中不要忽略实际问题对变量的限制．

案例 **6**：甲、乙两人进行围棋比赛，约定先连胜两局者直接赢得比赛，若赛完 5 局仍未出现连胜，则判定获胜局数多者赢得比赛．假设每局甲获胜的概率为 $\dfrac{2}{3}$，乙获胜的概率为 $\dfrac{1}{3}$，各局比赛结果相互独立．

（1）求甲在 4 局以内（含 4 局）赢得比赛的概率．

（2）记 X 为比赛决出胜负时的总局数，求 X 的分布列．

解析：

用 A 表示"甲在 4 局以内（含 4 局）赢得比赛"，A_k 表示"第 k 局甲获胜"，B_k 表示"第 k 局乙获胜"，则 $P\left(A_k\right)=\dfrac{2}{3}$，$P\left(B_k\right)=\dfrac{1}{3}$，$k=1$，2，3，4，5．

（1）$P\left(A\right)=P\left(A_1A_2\right)+P\left(B_1A_2A_3\right)+P\left(A_1B_2A_3A_4\right)$

$=P\left(A_1\right)P\left(A_2\right)+P\left(B_1\right)P\left(A_2\right)P\left(A_3\right)+P\left(A_1\right)P\left(B_2\right)$

$P\left(A_3\right)P\left(A_4\right)$

$$= \left(\frac{2}{3}\right)^2 + \frac{1}{3} \times \left(\frac{2}{3}\right)^2 + \frac{2}{3} \times \frac{1}{3} \times \left(\frac{2}{3}\right)^2 = \frac{56}{81}.$$

（2）X 的可能取值为 2，3，4，5.

$P(X=2) = P(A_1A_2) + P(B_1B_2) = P(A_1)P(A_2) + P(B_1)$ $P(B_2) = \frac{5}{9}$,

$P(X=3) = P(B_1A_2A_3) + P(A_1B_2B_3) = P(B_1)P(A_2)P(A_3) +$ $P(A_1)P(B_2)P(B_3) = \frac{2}{9}$,

$P(X=4) = P(A_1B_2A_3A_4) + P(B_1A_2B_3B_4) = P(A_1)P(B_2)P(A_3)$ $P(A_4) + P(B_1)P(A_2)P(B_3)P(B_4) = \frac{10}{81}$,

$P(X=5) = 1 - P(X=2) - P(X=3) - P(X=4) = \frac{8}{81}.$

故 X 的分布列为

X	2	3	4	5
P	$\frac{5}{9}$	$\frac{2}{9}$	$\frac{10}{81}$	$\frac{8}{81}$

第三节　题源教学法在数学建模能力培养中的应用

一、数学建模在函数问题中的应用

题源 1：（1）设甲、乙两地的距离为 a（$a>0$），小王骑自行车以匀速从甲地到乙地用了 20 分钟，在乙地休息 10 分钟后，他又以匀速从乙地返回到甲地用了 30 分钟，则小王从出发到返回原地所经过的路程 y 和其所用的时间 x 的函数图像为（　　）

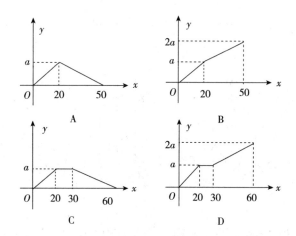

（2）物价上涨是当前的主要话题，特别是菜价，我国某部门为尽快实现稳定菜价，提出四种绿色运输方案．据预测，这四种方案均能在规定的时间 T 内完成预测的运输任务 Q_0，各种方案的运输总量 Q 与时间 t 的函数关系如图所示，在这四种方案中，运输效率（单位时间的运输量）逐步提高的是（　　　）

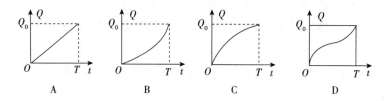

解析：

（1）y 为"小王从出发到返回原地所经过的路程"而不是位移，故排除 A，C；又因为小王在乙地休息 10 分钟，故排除 B，故选 D．

（2）由运输效率（单位时间的运输量）逐步提高知，曲线上的点的切线斜率应该逐渐增大，故函数的图像应一直是下凹的，故选 B．

【思维升华】

判断函数图像与实际问题变化过程相吻合的两种方法：

1. 构建函数模型法：当根据题意容易构建函数模型时，先建立函数模型，再结合模型选图像．

2. 验证法：当根据题意不易建立函数模型时，则根据实际问题中两变量的变化快慢等特点，结合图像的变化趋势，验证是否吻合，从中排除不符合实际的情况，选择出符合实际情况的答案．

变式 1：已知正方形 $ABCD$ 的边长为 4，动点 P 从 B 点开始沿折线 $BCDA$ 向

A 点运动. 设点 P 运动的路程为 x, $\triangle ABP$ 的面积为 S, 则函数 $S = f(x)$ 的图像是（　　）

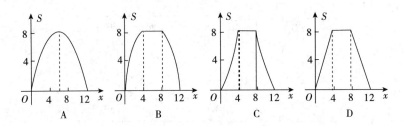

A　　　B　　　C　　　D

解析:

依题意知, 当 $0 \leqslant x \leqslant 4$ 时, $f(x) = 2x$; 当 $4 < x \leqslant 8$ 时, $f(x) = 8$; 当 $8 < x \leqslant 12$ 时, $f(x) = 24 - 2x$, 观察四个选项知, 选 D.

题源 2: 候鸟每年都要随季节的变化而进行大规模的迁徙, 研究某种鸟类的专家发现, 该种鸟类的飞行速度 v（单位: m/s）与其耗氧量 Q 之间的关系为 $v = a + b\log_3 \dfrac{Q}{10}$（其中 a, b 是实数）. 据统计, 该种鸟类在静止的时候其耗氧量为 30 个单位, 而其耗氧量为 90 个单位时, 其飞行速度为 1 m/s.

（1）求出 a, b 的值.

（2）若这种鸟类为赶路程, 飞行的速度不能低于 2 m/s, 则其耗氧量至少要多少个单位?

解析:

（1）由题意可知, 当这种鸟类静止时, 它的速度为 0 m/s, 此时耗氧量为 30 个单位, 故有 $a + b\log_3 \dfrac{30}{10} = 0$, 即 $a + b = 0$;

当耗氧量为 90 个单位时, 速度为 1, 故 $a + b\log_3 \dfrac{90}{10} = 1$, 整理得 $a + 2b = 1$.

解方程组 $\begin{cases} a + b = 0, \\ a + 2b = 1, \end{cases}$ 得 $\begin{cases} a = -1, \\ b = 1. \end{cases}$

（2）由（1）知, $v = -1 + \log_3 \dfrac{Q}{10}$. 所以要使飞行速度不低于 2 m/s, 则有 $v \geqslant 2$, 即 $-1 + \log_3 \dfrac{Q}{10} \geqslant 2$, 即 $\log_3 \dfrac{Q}{10} \geqslant 3$, 解得 $Q \geqslant 270$.

所以若这种鸟类为赶路程, 飞行的速度不能低于 2 m/s, 则其耗氧量至少要 270 个单位.

【思维升华】

求解利用所给函数模型解决实际问题的注意点：

1. 认清所给函数模型，弄清哪些量为待定系数.

2. 根据已知利用待定系数法，确定模型中的待定系数.

3. 利用该模型求解实际问题.

变式 2：某航空公司规定，乘飞机所携带行李的质量（kg）与其运费（元）由如图 5 - 3 - 1 所示的一次函数图像确定，那么乘客可免费携带行李的质量最大为_____ kg.

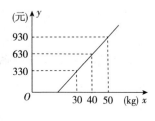

图 5 - 3 - 1

答案：19

解析：

由图像可求得一次函数的解析式为 $y = 30x - 570$，令 $30x - 570 = 0$，解得 $x = 19$.

二、数学建模在不等式问题中的应用

题源 1：若不等式组 $\begin{cases} x \geqslant 0, \\ x + 3y \geqslant 4, \\ 3x + y \leqslant 4 \end{cases}$ 所表示的平面区域被直线 $y = kx + \dfrac{4}{3}$ 分为面积相等的两部分，则 k 的值是_____.

解析：

不等式组表示的平面区域如图 5 - 3 - 2 所示.

由于直线 $y = kx + \dfrac{4}{3}$ 过定点 $\left(0, \dfrac{4}{3}\right)$. 因此只有直线过 AB 中点时，直线 $y = kx + \dfrac{4}{3}$ 能平分平面区域. 因为 $A(1, 1)$，$B(0, 4)$，所以 AB 中点 $D\left(\dfrac{1}{2}, \dfrac{5}{2}\right)$.

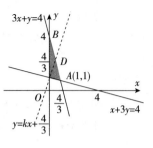

图 5 - 3 - 2

当 $y = kx + \dfrac{4}{3}$ 过点 $\left(\dfrac{1}{2}, \dfrac{5}{2}\right)$ 时，$\dfrac{5}{2} = \dfrac{k}{2} + \dfrac{4}{3}$，

所以 $k = \dfrac{7}{3}$.

【思维升华】

1. 求平面区域的面积.

（1）首先画出不等式组表示的平面区域，若不能直接画出，应利用题目的已知条件转化为不等式组问题，从而再做出平面区域.

（2）对平面区域进行分析，若为三角形，应确定底与高，若为规则的四边形（如平行四边形或梯形），可利用面积公式直接求解，若为不规则四边形，可分割成几个三角形分别求解再求和即可.

2. 利用几何意义求解的平面区域问题，也应做出平面图形，利用数形结合的方法去求解.

变式 1：（1）不等式组 $\begin{cases} x \geq 0, \\ x+y \leq 3, \\ y \geq x+1 \end{cases}$ 表示的平面区域为 Ω，直线 $y = kx-1$ 与区域 Ω 有公共点，则实数 k 的取值范围为（　　）

A. $(0, 3]$ B. $[-1, 1]$

C. $(-\infty, 3]$ D. $[3, +\infty)$

（2）已知约束条件 $\begin{cases} x \geq 1, \\ x+y-4 \leq 0, \\ kx-y \leq 0 \end{cases}$ 表示面积为 1 的直角三角形区域，则实数 k 的值为（　　）

A. 1   B. -1 C. 0   D. -2

解析：

（1）直线 $y = kx-1$ 过定点 $M (0, -1)$，图 5-3-3 可知，当直线 $y = kx-1$ 经过直线 $y = x+1$ 与直线 $x+y=3$ 的交点 $C (1, 2)$ 时，k 最小，此时 $k_{CM} = \dfrac{2-(-1)}{1-0} = 3$，因此 $k \geq 3$，即 $k \in [3, +\infty)$. 故选 D.

（2）由于 $x=1$ 与 $x+y-4=0$ 不可能垂直，所以只有可能 $x+y-4=0$ 与 $kx-y=0$ 垂直或 $x=1$ 与 $kx-y=0$ 垂直.

① 当 $x+y-4=0$ 与 $kx-y=0$ 垂直时，$k=1$，检验知三角形区域面积为 1，即符合要求.

② 当 $x=1$ 与 $kx-y=0$ 垂直时，$k=0$，检验可知不符合要求.

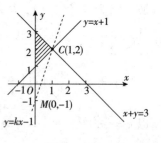

图 5-3-3

题源 2：运货卡车以每小时 x 千米的速度匀速行驶 130 千米，按交通法规限制 $50 \leqslant x \leqslant 100$（单位：千米/时）．假设汽油的价格是每升 2 元，而汽车每小时耗油 $\left(2 + \dfrac{x^2}{360}\right)$ 升，司机的工资是每小时 14 元．

（1）求这次行车总费用 y 关于 x 的表达式．

（2）当 x 为何值时，这次行车的总费用最低，并求出最低费用的值．

解析：

（1）设所用时间为 $t = \dfrac{130}{x}$（h），

$$y = \dfrac{130}{x} \times 2 \times \left(2 + \dfrac{x^2}{360}\right) + 14 \times \dfrac{130}{x}, \quad x \in [50, 100].$$

所以，这次行车总费用 y 关于 x 的表达式是

$$y = \dfrac{130 \times 18}{x} + \dfrac{2 \times 130}{360}x, \quad x \in [50, 100].$$

$$\left(或\ y = \dfrac{2340}{x} + \dfrac{13}{18}x, \quad x \in [50, 100]\right)$$

（2）$y = \dfrac{130 \times 18}{x} + \dfrac{2 \times 130}{360}x \geqslant 26\sqrt{10}$，当且仅当 $\dfrac{130 \times 18}{x} = \dfrac{2 \times 130}{360}x$，

即 $x = 18\sqrt{10}$，等号成立．

故当 $x = 18\sqrt{10}$ 千米/时，这次行车的总费用最低，最低费用的值为 $26\sqrt{10}$ 元．

【思维升华】

1. 设变量时一般要把求最大值或最小值的变量定义为函数．

2. 根据实际问题抽象出函数的解析式后，只需利用基本不等式求得函数的最值．

3. 在求函数的最值时，一定要在定义域（使实际问题有意义的自变量的取值范围）内求解．

变式 2：某工厂某种产品的年固定成本为 250 万元，每生产 x 千件，需另投入成本为 $C(x)$，当年产量不足 80 千件时，$C(x) = \dfrac{1}{3}x^2 + 10x$（万元）．当年产量不小于 80 千件时，$C(x) = 51x + \dfrac{10000}{x} - 1450$（万元）．每件商品售价为 0.05 万元．通过市场分析，该厂生产的商品能全部售完．

（1）写出年利润 L（x）（万元）关于年产量 x（千件）的函数解析式；

（2）当年产量为多少千件时，该厂在这一商品的生产中所获利润最大？

解析：

（1）当 $0 < x < 80$ 时，

$$L（x）= 1000x × 0.05 - \left(\frac{1}{3}x^2 + 10x\right) - 250 = -\frac{1}{3}x^2 + 40x - 250.$$

当 $x \geq 80$ 时，

$$L（x）= 1000x × 0.05 - \left(51x + \frac{10000}{x} - 1450\right) - 250 = 1200 - \left(x + \frac{10000}{x}\right).$$

$$\therefore L（x）= \begin{cases} -\dfrac{1}{3}x^2 + 40x - 250 & (0 < x < 80)， \\ 1200 - \left(x + \dfrac{10000}{x}\right) & (x \geq 80). \end{cases}$$

（2）当 $0 < x < 80$ 时，$L（x）= -\dfrac{1}{3}x^2 + 40x - 250.$ 对称轴为 $x = 60$，

即当 $x = 60$ 时，$L（x）_{最大} = 950$（万元）.

当 $x \geq 80$ 时，$L（x）= 1200 - \left(x + \dfrac{10000}{x}\right) \leq 1200 - 2\sqrt{10000} = 1000$（万元），

当且仅当 $x = 100$ 时，$L（x）_{最大} = 1000$（万元），

综上所述，当 $x = 100$ 时，年获利最大.

三、数学建模在数列问题中的应用

题源 1： 设等差数列 $\{a_n\}$ 的公差为 d，前 n 项和为 S_n，等比数列 $\{b_n\}$ 的公比为 q，已知 $b_1 = a_1$，$b_2 = 2$，$q = d$，$S_{10} = 100$.

（1）求数列 $\{a_n\}$，$\{b_n\}$ 的通项公式；

（2）当 $d > 1$ 时，记 $c_n = \dfrac{a_n}{b_n}$，求数列 $\{c_n\}$ 的前 n 项和 T_n.

解析：

（1）由题意得，$\begin{cases} 10a_1 + 45d = 100， \\ a_1 d = 2， \end{cases}$ 即 $\begin{cases} 2a_1 + 9d = 20， \\ a_1 d = 2， \end{cases}$

解得 $\begin{cases} a_1 = 1， \\ d = 2， \end{cases}$ 或 $\begin{cases} a_1 = 9， \\ d = \dfrac{2}{9}. \end{cases}$ 故 $\begin{cases} a_n = 2n - 1， \\ b_n = 2^{n-1}， \end{cases}$ 或 $\begin{cases} a_n = \dfrac{1}{9}(2n + 79)， \\ b_n = 9 \cdot \left(\dfrac{2}{9}\right)^{n-1}. \end{cases}$

（2）由 $d > 1$，知 $a_n = 2n - 1$，$b_n = 2^{n-1}$，故 $c_n = \dfrac{2n-1}{2^{n-1}}$，于是

$$T_n = 1 + \frac{3}{2} + \frac{5}{2^2} + \frac{7}{2^3} + \frac{9}{2^4} + \cdots + \frac{2n-1}{2^{n-1}}, \quad ①$$

$$\frac{1}{2} T_n = \frac{1}{2} + \frac{3}{2^2} + \frac{5}{2^3} + \frac{7}{2^4} + \frac{9}{2^5} + \cdots + \frac{2n-1}{2^n}. \quad ②$$

①－②可得，$\dfrac{1}{2} T_n = 2 + \dfrac{1}{2} + \dfrac{1}{2^2} + \cdots + \dfrac{1}{2^{n-2}} - \dfrac{2n-1}{2^n} = 3 - \dfrac{2n+3}{2^n}$，

故 $T_n = 6 - \dfrac{2n+3}{2^{n-1}}$.

【思维升华】

用错位相减法求和时，应注意：

1. 要善于识别题目类型，特别是等比数列公比为负数的情形；

2. 在写出 "S_n" 与 "qS_n" 的表达式时应特别注意将两式 "错项对齐" 以便下一步准确写出 "$S_n - qS_n$" 的表达式；

3. 在应用错位相减法求和时，若等比数列的公比为参数，应分公比等于 1 和不等于 1 两种情况求解.

变式 1： 已知数列 $\{a_n\}$ 满足首项为 $a_1 = 2$，$a_{n+1} = 2a_n$（$n \in \mathbf{N}^*$）. 设 $b_n = 3\log_2 a_n - 2$（$n \in \mathbf{N}^*$），数列 $\{c_n\}$ 满足 $c_n = a_n b_n$.

（1）求证：数列 $\{b_n\}$ 为等差数列.

（2）求数列 $\{c_n\}$ 的前 n 项和 S_n.

证明： 由已知可得，$a_n = a_1 q^{n-1} = 2^n$，$b_n = 3\log_2 2^n - 2$，$\therefore b_n = 3n - 2$，

$\therefore b_{n+1} - b_n = 3$，

$\therefore$ 数列 $\{b_n\}$ 为首项 $b_1 = 1$，公差 $d = 3$ 的等差数列.

解析：

$c_n = a_n b_n = (3n - 2) \times 2^n$.

$S_n = 1 \times 2 + 4 \times 2^2 + 7 \times 2^3 + \cdots + (3n - 2) \times 2^n$，①

$2S_n = 1 \times 2^2 + 4 \times 2^3 + 7 \times 2^4 + \cdots + (3n - 5) \times 2^n + (3n - 2) \times 2^{n+1}$，②

①－②得

$-S_n = 2 + 3\,(2^2 + 2^3 + 2^4 + \cdots + 2^n) - (3n - 2) \times 2^{n+1}$

$= 2 + 3 \times \dfrac{4\,(1 - 2^{n-1})}{1 - 2} - (3n - 2) \times 2^{n+1} = -10 + (5 - 3n) \times 2^{n+1}$，

$\therefore S_n = 10 - (5 - 3n) \times 2^{n+1}$.

题源 2：已知函数 $f(x) = x^a$ 的图像过点（4，2），令 $a_n = \dfrac{1}{f(n+1)+f(n)}$，$n \in \mathbf{N}^*$. 记数列 $\{a_n\}$ 的前 n 项和为 S_n，则 S_{2017} = _____.

解析：

由 $f(4) = 2$ 可得，$4^a = 2$，解得，$a = \dfrac{1}{2}$，则 $f(x) = x^{\frac{1}{2}}$.

$\therefore a_n = \dfrac{1}{f(n+1)+f(n)} = \dfrac{1}{\sqrt{n+1}+\sqrt{n}} = \sqrt{n+1}-\sqrt{n}$，

$S_{2017} = a_1 + a_2 + a_3 + \cdots + a_{2017} = (\sqrt{2}-1) + (\sqrt{3}-\sqrt{2}) + (\sqrt{4}-\sqrt{3}) + \cdots + (\sqrt{2017}-\sqrt{2016}) + (\sqrt{2018}-\sqrt{2017}) = \sqrt{2018} - 1.$

【思维升华】

1. 用裂项相消法求和时，要对通项进行变换，如：$\dfrac{1}{\sqrt{n}+\sqrt{n+k}} = \dfrac{1}{k}(\sqrt{n+k}-\sqrt{n})$，$\dfrac{1}{n(n+k)} = \dfrac{1}{k}\left(\dfrac{1}{n}-\dfrac{1}{n+k}\right)$，裂项后可以产生连续相互抵消的项.

2. 抵消后并不一定只剩下第一项和最后一项，也有可能前面剩两项，后面也剩两项.

变式 2：在数列 $\{a_n\}$ 中，$a_1 = 1$，当 $n \geqslant 2$ 时，其前 n 项和 S_n 满足 $S_n^2 = a_n\left(S_n - \dfrac{1}{2}\right)$.

（1）求 S_n 的表达式.

（2）设 $b_n = \dfrac{S_n}{2n+1}$，求 $\{b_n\}$ 的前 n 项和 T_n.

解析：

（1）$\because S_n^2 = a_n\left(S_n - \dfrac{1}{2}\right)$，$a_n = S_n - S_{n-1}$（$n \geqslant 2$），

$\therefore S_n^2 = (S_n - S_{n-1})\left(S_n - \dfrac{1}{2}\right)$，

即 $2S_{n-1}S_n = S_{n-1} - S_n$，①

由题意得 $S_{n-1} \cdot S_n \neq 0$，

①式两边同除以 $S_{n-1} \cdot S_n$，得 $\dfrac{1}{S_n} - \dfrac{1}{S_{n-1}} = 2$，

$\therefore$ 数列 $\left\{\dfrac{1}{S_n}\right\}$ 是首项为 $\dfrac{1}{S_1}=\dfrac{1}{a_1}=1$，公差为 2 的等差数列.

$\therefore \dfrac{1}{S_n}=1+2（n-1）=2n-1$，$\therefore S_n=\dfrac{1}{2n-1}$.

（2）$\because b_n=\dfrac{S_n}{2n+1}=\dfrac{1}{（2n-1）（2n+1）}=\dfrac{1}{2}\left(\dfrac{1}{2n-1}-\dfrac{1}{2n+1}\right)$,

$\therefore T_n=b_1+b_2+\cdots+b_n=\dfrac{1}{2}\left[\left(1-\dfrac{1}{3}\right)+\left(\dfrac{1}{3}-\dfrac{1}{5}\right)+\cdots+\left(\dfrac{1}{2n-1}-\dfrac{1}{2n+1}\right)\right]=$

$\dfrac{1}{2}\left(1-\dfrac{1}{2n+1}\right)=\dfrac{n}{2n+1}$.

四、数学建模在三角函数问题中的应用

题源 1：（1）如图 5 - 3 - 4 所示，已知两座灯塔 A 和 B 与海洋观察站 C 的距离相等，灯塔 A 在观察站 C 的北偏东 $40°$，灯塔 B 在观察站 C 的南偏东 $60°$，则灯塔 A 在灯塔 B 的_____方向.

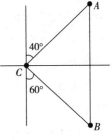

（2）如图 5 - 3 - 5 所示，两座相距 60m 的建筑物 AB，CD 的高度分别为 20m，50m，BD 为水平面，则从建筑物 AB 的顶端 A 看建筑物 CD 的张角 $\angle CAD$ 等于（　　）

A. $30°$　　　　　　　　　　B. $45°$

C. $60°$　　　　　　　　　　D. $75°$

图 5 - 3 - 4

解析：

（1）由已知 $\angle ACB=180°-40°-60°=80°$，

又 $AC=BC$，$\therefore \angle A=\angle ABC=50°$，$60°-50°=$

$10°$，$\therefore$ 灯塔 A 位于灯塔 B 的北偏西 $10°$ 方向.

（2）依题意可得 $AD=20\sqrt{10}$m，$AC=30\sqrt{5}$m，

又 $CD=50$m，

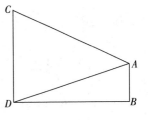

图 5 - 3 - 5

所以在 $\triangle ACD$ 中，由余弦定理得

$\cos\angle CAD=\dfrac{AC^2+AD^2-CD^2}{2AC\cdot AD}=\dfrac{（30\sqrt{5}）^2+（20\sqrt{10}）^2-50^2}{2\times30\sqrt{5}\times20\sqrt{10}}=\dfrac{6000}{6000\sqrt{2}}=\dfrac{\sqrt{2}}{2}$,

又 $0°<\angle CAD<180°$，所以 $\angle CAD=45°$，所以从顶端 A 看建筑物 CD 的张角为 $45°$.

【思维升华】

解决测量角度问题的注意事项：

1. 首先应明确方位角或方向角的含义.

2. 分析题意，分清已知与所求，再根据题意画出正确的示意图，这是最关键、最重要的一步.

3. 将实际问题转化为可用数学方法解决的问题后，注意正弦、余弦定理的"联袂"使用.

变式 1：如图 5 - 3 - 6 所示，某人在垂直于水平地面 ABC 的墙面前的点 A 处进行射击训练. 已知点 A 到墙面的距离为 AB，某目标点 P 沿墙面上的射线 CM 移动，此人为了准确瞄准目标点 P，需计算由点 A 观察点 P 的仰角 θ 的大小. 若 $AB = 15\text{m}$，$AC = 25\text{m}$，$\angle BCM = 30°$，则 $\tan\theta$ 的最大值是_____. （仰角 θ 为直线 AP 与平面 ABC 所成角）

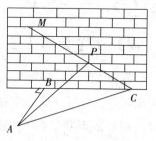

图 5 - 3 - 6

解析：

如图 5 - 3 - 7 所示，过点 P 作 $PO \perp BC$ 于点 O，

连接 AO，则 $\angle PAO = \theta$.

设 $CO = x\text{m}$，则 $OP = \dfrac{\sqrt{3}}{3}x\text{m}$.

在 Rt$\triangle ABC$ 中，$AB = 15\text{m}$，$AC = 25\text{m}$，

所以 $BC = 20\text{m}$. 所以 $\cos\angle BCA = \dfrac{4}{5}$.

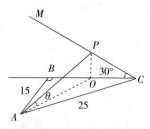

图 5 - 3 - 7

所以 $AO = \sqrt{625 + x^2 - 2 \times 25x \times \dfrac{4}{5}}$

$= \sqrt{x^2 - 40x + 625}$（m）.

所以 $\tan\theta = \dfrac{\dfrac{\sqrt{3}}{3}x}{\sqrt{x^2 - 40x + 625}} = \dfrac{\dfrac{\sqrt{3}}{3}}{\sqrt{1 - \dfrac{40}{x} + \dfrac{625}{x^2}}} = \dfrac{\dfrac{\sqrt{3}}{3}}{\sqrt{\left(\dfrac{25}{x} - \dfrac{4}{5}\right)^2 + \dfrac{9}{25}}}$，

当 $\dfrac{25}{x} = \dfrac{4}{5}$，即 $x = \dfrac{125}{4}$ 时，$\tan\theta$ 取得最大值为 $\dfrac{\frac{\sqrt{3}}{3}}{\frac{3}{5}} = \dfrac{5\sqrt{3}}{9}$.

题源2：江岸边有一炮台高 $30\,\text{m}$，江中有两条船，船与炮台底部在同一水平面上，由炮台顶部测得俯角分别为 $45°$ 和 $60°$，而且两条船与炮台底部连线成 $30°$ 角，则两条船相距_____ m.

解析：

如图 $5-3-8$ 所示，$OM = AO\tan 45° = 30$（m），

$ON = AO\tan 30° = \dfrac{\sqrt{3}}{3} \times 30 = 10\sqrt{3}$（m），

在 $\triangle MON$ 中，由余弦定理得，

$MN = \sqrt{900 + 300 - 2 \times 30 \times 10\sqrt{3} \times \dfrac{\sqrt{3}}{2}} = \sqrt{300} = 10\sqrt{3}$（m）.

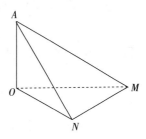

图 $5-3-8$

【思维升华】

1. 三角形中的最值问题，可利用正弦、余弦定理建立函数模型（或三角函数模型），转化为函数最值问题.

2. 求最值时要注意自变量的范围，还要考虑问题的实际意义.

变式2：某港口 O 要将一件重要物品用小艇送到一艘正在航行的轮船上. 在小艇出发时，轮船位于港口 O 北偏西 $30°$ 且与该港口相距 20 海里的 A 处，并正以 30 海里/小时的航行速度沿正东方向匀速行驶. 假设该小艇沿直线方向以 v 海里/小时的航行速度匀速行驶，经过 t 小时与轮船相遇.

（1）若希望相遇时小艇的航行距离最小，则小艇航行速度的大小应为多少？

（2）假设小艇的最高航行速度只能达到 30 海里/小时，试设计航行方案（即确定航行方向和航行速度的大小），使得小艇能以最短时间与轮船相遇，并说明理由.

解析：

（1）设相遇时小艇航行的距离为 S 海里，则

$$S = \sqrt{900t^2 + 400 - 2 \cdot 30t \cdot 20 \cdot \cos(90° - 30°)}$$

$$= \sqrt{900t^2 - 600t + 400} = \sqrt{900\left(t - \frac{1}{3}\right)^2 + 300}.$$

故当 $t = \frac{1}{3}$ 时，$S_{\min} = 10\sqrt{3}$，$v = \dfrac{10\sqrt{3}}{\frac{1}{3}} = 30\sqrt{3}$.

即小艇以 $30\sqrt{3}$ 海里/小时的速度航行，相遇时小艇的航行距离最小.

（2）设小艇与轮船在 B 处相遇.

则 $v^2t^2 = 400 + 900t^2 - 2 \cdot 20 \cdot 30t \cdot \cos\ (90° - 30°)$，

故 $v^2 = 900 - \dfrac{600}{t} + \dfrac{400}{t^2}$. $\because 0 < v \leqslant 30$，

$\therefore 900 - \dfrac{600}{t} + \dfrac{400}{t^2} \leqslant 900$，即 $\dfrac{2}{t^2} - \dfrac{3}{t} \leqslant 0$，解得

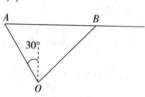

$t \geqslant \dfrac{2}{3}$. 又 $t = \dfrac{2}{3}$ 时，$v = 30$，

图 5 – 3 – 9

故 $v = 30$ 时，t 取得最小值，且最小值等于 $\dfrac{2}{3}$.

此时，在 $\triangle OAB$ 中，有 $OA = OB = AB = 20$.

故可设计航行方案如下：航行方向为北偏东 $30°$，航行速度为 30 海里/小时.

五、数学建模在概率统计问题中的应用

题源 1：一袋中装有 10 个大小相同的黑球和白球. 已知从袋中任意摸出 2 个球，至少得到 1 个白球的概率是 $\dfrac{7}{9}$.

（1）求白球的个数.

（2）从袋中任意摸出 3 个球，记得到白球的个数为 X，求随机变量 X 的分布列.

解析：

（1）记"从袋中任意摸出 2 个球，至少得到 1 个白球"为事件 A，设袋中白球的个数为 x，则 $P\ (A)\ = 1 - \dfrac{C_{10-x}^2}{C_{10}^2} = \dfrac{7}{9}$，得到 $x = 5$. 故白球有 5 个.

（2）X 服从超几何分布，$P\ (X = k) = \dfrac{C_5^k C_5^{3-k}}{C_{10}^3}$，$k = 0$，1，2，3. 于是可得

其分布列为

表 5 - 3 - 1

X	0	1	2	3
P	$\frac{1}{12}$	$\frac{5}{12}$	$\frac{5}{12}$	$\frac{1}{12}$

【思维升华】

超几何分布描述的是不放回抽样问题，随机变量为抽到的某类个体的个数. 超几何分布的特征是：

（1）考察对象分两类.

（2）已知各类对象的个数.

（3）从中抽取若干个个体，考察某类个体数 X 的分布列. 超几何分布主要用于抽检产品、摸不同类别的小球等概率模型，其实质是古典概型.

变式 1：（2015・天津改编）为推动乒乓球运动的发展，某乒乓球比赛允许不同协会的运动员组队参加. 现有来自甲协会的运动员 3 名，其中种子选手 2 名；乙协会的运动员 5 名，其中种子选手 3 名. 从这 8 名运动员中随机选择 4 人参加比赛.

（1）设 A 为事件"选出的 4 人中恰有 2 名种子选手，且这 2 名种子选手来自同一个协会"，求事件 A 发生的概率.

（2）设 X 为选出的 4 人中种子选手的人数，求随机变量 X 的分布列.

解析：

（1）由已知，有 $P(A) = \dfrac{C_2^2 C_3^2 + C_3^2 C_3^2}{C_8^4} = \dfrac{6}{35}$. 所以，事件 A 发生的概率为 $\dfrac{6}{35}$.

（2）随机变量 X 的所有可能取值为 1，2，3，4. $P(X = k) = \dfrac{C_5^k C_3^{4-k}}{C_8^4}$（$k = $ 1，2，3，4）.

所以，随机变量 X 的分布列为

表 5 - 3 - 2

X	1	2	3	4
P	$\frac{1}{14}$	$\frac{3}{7}$	$\frac{3}{7}$	$\frac{1}{14}$

题源 2：在一场娱乐晚会上，有 5 位民间歌手（1 至 5 号）登台演唱，由现场数百名观众投票选出最受欢迎歌手. 各位观众须彼此独立地在选票上选 3 名

歌手，其中观众甲是 1 号歌手的歌迷，他必选 1 号，不选 2 号，另在 3 至 5 号中随机选 2 名. 观众乙和丙对 5 位歌手的演唱没有偏爱，因此在 1 至 5 号中随机选 3 名歌手.

（1）求观众甲选中 3 号歌手且观众乙未选中 3 号歌手的概率.

（2）X 表示 3 号歌手得到观众甲、乙、丙的票数之和，"求 $X \geqslant 2$" 的事件概率.

解析：

（1）设 A 表示事件"观众甲选中 3 号歌手"，B 表示事件"观众乙选中 3 号歌手"，

则 $P(A) = \dfrac{C_2^1}{C_3^2} = \dfrac{2}{3}$，$P(B) = \dfrac{C_4^2}{C_5^3} = \dfrac{3}{5}$.

∵ 事件 A 与 B 相互独立，A 与 $\bar{B}$ 相互独立，则 $A \cdot \bar{B}$ 表示事件"甲选中 3 号歌手，且乙未选中 3 号歌手".

∴ $P(A\bar{B}) = P(A) \cdot P(\bar{B}) = P(A) \cdot [1 - P(B)] = \dfrac{2}{3} \times \dfrac{2}{5} = \dfrac{4}{15}$，$\left(\text{或 } P(A\bar{B}) = \dfrac{C_2^1 \cdot C_4^3}{C_3^2 \cdot C_5^3} = \dfrac{4}{15}\right)$.

（2）设 C 表示事件"观众丙选中 3 号歌手"，则 $P(C) = \dfrac{C_4^2}{C_5^3} = \dfrac{3}{5}$，

依题意，A，B，C 相互独立，$\bar{A}$，$\bar{B}$，$\bar{C}$ 相互独立，

且 $AB\bar{C}$，$A\bar{B}C$，$\bar{A}BC$，ABC 彼此互斥.

又 $P(X=2) = P(AB\bar{C}) + P(A\bar{B}C) + P(\bar{A}BC)$

$= \dfrac{2}{3} \times \dfrac{3}{5} \times \dfrac{2}{5} + \dfrac{2}{3} \times \dfrac{2}{5} \times \dfrac{3}{5} + \dfrac{1}{3} \times \dfrac{3}{5} \times \dfrac{3}{5} = \dfrac{33}{75}$，

$P(X=3) = P(ABC) = \dfrac{2}{3} \times \dfrac{3}{5} \times \dfrac{3}{5} = \dfrac{18}{75}$，

∴ $P(X \geqslant 2) = P(X=2) + P(X=3) = \dfrac{33}{75} + \dfrac{18}{75} = \dfrac{17}{25}$.

【思维升华】

解答此类问题的方法技巧：

1. 首先判断几个事件的发生是否相互独立.

2. 求相互独立事件同时发生的概率的方法主要有：

（1）利用相互独立事件的概率乘法公式直接求解.

（2）正面计算较繁或难以入手时，可从其对立事件入手计算.

变式2：（2015·陕西改编）设某校新、老校区之间开车单程所需时间为 T，T 只与道路畅通状况有关，对其容量为 100 的样本进行统计，结果如下：

表 5 - 3 - 3

T（分钟）	25	30	35	40
频数（次）	20	30	40	10

（1）求 T 的分布列.

（2）刘教授驾车从老校区出发，前往新校区做一个 50 分钟的讲座，结束后立即返回老校区，求刘教授从离开老校区到返回老校区共用时间不超过 120 分钟的概率.

解析：

（1）由统计结果可得 T 的频率分布为

表 5 - 3 - 4

T（分钟）	25	30	35	40
频率	0.2	0.3	0.4	0.1

以频率估计概率得 T 的分布列为

表 5 - 3 - 5

T	25	30	35	40
P	0.2	0.3	0.4	0.1

（2）设 T_1，T_2 分别表示往、返所需时间，T_1，T_2 的取值相互独立，且与 T 的分布列相同，设事件 A 表示"刘教授共用时间不超过 120 分钟"，由于讲座时间为 50 分钟，所以事件 A 对应于"刘教授在路途中的时间不超过 70 分钟".

方法一：$P(A) = P(T_1 + T_2 \leq 70) = P(T_1 = 25, T_2 \leq 45) + P(T_1 = 30, T_2 \leq 40) + P(T_1 = 35, T_2 \leq 35) + P(T_1 = 40, T_2 \leq 30) = 0.2 \times 1 + 0.3 \times 1 + 0.4 \times 0.9 + 0.1 \times 0.5 = 0.91$.

方法二：$P(\bar{A}) = P(T_1 + T_2 > 70) = P(T_1 = 35, T_2 = 40) + P(T_1 = 40, T_2 = 35) + P(T_1 = 40, T_2 = 40) = 0.4 \times 0.1 + 0.1 \times 0.4 + 0.1 \times 0.1 = 0.09$，故 $P(A) = 1 - P(\bar{A}) = 0.91$.

第 六 章

基于数学运算能力培养的题源教学研究

第一节　数学运算的概念

什么是数学运算？早在 1963 年的《全日制中学数学教学大纲》里，第一次提出了数学应该注重培养学生的三大能力：计算能力、逻辑推理能力、空间想象能力．现行的《基础教育课程改革纲要》也明确指出，新课改要重视并力主加强双基，加强对学生基本运算能力的培养．数学运算是一种行为，通过已知量的可能的组合，获得新的量．运算的本质是集合之间的映射，代数运算都是二元运算．二元运算的例子有很多，像数与数之间的加、减、乘、除、乘方、开方、取对数；集合与集合之间的交、并、补、差、笛卡尔积；逻辑且、逻辑或等．

数学运算可以说是一个根据数学规则，对量（或数）进行代换或变换求出表达式结果的过程．它是数学研究的主要内容，数学就是研究量及其运算、图形及其变换的一门学科．在高等数学中，除了代数运算以外，还有极限运算、求导数、求积分等运算，其中最基本的运算，是极限运算，与极限有关的运算称为"分析运算"．数学运算是计算机解决问题的基础．在数学运算核心素养的形成过程中，学生能够进一步发展数学运算能力；能有效借助运算方法解决实际问题；能够通过运算促进数学思维发展，养成程序化思考问题的习惯；形成一丝不苟、严谨求实的科学精神．

运算是学习数学的基石，培养学生的运算核心素养是学好数学的基础．对于学生来说，如果运算能力不过关，考试时就容易算错，这样成绩就会落后，就会严重打击学生的积极性，导致学生对数学学习缺乏兴趣，如此下去就会恶性循环，对学生的学习严重不利，甚至影响学生的终身发展.

在高中数学教学实践过程中，我们发现，学生在运算上存在的突出问题：

（1）技能不足，会而不对，运算方向明确但解不出结果.

（2）技巧不强，运算对而不快，运算烦琐.

（3）思维缺漏，对而不全，不能深刻理解运算对象、选择合理方法.

（4）缺乏自信，对复杂运算心存胆怯，不能设计求解程序，缺少耐心，一繁就弃.

而教师无论课堂教学、作业反馈，还是试卷讲评，往往侧重于知识点、解题思路与方法，对数学运算重视不够，忽视将运算进行到底，疏于运算技巧培养，忽略算法提炼. 如何在素养导向下培养学生的数学运算能力，应该是摆在数学教师面前的新课题.

目前，学生运算能力偏弱的原因是多方面的，有外部原因，也有内部原因. 外部原因主要有：

（1）初中数学削弱了运算要求，重要的十字相乘法、因式分解、韦达定理、平面几何等降低了要求.

（2）计算器的广泛使用削弱了运算意识和运算能力.

（3）高中数学老师重思维、轻运算成为一个趋势，运算方面的教学力度不太够，当然这跟高中数学的课时安排有很大的关系.

内部原因主要有：

（1）学生对概念模棱两可，导致运算失误.

（2）学生对公式、法则记忆不准确，譬如：余弦定理、二倍角公式、诱导公式、求导法则等.

第二节 数学运算核心素养的培养

数学运算核心素养的第一个培养方法是：掌握基础知识，加深算法理解. 数学中的一些概念、性质、法则、公式是进行运算的依据，加深对基本概念、公式、法则的理解，是数学运算的基础和前提，如果学生对这些基础知识理解得清楚透彻，那么他们在运算时就会思路清晰而敏捷，迅速而准确，否则，就会陷入盲目迟钝的状态，一算就错.

案例1：化简下列各式.

（1）$\left(2+\dfrac{3}{5}\right)^0 + 2^{-2} \cdot \left(2+\dfrac{1}{4}\right)^{\frac{1}{2}} - (0.01)^{0.5}$；

（2）$\dfrac{\sqrt{a^3 b^2}\sqrt[3]{ab^2}}{(a^{\frac{1}{4}}b^{\frac{1}{2}})^4 a^{-\frac{1}{3}}b^{\frac{1}{3}}}$ （$a>0$，$b>0$）.

解析：

（1）原式 $= 1 + \dfrac{1}{4} \times \left(\dfrac{4}{9}\right)^{\frac{1}{2}} - \left(\dfrac{1}{100}\right)^{\frac{1}{2}} = 1 + \dfrac{1}{4} \times \dfrac{2}{3} - \dfrac{1}{10} = 1 + \dfrac{1}{6} - \dfrac{1}{10} = \dfrac{16}{15}$.

（2）原式 $= \dfrac{(a^3 b^2 a^{\frac{1}{3}} b^{\frac{2}{3}})^{\frac{1}{2}}}{ab^2 a^{-\frac{1}{3}} b^{\frac{1}{3}}} = a^{\frac{3}{2}+\frac{1}{6}-1+\frac{1}{3}} b^{1+\frac{1}{3}-2-\frac{1}{3}} = \dfrac{a}{b}$.

【思维升华】

1. 指数幂的运算首先将根式、分数指数幂统一为分数指数幂，以便利用法则计算，但应注意：

（1）必须同底数幂相乘，指数才能相加.

（2）运算的先后顺序.

2. 当底数是负数时，先确定符号，再把底数化为正数.

3. 运算结果不能同时含有根号和分数指数，也不能既有分母又含有负指数.

案例2：（1）计算：$\left(\lg \dfrac{1}{4} - \lg 25\right) \div 100^{-\frac{1}{2}} = $ _____.

（2）计算：$\dfrac{(1-\log_6 3)^2 + \log_6 2 \cdot \log_6 18}{\log_6 4} = $ _____.

解析：

（1）原式 $= (\lg 2^{-2} - \lg 5^2) \times 100^{\frac{1}{2}} = \lg\left(\dfrac{1}{2^2 \times 5^2}\right) \times 10 = \lg 10^{-2} \times 10 = -2 \times$

$10 = -20$.

（2）原式 $= \dfrac{1 - 2\log_6 3 + (\log_6 3)^2 + \log_6 \dfrac{6}{3} \cdot \log_6 (6 \times 3)}{\log_6 4}$

$= \dfrac{1 - 2\log_6 3 + (\log_6 3)^2 + 1 - (\log_6^3)^2}{\log_6 4}$

$$= \frac{2\,(1 - \log_6 3)}{2\log_6 2} = \frac{\log_6 6 - \log_6 3}{\log_6 2} = \frac{\log_6 2}{\log_6 2} = 1.$$

【思维升华】

1. 在对数运算中，先利用幂的运算把底数或真数进行变形，化成分数指数幂的形式，使幂的底数最简，然后应用对数运算法则化简合并.

2. 先将对数式化为同底数对数的和、差、倍数运算，然后逆用对数的运算法则，转化为同底数对数真数的积、商、幂再运算.

3. $a^b = N \Leftrightarrow b = \log_a N$（$a > 0$，且 $a \neq 1$）是解决有关指数、对数问题的有效方法，在运算中应注意互化.

数学运算核心素养的第二个培养方法是：注重学生落实，训练运算技能. 迅速、准确的运算技能源于平时训练，是在解题实践中逐步积累形成的，它是发展数学运算素养的基础. 在现实课堂中，教师往往重视知识点、解题思路的教学，而对运算求解的落实普遍存在两种情况：一是不愿意让学生多花费时间进行运算；二是完全放给学生实施完成. 前者，教师演起了主角，教师边分析，边板书运算步骤或播放幻灯片，学生边看边随声附和，鲜于动手. 后者，当学生面对思路简单的复杂运算，由于运算技能不足导致栽跟头，而学生又知道怎么做，不认为解不出结果是大事，老师对运算结果也关注不够，认为也不是大事，没有及时帮助学生求得结果，反正课下有时间. 事实上，课下还真没几个学生当回事，对多数学生而言，丧失了训练、提高运算技能的机会. 而只有平时练就真功夫，才能迅速上手，将运算进行到底，并确保准确无误，才能实实在在地训练运算技能并提高运算能力；同时，在问题解决过程中，要塑造学生不怕困难、迎难而上的品格，发展数学运算核心素养.

案例 3：（2019·孝义模拟）已知椭圆 C：$\dfrac{x^2}{a^2} + \dfrac{y^2}{b^2} = 1$（$a > b > 0$）的左、右焦点分别为 F_1，F_2，且点 F_1 到椭圆 C 上任意一点的最大距离为 3，椭圆 C 的离心率为 $\dfrac{1}{2}$.

（1）求椭圆 C 的标准方程.

（2）是否存在斜率为 -1 的直线 l 与以线段 $F_1 F_2$ 为直径的圆相交于 A，B 两点，与椭圆相交于 C，D，且 $\dfrac{|CD|}{|AB|} = \dfrac{8\sqrt{3}}{7}$？若存在，求出直线 l 的方程；若不存在，说明理由.

解析：

（1）根据题意，设 F_1，F_2 的坐标分别为 $(-c, 0)$，$(c, 0)$，

由题意可得，$\begin{cases} a+c=3, \\ \dfrac{c}{a}=\dfrac{1}{2}, \end{cases}$ 解得 $a=2$，$c=1$，则 $b^2=a^2-c^2=3$，

故椭圆 C 的标准方程为 $\dfrac{x^2}{4}+\dfrac{y^2}{3}=1$.

（2）假设存在斜率为 -1 的直线 l，设为 $y=-x+m$，

由（1）知，F_1，F_2 的坐标分别为 $(-1, 0)$，$(1, 0)$，

所以以线段 F_1F_2 为直径的圆为 $x^2+y^2=1$，

由题意知，圆心 $(0, 0)$ 到直线 l 的距离 $d=\dfrac{|-m|}{\sqrt{2}}<1$，

得 $|m|<\sqrt{2}$.

$|AB|=2\sqrt{1-d^2}=2\sqrt{1-\dfrac{m^2}{2}}=\sqrt{2}\times\sqrt{2-m^2}$，

联立得 $\begin{cases} \dfrac{x^2}{4}+\dfrac{y^2}{3}=1, \\ y=-x+m, \end{cases}$ 消去 y，得 $7x^2-8mx+4m^2-12=0$，

由题意得，$\Delta=(-8m)^2-4\times7(4m^2-12)=336-48m^2=48(7-m^2)$
>0，解得 $m^2<7$，

设 $C(x_1, y_1)$，$D(x_2, y_2)$，则 $x_1+x_2=\dfrac{8m}{7}$，$x_1x_2=\dfrac{4m^2-12}{7}$，

$|CD|=\sqrt{2}|x_1-x_2|=\sqrt{2}\times\sqrt{\left(\dfrac{8m}{7}\right)^2-4\times\dfrac{4m^2-12}{7}}=\sqrt{2}\times\sqrt{\dfrac{336-48m^2}{49}}=$

$\dfrac{4\sqrt{6}}{7}\times\sqrt{7-m^2}=\dfrac{8\sqrt{3}}{7}|AB|=\dfrac{8\sqrt{3}}{7}\times\sqrt{2}\times\sqrt{2-m^2}$，解得 $m^2=\dfrac{1}{3}<7$，得 $m=$

$\pm\dfrac{\sqrt{3}}{3}$.

即存在符合条件的直线 l，其方程为 $y=-x\pm\dfrac{\sqrt{3}}{3}$.

【思维升华】

1. 解决直线与椭圆相交的问题，其常规思路是先把直线方程与椭圆方程联立，消元、化简，然后应用根与系数的关系建立方程，解决相关问题.

2. 设直线与椭圆的交点坐标为 A (x_1, y_1)，B (x_2, y_2)，

则 $|AB| = \sqrt{(1+k^2)\left[(x_1+x_2)^2 - 4x_1x_2\right]}$

$= \sqrt{\left(1+\dfrac{1}{k^2}\right)\left[(y_1+y_2)^2 - 4y_1y_2\right]}$（$k$ 为直线斜率）.

案例 4：（2019·沈阳质检）已知 P 点坐标为 $(0, -2)$，点 A，B 分别为

椭圆 E：$\dfrac{x^2}{a^2} + \dfrac{y^2}{b^2} = 1$ $(a>b>0)$ 的左、右顶点，直线 BP 交 E 于点 Q，$\triangle ABP$ 是

等腰直角三角形，且 $\overrightarrow{PQ} = \dfrac{3}{2}\overrightarrow{QB}$.

（1）求椭圆 E 的方程.

（2）设过点 P 的动直线 l 与 E 相交于 M，N 两点，当坐标原点 O 位于以 MN 为直径的圆外时，求直线 l 斜率的取值范围.

解析：

（1）由 $\triangle ABP$ 是等腰直角三角形，得 $a=2$，B $(2, 0)$.

设 Q (x_0, y_0)，则由 $\overrightarrow{PQ} = \dfrac{3}{2}\overrightarrow{QB}$，得 $\begin{cases} x_0 = \dfrac{6}{5}, \\ y_0 = -\dfrac{4}{5}, \end{cases}$ 代入椭圆方程得 $b^2 = 1$，

所以椭圆 E 的方程为 $\dfrac{x^2}{4} + y^2 = 1$.

（2）依题意得，直线 l 的斜率存在，方程设为 $y = kx - 2$.

联立 $\begin{cases} y = kx - 2, \\ \dfrac{x^2}{4} + y^2 = 1, \end{cases}$ 消去 y 并整理得，$(1+4k^2)x^2 - 16kx + 12 = 0$. （＊）

因直线 l 与 E 有两个交点，即方程（＊）有不等的两实根，

故 $\Delta = (-16k)^2 - 48(1+4k^2) > 0$，解得 $k^2 > \dfrac{3}{4}$.

设 M (x_1, y_1)，N (x_2, y_2)，

由根与系数的关系得，$\begin{cases} x_1+x_2 = \dfrac{16k}{1+4k^2}, \\ x_1x_2 = \dfrac{12}{1+4k^2}, \end{cases}$

因坐标原点 O 位于以 MN 为直径的圆外，

所以 $\overrightarrow{OM} \cdot \overrightarrow{ON} > 0$，即 $x_1x_2 + y_1y_2 > 0$，

又由 $x_1 x_2 + y_1 y_2 = x_1 x_2 + (kx_1 - 2)(kx_2 - 2)$

$= (1 + k^2) x_1 x_2 - 2k(x_1 + x_2) + 4 = (1 + k^2) \cdot \dfrac{12}{1 + 4k^2} - 2k \cdot \dfrac{16k}{1 + 4k^2} + 4$

> 0,

解得 $k^2 < 4$，综上可得 $\dfrac{3}{4} < k^2 < 4$，则 $\dfrac{\sqrt{3}}{2} < k < 2$ 或 $-2 < k < -\dfrac{\sqrt{3}}{2}$.

则满足条件的斜率 k 的取值范围为 $\left(-2, -\dfrac{\sqrt{3}}{2}\right) \cup \left(\dfrac{\sqrt{3}}{2}, 2\right)$.

【思维升华】

最值与范围问题的解题思路：

1. 构造关于所求量的函数，通过求函数的值域来获得问题的解.

2. 构造关于所求量的不等式，通过解不等式来获得问题的解. 在解题过程中，一定要深刻挖掘题目中的隐含条件，如判别式大于零等.

数学运算核心素养的第三个培养方法是：加强变式教学，形成模型思想. 在平时的教学过程当中，我们要善于引导学生将所学的内容归类整理，已知条件同类型的、解题方法同类型的题目等要作为整体积累，进而加工提炼，形成数学模型. 在新课程标准的指引下，数学教学方法也在不断改进、创新. 数学教学不应局限于一个狭窄的课本知识领域里，应该是让学生对知识和技能初步理解与掌握后，进一步的深化和熟练，使学生在学习中学会运用课本的知识举一反三，应用数学"变式教学"的方法是十分有效的手段. 所谓"变式"，就是指教师有目的、有计划地对命题进行合理的转化. 即教师可不断更换命题中的非本质特征；变换问题中的条件或结论；转换问题的内容和形式；配置实际应用的各种环境，但应保留好对象中的本质因素，从而使学生掌握数学对象的本质属性.

案例 5：已知函数 $f(x) = 2\ln x - x^2 - ax$ 有两个不同的零点 x_1，x_2，且满足 $0 < x_1 < x_2$，求证：$x_1 x_2 > \dfrac{3}{2}$.

解析：

由 $f(x_1) = f(x_2) = 0$ 得，$\begin{cases} 2\ln x_1 = x_1^2 + ax_1, \\ 2\ln x_2 = x_2^2 + ax_2, \end{cases}$

两式相加得：$a = \dfrac{2(\ln x_1 + \ln x_2) - (x_1 + x_2)^2 + 2x_1 x_2}{x_1 + x_2}$ ①

两式相减得：$2 \cdot \dfrac{\ln x_1 - \ln x_2}{x_1 - x_2} = a + x_1 + x_2$ ②

由对数平均不等式知：$\dfrac{2}{x_1 + x_2} < \dfrac{\ln x_1 - \ln x_2}{x_1 - x_2}$ ③

把①代入②并结合③式得：$\ln(x_1 x_2) + x_1 x_2 > 2$，

设 $g(t) = \ln t + t$，易知 $g(t)$ 在 $(0, +\infty)$ 上单调递增，

$\because \dfrac{3}{2} < \sqrt{e} \Rightarrow \ln \dfrac{3}{2} < \dfrac{1}{2}$，$\therefore g\left(\dfrac{3}{2}\right) = \ln \dfrac{3}{2} + \dfrac{3}{2} < 2$，

即 $g\left(\dfrac{3}{2}\right) < 2 < g(x_1 x_2)$，所以 $x_1 x_2 > \dfrac{3}{2}$.

【思维升华】

本题首先由函数的零点得到两个等式，两式做加减变形，即可消掉参数 a，再利用对数平均不等式得到一个简单的不等式 $\ln(x_1 x_2) + x_1 x_2 > 2$，再构造函数 $g(t) = \ln t + t$，考虑到 $g(t)$ 递增，而 $g\left(\dfrac{3}{2}\right) < 2 < g(x_1 x_2)$，从而水到渠成地得到了我们需要的结论. 在整个解答过程中，对数平均不等式起到了化难为易的作用.

变式：已知 $f(x) = \dfrac{\ln x + ax + 1}{x}$ 有两个不同的零点 x_1，x_2（$x_1 < x_2$），求证：$x_1^2 + x_2^2 > 2$.

解析：

$\because \dfrac{\ln x_1 + ax_1 + 1}{x_1} = \dfrac{\ln x_2 + ax_2 + 1}{x_2} = \dfrac{\ln x_1 + ax_1 - \ln x_2 - ax_2}{x_1 - x_2}$

$= \dfrac{\ln x_1 - \ln x_2}{x_1 - x_2} + a = \dfrac{\ln x_1 + ax_1 + \ln x_2 + ax_2 + 2}{x_1 + x_2} = \dfrac{\ln x_1 + \ln x_2}{x_1 + x_2} + a + \dfrac{2}{x_1 + x_2}$,

$\therefore \dfrac{\ln x_1 - \ln x_2}{x_1 - x_2} = \dfrac{\ln x_1 + \ln x_2}{x_1 + x_2} + \dfrac{2}{x_1 + x_2}$ （1）

考虑到 $0 < x_1 < x_2$，由对数平均不等式有：$\dfrac{2}{x_1 + x_2} < \dfrac{\ln x_1 - \ln x_2}{x_1 - x_2}$ （2）

由（1）（2）得：$\dfrac{\ln x_1 + \ln x_2}{x_1 + x_2} > 0$，即 $\ln(x_1 x_2) > 0$，

所以 $x_1 x_2 > 1$，由均值不等式得：$x_1^2 + x_2^2 > 2 x_1 x_2 > 2$.

【思维升华】

这个二元函数不等式压轴题其实是一个极值点偏移问题，要证原不等式成

立，只需证：$x_1x_2>1$，即证：$\ln x_1+\ln x_2>0$，再利用 $f(x_1)=f(x_2)$，抓住分子的和为 0 的特点，可以转化为构造对称函数来处理，但是过程还是有点复杂．上述解法利用合比分比定理及对数平均不等式，迅速将问题化难为易、化繁为简，之所以可以如此简洁，还是依赖于对数平均不等式是均值不等式的加强，很多二元不等式问题，都是依赖它而设置的，所以建议想高考拿高分的同学要熟练掌握对数平均不等式的证法及应用．

案例 6：已知正数 a，b 满足 $3a+b=14$，求 $\dfrac{a^2}{a+2b}+\dfrac{b^2}{b+2}$ 的最小值．

解析：

$$\because \frac{a^2}{a+2b}+\frac{b^2}{b+2}$$

$$=\lambda(a+2b)+\frac{a^2}{a+2b}+\mu(b+2)+\frac{b^2}{b+2}-\lambda(a+2b)-\mu(b+2)$$

$$\geq 2\sqrt{\lambda}a+2\sqrt{\mu}b-\lambda(a+2b)-\mu(b+2)$$

$$=(2\sqrt{\lambda}-\lambda)a+(2\sqrt{\mu}-\mu-2\lambda)b-2\mu\quad(*)$$

当且仅当
$$\begin{cases}3a+b=14,\\ \lambda(a+2b)=\dfrac{a^2}{a+2b},\\ \mu(b+2)=\dfrac{b^2}{b+2},\\ \dfrac{2\sqrt{\lambda}-\lambda}{2\sqrt{\mu}-\mu-2\lambda}=3,\end{cases}$$
即
$$\begin{cases}\lambda=\mu=\dfrac{1}{4},\\ a=2b=4,\end{cases}$$
时取等号，代入（*）得：

$\dfrac{a^2}{a+2b}+\dfrac{b^2}{b+2}$ 的最小值为 3．

【思维升华】

此题如果用消元构造函数再求导的方法来处理，也是可以做出来的，毕竟可导函数的最值存在于极值点或端点，但运算量非常大，导函数结构很复杂．功底扎实的均值不等式高手应该可以直接配凑出系数，但从通法的角度讲，上述解法应该是比较好理解的，但也有一定的运算量．

变式：已知 x，y，$z>0$，则 $\dfrac{x+\sqrt{xy}+\sqrt[3]{xyz}}{x+y+z}$ 的最大值为_____．

解析：

$$\because \frac{x+\sqrt{xy}+\sqrt[3]{xyz}}{x+y+z}=\frac{x+\dfrac{\sqrt{x\,(my)}}{\sqrt{m}}+\dfrac{\sqrt[3]{x\,(my)\,(nz)}}{\sqrt[3]{mn}}}{x+y+z}\leqslant\frac{x+\dfrac{x+my}{2\sqrt{m}}+\dfrac{x+my+nz}{3\sqrt[3]{mn}}}{x+y+z}$$

$$=\frac{\left(1+\dfrac{1}{2\sqrt{m}}+\dfrac{1}{3\sqrt[3]{mn}}\right)x+\left(\dfrac{m}{2\sqrt{m}}+\dfrac{m}{3\sqrt[3]{mn}}\right)y+\dfrac{n}{3\sqrt[3]{mn}}z}{x+y+z},$$

令 $1+\dfrac{1}{2\sqrt{m}}+\dfrac{1}{3\sqrt[3]{mn}}=\dfrac{m}{2\sqrt{m}}+\dfrac{m}{3\sqrt[3]{mn}}=\dfrac{n}{3\sqrt[3]{mn}}$，解得 $\begin{cases} m=4 \\ n=16 \end{cases}$，

$\therefore \dfrac{x+\sqrt{xy}+\sqrt[3]{xyz}}{x+y+z}\leqslant\dfrac{\frac{4}{3}\,(x+y+z)}{x+y+z}=\dfrac{4}{3}$，因此 $\dfrac{x+\sqrt{xy}+\sqrt[3]{xyz}}{x+y+z}$ 的最大值为 $\dfrac{4}{3}$.

【思维升华】

平衡系数法是指设某一多项式的全部或部分系数为未知数，利用两个多项式恒等式的同类项系数相等的原理或其他已知条件构造方程，再解方程确定这些系数，从而得到待求系数的值，以达到解题的目的，在多元最值问题中经常用到这种方法.

数学运算核心素养的第四个培养方法是：加强技能训练，确保运算准确. 运算处处有技巧，主要表现为：简化运算、避免重复运算. 对于数字的计算、代数式和某些超越式的恒等变形、集合的运算、解方程与不等式、三角与恒等变形、求导运算、概率计算、向量运算和集合图形中的计算等，教师往往重视学生运算结果，不重视学生运算过程，也很少引导学生观察、分析以简化运算、优化运算. 我们在课堂上要培养学生正确迅速的运算能力，让他们掌握一定的运算技巧，掌握好有理数与实数的基本运算，整式与分式的基本运算，因式分解及解方程的基本运算，指数对数及三角函数的基本运算，熟练掌握一些基本的口算与心算的方法，这有利于提高运算的正确率.

案例 7：（1）（2019·衡水中学调研）若 $\cos\left(\dfrac{\pi}{2}-\alpha\right)=\dfrac{\sqrt{2}}{3}$，则 $\cos\,(\pi-2\alpha)$

=（   ）

A. $\dfrac{2}{9}$ B. $\dfrac{5}{9}$ C. $-\dfrac{2}{9}$ D. $-\dfrac{5}{9}$

（2）设 $f\,(\alpha)=\dfrac{2\sin\,(\pi+\alpha)\,\cos\,(\pi-\alpha)\,-\cos\,(\pi+\alpha)}{1+\sin^2\alpha+\cos\left(\dfrac{3\pi}{2}+\alpha\right)-\sin^2\left(\dfrac{\pi}{2}+\alpha\right)}$ $(1+2\sin\,\alpha\neq$

0），则 $f\left(\dfrac{7}{6}\pi\right) =$ _____.

解析：

（1）由 $\cos\left(\dfrac{\pi}{2}-\alpha\right)=\dfrac{\sqrt{2}}{3}$，得 $\sin\alpha=\dfrac{\sqrt{2}}{3}$.

$\therefore \cos(\pi-2\alpha)=-\cos 2\alpha=-(1-2\sin^2\alpha)=2\sin^2\alpha-1=2\times\dfrac{2}{9}-1=$

$-\dfrac{5}{9}$.

（2）$\because f(\alpha)=\dfrac{(-2\sin\alpha)(-\cos\alpha)+\cos\alpha}{1+\sin^2\alpha+\sin\alpha-\cos^2\alpha}$

$=\dfrac{2\sin\alpha\cos\alpha+\cos\alpha}{2\sin^2\alpha+\sin\alpha}=\dfrac{\cos\alpha(1+2\sin\alpha)}{\sin\alpha(1+2\sin\alpha)}=\dfrac{1}{\tan\alpha}$,

$\therefore f\left(\dfrac{7}{6}\pi\right)=\dfrac{1}{\tan\dfrac{7}{6}\pi}=\dfrac{1}{\tan\dfrac{\pi}{6}}=\sqrt{3}$.

【思维升华】

1. 诱导公式的两个应用：

（1）求值：负化正，大化小，化到锐角为终了．

（2）化简：统一角，统一名，同角名少为终了．

2. 含 2π 整数倍的诱导公式的应用：由终边相同的角的关系可知，在计算含有 2π 的整数倍的三角函数式中可直接将 2π 的整数倍去掉后再进行运算，如 $\cos(5\pi-\alpha)=\cos(\pi-\alpha)=-\cos\alpha$.

案例8：已知 $-\pi<x<0$，$\sin(\pi+x)-\cos x=-\dfrac{1}{5}$.

（1）求 $\sin x-\cos x$ 的值．

（2）求 $\dfrac{\sin 2x+2\sin^2 x}{1-\tan x}$ 的值．

解析：

（1）由已知，得 $\sin x+\cos x=\dfrac{1}{5}$，两边平方得 $\sin^2 x+2\sin x\cos x+\cos^2 x=\dfrac{1}{25}$，

整理得 $2\sin x\cos x=-\dfrac{24}{25}$．$\because (\sin x-\cos x)^2=1-2\sin x\cos x=\dfrac{49}{25}$,

由 $-\pi<x<0$ 知，$\sin x<0$，又 $\sin x\cos x=-\dfrac{12}{25}<0$,

$\therefore \cos x > 0$，$\therefore \sin x - \cos x < 0$，故 $\sin x - \cos x = -\dfrac{7}{5}$.

（2）$\dfrac{\sin 2x + 2\sin^2 x}{1 - \tan x} = \dfrac{2\sin x\ (\cos x + \sin x)}{1 - \dfrac{\sin x}{\cos x}}$

$= \dfrac{2\sin x \cos x\ (\cos x + \sin x)}{\cos x - \sin x} = \dfrac{-\dfrac{24}{25} \times \dfrac{1}{5}}{\dfrac{7}{5}} = -\dfrac{24}{175}$.

【思维升华】

1. 利用同角三角函数关系式和诱导公式求值或化简时，关键是寻求条件、结论间的联系，灵活使用公式进行变形.

2.（1）注意角的范围对三角函数值符号的影响，开方时先判断三角函数值的符号.

（2）熟记一些常见的互补的角、互余的角，如 $\dfrac{\pi}{3} - \alpha$ 与 $\dfrac{\pi}{6} + \alpha$ 互余等.

第三节　题源教学法在数学运算能力培养中的应用

一、数学运算在函数问题中的应用

题源1：已知二次函数 $f(x)$ 满足 $f(2) = -1$，$f(-1) = -1$，且 $f(x)$ 的最大值是 8，试确定该二次函数的解析式.

解法一：利用"一般式"解题

设 $f(x) = ax^2 + bx + c\ (a \neq 0)$. 由题意得，$\begin{cases} 4a + 2b + c = -1, \\ a - b + c = -1, \\ \dfrac{4ac - b^2}{4a} = 8, \end{cases}$ 解得，$\begin{cases} a = -4, \\ b = 4, \\ c = 7. \end{cases}$

$\therefore$ 所求二次函数的解析式为 $f(x) = -4x^2 + 4x + 7$.

解法二：利用"顶点式"解题

设 $f(x) = a\ (x - m)^2 + n\ (a \neq 0)$. 因为 $f(2) = f(-1)$，

所以抛物线的对称轴为 $x = \dfrac{2 + (-1)}{2} = \dfrac{1}{2}$，所以 $m = \dfrac{1}{2}$.

又根据题意，函数有最大值 8，所以 $n = 8$，

所以 $y = f(x) = a\left(x - \dfrac{1}{2}\right)^2 + 8$.

因为 $f(2) = -1$，所以 $a\left(2 - \dfrac{1}{2}\right)^2 + 8 = -1$，解得 $a = -4$，

所以 $f(x) = -4\left(x - \dfrac{1}{2}\right)^2 + 8 = -4x^2 + 4x + 7$.

解法三：利用"零点式"解题

由已知 $f(x) + 1 = 0$ 的两根为 $x_1 = 2$，$x_2 = -1$，

故可设 $f(x) + 1 = a(x - 2)(x + 1)$ $(a \neq 0)$，即 $f(x) = ax^2 - ax - 2a - 1$.

又函数有最大值 8，即 $\dfrac{4a(-2a - 1) - (-a)^2}{4a} = 8$. 解得 $a = -4$ 或 $a = 0$（舍）.

故所求函数的解析式为 $f(x) = -4x^2 + 4x + 7$.

【思维升华】

求二次函数的解析式，一般用待定系数法，其关键是根据已知条件恰当选择二次函数解析式的形式，一般选择规律如下：

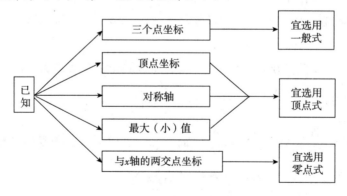

图 6-3-1

变式 1： 已知二次函数 $f(x)$ 的图像经过点 $(4，3)$，它在 x 轴上截得的线段长为 2，并且对任意 $x \in \mathbf{R}$，都有 $f(2 - x) = f(2 + x)$，则 $f(x) = \underline{\hspace{2cm}}$.

解析：

因为 $f(2-x)=f(2+x)$ 对 $x\in\mathbf{R}$ 恒成立，所以 $y=f(x)$ 的图像关于 $x=2$ 对称.

又 $y=f(x)$ 的图像在 x 轴上截得的线段长为 2，所以 $f(x)=0$ 的两根为 $2-\dfrac{2}{2}=1$ 或 $2+\dfrac{2}{2}=3$.

所以二次函数 $f(x)$ 与 x 轴的两交点坐标为（1，0）和（3，0）.

因此设 $f(x)=a(x-1)(x-3)$. 又点（4，3）在 $y=f(x)$ 的图像上，所以 $3a=3$，则 $a=1$. 故 $f(x)=(x-1)(x-3)=x^2-4x+3$.

题源 2：（2019·广东五校联考）已知函数 $f(x)=ax+\ln x$，其中 a 为常数.

（1）当 $a=-1$ 时，求 $f(x)$ 的最大值.

（2）若 $f(x)$ 在区间（0，e]上的最大值为 -3，求 a 的值.

解析：

（1）易知 $f(x)$ 的定义域为（0，$+\infty$），当 $a=-1$ 时，$f(x)=-x+\ln x$，$f'(x)=-1+\dfrac{1}{x}=\dfrac{1-x}{x}$，

令 $f'(x)=0$，得 $x=1$.

当 $0<x<1$ 时，$f'(x)>0$；当 $x>1$ 时，$f'(x)<0$.

$\therefore f(x)$ 在（0，1）上是增函数，在（1，$+\infty$）上是减函数.

$\therefore f(x)_{\max}=f(1)=-1$.

$\therefore$ 当 $a=-1$ 时，函数 $f(x)$ 在（0，$+\infty$）上的最大值为 -1.

（2）$f'(x)=a+\dfrac{1}{x}$，$x\in$（0，e]，$\dfrac{1}{x}\in\left[\dfrac{1}{e},+\infty\right)$.

①若 $a\geqslant-\dfrac{1}{e}$，则 $f'(x)\geqslant0$，从而 $f(x)$ 在（0，e]上是增函数，

$\therefore f(x)_{\max}=f(e)=ae+1\geqslant0$，不合题意.

②若 $a<-\dfrac{1}{e}$，令 $f'(x)>0$，得 $a+\dfrac{1}{x}>0$，结合 $x\in$（0，e]，解得 $0<x<-\dfrac{1}{a}$；

令 $f'(x)<0$，得 $a+\dfrac{1}{x}<0$，结合 $x\in$（0，e]，解得 $-\dfrac{1}{a}<x\leqslant e$.

从而 $f(x)$ 在 $\left(0,\ -\dfrac{1}{a}\right)$ 上为增函数，在 $\left(-\dfrac{1}{a},\ \mathrm{e}\right)$ 上为减函数，

$\therefore f(x)_{\max}=f\left(-\dfrac{1}{a}\right)=-1+\ln\left(-\dfrac{1}{a}\right)$. 令 $-1+\ln\left(-\dfrac{1}{a}\right)=-3$，

得 $\ln\left(-\dfrac{1}{a}\right)=-2$，

即 $a=-\mathrm{e}^2$. $\because -\mathrm{e}^2<-\dfrac{1}{\mathrm{e}}$，$\therefore a=-\mathrm{e}^2$ 为所求. 故实数 a 的值为 $-\mathrm{e}^2$.

【思维升华】

1. 利用导数求函数 $f(x)$ 在 $[a,b]$ 上的最值的一般步骤：

（1）求函数在 (a,b) 内的极值.

（2）求函数在区间端点处的函数值 $f(a)$，$f(b)$.

（3）将函数 $f(x)$ 的各极值与 $f(a)$，$f(b)$ 比较，其中最大的一个为最大值，最小的一个为最小值.

2. 求函数在无穷区间（或开区间）上的最值，不仅要研究其极值情况，还要研究其单调性，并通过单调性和极值情况，画出函数的大致图像，然后借助图像观察得到函数的最值.

变式 2：（2019 · 合肥质检）已知函数 $f(x)=\mathrm{e}^x\cos x-x$.

（1）求曲线 $y=f(x)$ 在点 $(0,f(0))$ 处的切线方程.

（2）求函数 $f(x)$ 在区间 $\left[0,\dfrac{\pi}{2}\right]$ 上的最大值和最小值.

解析：

（1）$\because f(x)=\mathrm{e}^x\cdot\cos x-x$，$\therefore f(0)=1$，$f'(x)=\mathrm{e}^x(\cos x-\sin x)-1$，$\therefore f'(0)=0$，

$\therefore y=f(x)$ 在 $(0,f(0))$ 处的切线方程为 $y-1=0\cdot(x-0)$，即 $y=1$.

（2）$f'(x)=\mathrm{e}^x(\cos x-\sin x)-1$，令 $g(x)=f'(x)$，则 $g'(x)=-2\mathrm{e}^x\sin x\leqslant 0$ 在 $\left[0,\dfrac{\pi}{2}\right]$ 上恒成立，

且仅在 $x=0$ 处等号成立，$\therefore g(x)$ 在 $\left[0,\dfrac{\pi}{2}\right]$ 上单调递减，

$\therefore g(x)\leqslant g(0)=0$，$\therefore f'(x)\leqslant 0$ 且仅在 $x=0$ 处等号成立，

$\therefore f(x)$ 在 $\left[0,\dfrac{\pi}{2}\right]$ 上单调递减，$\therefore f(x)_{\max}=f(0)=1$，$f(x)_{\min}=f\left(\dfrac{\pi}{2}\right)$

$$= -\frac{\pi}{2}.$$

二、数学运算在三角函数问题中的应用

题源1：（1）（2018·兰州测试）已知 $\sin\alpha\cos\alpha = \frac{1}{8}$，且 $\frac{5\pi}{4} < \alpha < \frac{3\pi}{2}$，则 $\cos\alpha - \sin\alpha = $（　　）

A. $-\frac{\sqrt{3}}{2}$　　　　B. $\frac{\sqrt{3}}{2}$　　　　C. $-\frac{3}{4}$　　　　D. $\frac{3}{4}$

（2）（2019·平顶山联考）已知 $\frac{\sin\alpha + 3\cos\alpha}{3\cos\alpha - \sin\alpha} = 5$，则 $\cos^2\alpha + \frac{1}{2}\sin2\alpha = $（　　）

A. $\frac{3}{5}$　　　　B. $-\frac{3}{5}$　　　　C. -3　　　　D. 3

解析：

（1）$\because \frac{5\pi}{4} < \alpha < \frac{3\pi}{2}$，$\therefore \cos\alpha < 0$，$\sin\alpha < 0$，且 $\cos\alpha > \sin\alpha$，

$\therefore \cos\alpha - \sin\alpha > 0.$ 又 $(\cos\alpha - \sin\alpha)^2 = 1 - 2\sin\alpha\cos\alpha = 1 - 2 \times \frac{1}{8} = \frac{3}{4}$，

$\therefore \cos\alpha - \sin\alpha = \frac{\sqrt{3}}{2}.$

（2）由 $\frac{\sin\alpha + 3\cos\alpha}{3\cos\alpha - \sin\alpha} = 5$ 得，$\frac{\tan\alpha + 3}{3 - \tan\alpha} = 5$，可得 $\tan\alpha = 2$，

则 $\cos^2\alpha + \frac{1}{2}\sin2\alpha = \cos^2\alpha + \sin\alpha\cos\alpha = \frac{\cos^2\alpha + \sin\alpha\cos\alpha}{\cos^2\alpha + \sin^2\alpha} = \frac{1 + \tan\alpha}{1 + \tan^2\alpha} = \frac{3}{5}.$

【思维升华】

1. 利用 $\sin^2\alpha + \cos^2\alpha = 1$ 可以实现角 α 的正弦、余弦的互化，利用 $\frac{\sin\alpha}{\cos\alpha} = \tan\alpha$ 可以实现角 α 的弦切互化.

2. 应用公式时注意方程思想的应用：对于 $\sin\alpha + \cos\alpha$，$\sin\alpha\cos\alpha$，$\sin\alpha - \cos\alpha$ 这三个式子，利用 $(\sin\alpha \pm \cos\alpha)^2 = 1 \pm 2\sin\alpha\cos\alpha$，可以知一求二.

3. 注意公式逆用及变形应用：$1 = \sin^2\alpha + \cos^2\alpha$，$\sin^2\alpha = 1 - \cos^2\alpha$，$\cos^2\alpha = 1 - \sin^2\alpha$.

变式 1：（1）若 $3\sin\alpha + \cos\alpha = 0$，则 $\dfrac{1}{\cos^2\alpha + 2\sin\alpha\cos\alpha}$ 的值为（　　）

A. $\dfrac{10}{3}$ 　　　　B. $\dfrac{5}{3}$ 　　　　C. $\dfrac{2}{3}$ 　　　　D. -2

（2）（2018·全国Ⅱ卷）已知 $\sin\alpha + \cos\beta = 1$，$\cos\alpha + \sin\beta = 0$，则 $\sin(\alpha + \beta) = $ _____.

解析：

（1）$3\sin\alpha + \cos\alpha = 0 \Rightarrow \cos\alpha \neq 0 \Rightarrow \tan\alpha = -\dfrac{1}{3}$，

$$\dfrac{1}{\cos^2\alpha + 2\sin\alpha\cos\alpha} = \dfrac{\cos^2\alpha + \sin^2\alpha}{\cos^2\alpha + 2\sin\alpha\cos\alpha} = \dfrac{1 + \tan^2\alpha}{1 + 2\tan\alpha} = \dfrac{1 + \left(-\dfrac{1}{3}\right)^2}{1 - \dfrac{2}{3}} = \dfrac{10}{3}.$$

（2）由 $\sin\alpha + \cos\beta = 1$，$\cos\alpha + \sin\beta = 0$，

两式平方相加，得 $2 + 2\sin\alpha\cos\beta + 2\cos\alpha\sin\beta = 1$，

整理得 $\sin(\alpha + \beta) = -\dfrac{1}{2}$.

题源 2：（1）（2019·河南六市联考）已知 $\cos\alpha = \dfrac{1}{7}$，$\cos(\alpha - \beta) = \dfrac{13}{14}$，若 $0 < \beta < \alpha < \dfrac{\pi}{2}$，则 $\beta = $ _____.

（2）已知 α，$\beta \in (0, \pi)$，且 $\tan(\alpha - \beta) = \dfrac{1}{2}$，$\tan\beta = -\dfrac{1}{7}$，则 $2\alpha - \beta$ 的值为 _____.

解析：

（1）由 $\cos\alpha = \dfrac{1}{7}$，$0 < \alpha < \dfrac{\pi}{2}$，得 $\sin\alpha = \sqrt{1 - \cos^2\alpha} = \sqrt{1 - \left(\dfrac{1}{7}\right)^2} = \dfrac{4\sqrt{3}}{7}$.

由 $0 < \beta < \alpha < \dfrac{\pi}{2}$，得 $0 < \alpha - \beta < \dfrac{\pi}{2}$，又 $\cos(\alpha - \beta) = \dfrac{13}{14}$，

$\therefore \sin(\alpha - \beta) = \sqrt{1 - \cos^2(\alpha - \beta)} = \sqrt{1 - \left(\dfrac{13}{14}\right)^2} = \dfrac{3\sqrt{3}}{14}$.

由 $\beta = \alpha - (\alpha - \beta)$ 得，$\cos\beta = \cos[\alpha - (\alpha - \beta)]$

$= \cos\alpha\cos(\alpha - \beta) + \sin\alpha\sin(\alpha - \beta) = \dfrac{1}{7} \times \dfrac{13}{14} + \dfrac{4\sqrt{3}}{7} \times \dfrac{3\sqrt{3}}{14} = \dfrac{1}{2}$.

$\therefore \beta \in \left(0, \dfrac{\pi}{2}\right)$，$\therefore \beta = \dfrac{\pi}{3}$.

(2) $\because \tan\alpha = \tan\left[\left(\alpha-\beta\right)+\beta\right] = \dfrac{\tan\left(\alpha-\beta\right)+\tan\beta}{1-\tan\left(\alpha-\beta\right)\tan\beta} = \dfrac{\dfrac{1}{2}-\dfrac{1}{7}}{1+\dfrac{1}{2}\times\dfrac{1}{7}} = \dfrac{1}{3}>0$,

又 $\alpha\in\left(0,\pi\right)$，$\therefore 0<\alpha<\dfrac{\pi}{2}$，

又 $\because \tan2\alpha = \dfrac{2\tan\alpha}{1-\tan^{2}\alpha} = \dfrac{2\times\dfrac{1}{3}}{1-\left(\dfrac{1}{3}\right)^{2}} = \dfrac{3}{4}>0$，$\therefore 0<2\alpha<\dfrac{\pi}{2}$，

$\therefore \tan\left(2\alpha-\beta\right) = \dfrac{\tan2\alpha-\tan\beta}{1+\tan2\alpha\tan\beta} = \dfrac{\dfrac{3}{4}+\dfrac{1}{7}}{1-\dfrac{3}{4}\times\dfrac{1}{7}} = 1$.

$\because \tan\beta = -\dfrac{1}{7}<0$，$\therefore \dfrac{\pi}{2}<\beta<\pi$，$-\pi<2\alpha-\beta<0$，$\therefore 2\alpha-\beta = -\dfrac{3\pi}{4}$.

【思维升华】

1. "给角求值""给值求值"问题求解的关键在于"变角"，使其角相同或具有某种关系，借助角之间的联系寻找转化方法.

2. "给值求角"：实质是转化为"给值求值"，先求角的某一函数值，再求角的范围，最后确定角. 遵循以下原则：

(1) 已知正切函数值，选正切函数；

(2) 已知正、余弦函数值，选正弦或余弦函数；若角的范围是 $\left(0,\dfrac{\pi}{2}\right)$，选正、余弦皆可；若角的范围是 $\left(0,\pi\right)$，选余弦较好；若角的范围为 $\left(-\dfrac{\pi}{2},\dfrac{\pi}{2}\right)$，选正弦较好.

变式 2：(1) (2019·合肥模拟) $\tan70°\cdot\cos10°\left(\sqrt{3}\tan20°-1\right)$ 等于 (　　)

A. 1　　　　　　B. 2　　　　　　C. -1　　　　　　D. -2

(2) 已知 α，β 为锐角，$\cos\alpha = \dfrac{1}{7}$，且 $\sin\left(\alpha+\beta\right) = \dfrac{5\sqrt{3}}{14}$，则角 β = _____.

解析：

(1) $\tan70°\cdot\cos10°\left(\sqrt{3}\tan20°-1\right) = \dfrac{\sin70°}{\cos70°}\cdot\cos10°\left(\sqrt{3}\cdot\dfrac{\sin20°}{\cos20°}-1\right)$

$$= \frac{\cos 20° \cos 10°}{\sin 20°} \cdot \frac{\sqrt{3}\ (\sin 20° - \cos 20°)}{\cos 20°} = \frac{\cos 10° \cdot 2\sin\ (20° - 30°)}{\sin 20°}$$

$$= \frac{-\sin 20°}{\sin 20°} = -1.$$

（2）$\because \alpha$ 为锐角，且 $\cos \alpha = \frac{1}{7}$，$\therefore \sin \alpha = \sqrt{1 - \left(\frac{1}{7}\right)^2} = \frac{4\sqrt{3}}{7}.$

$\because \alpha, \beta \in \left(0, \frac{\pi}{2}\right)$，$\therefore 0 < \alpha + \beta < \pi.$

又 $\because \sin\ (\alpha + \beta)\ < \sin \alpha$，$\therefore \alpha + \beta > \frac{\pi}{2}$，$\therefore \cos\ (\alpha + \beta)\ = -\frac{11}{14}.$

$\cos \beta = \cos\ \big[\ (\alpha + \beta)\ -\alpha\ \big] = \cos\ (\alpha + \beta)\ \cos \alpha + \sin\ (\alpha + \beta)\ \sin \alpha = -\frac{11}{14} \times$

$\frac{1}{7} + \frac{5\sqrt{3}}{14} \times \frac{4\sqrt{3}}{7} = \frac{49}{98} = \frac{1}{2}.$

$\therefore \beta = \frac{\pi}{3}.$

三、数学运算在数列问题中的应用

题源 1：（1））（2017·全国 I 卷）记 S_n 为等差数列 $\{a_n\}$ 的前 n 项和. 若 $a_4 + a_5 = 24$，$S_6 = 48$，则 $\{a_n\}$ 的公差为（　　）

A. 1　　　　　　B. 2　　　　　　C. 4　　　　　　D. 8

（2）（2019·云南省二次统一检测）设等差数列 $\{a_n\}$ 的前 n 项和为 S_n，$S_{11} = 22$，$a_4 = -12$，若 $a_m = 30$，则 $m = $（　　）

A. 9　　　　　　B. 10　　　　　　C. 11　　　　　　D. 15

解析：

（1）解法一：设等差数列 $\{a_n\}$ 的公差为 d，

依题意得，$\begin{cases} (a_1 + 3d)\ +\ (a_1 + 4d)\ = 24, \\ 6a_1 + \dfrac{6 \times 5}{2}d = 48, \end{cases}$ 所以 $d = 4.$

解法二：等差数列 $\{a_n\}$ 中，$S_6 = \frac{(a_1 + a_6)\ \times 6}{2} = 48$，则 $a_1 + a_6 = 16 = a_2 + a_5$，

又 $a_4 + a_5 = 24$，所以 $a_4 - a_2 = 2d = 24 - 16 = 8$，则 $d = 4.$

（2）设等差数列 $\{a_n\}$ 的公差为 d，依题意得，

$$\begin{cases} S_{11} = 11a_1 + \dfrac{11 \times (11-1)}{2}d = 22, \\ a_4 = a_1 + 3d = -12, \end{cases} \quad 解得, \quad \begin{cases} a_1 = -33, \\ d = 7, \end{cases}$$

$\therefore a_m = a_1 + (m-1)d = 7m - 40 = 30, \therefore m = 10.$

【思维升华】

1. 等差数列的通项公式及前 n 项和公式共涉及五个量 a_1，a_n，d，n，S_n，知道其中三个就能求另外两个，体现了用方程的思想来解决问题.

2. 数列的通项公式和前 n 项和公式在解题中起到变量代换作用，而 a_1 和 d 是等差数列的两个基本量，用它们表示已知和未知是常用方法.

变式1：（1）等差数列 $\log_3(2x)$，$\log_3(3x)$，$\log_3(4x+2)$，…的第四项等于（　　）

A. 3　　　　　　B. 4　　　　　　C. $\log_3 18$　　　　　　D. $\log_3 24$

（2）设等差数列 $\{a_n\}$ 的前 n 项和为 S_n，$S_3 = 6$，$S_4 = 12$，则 S_6 = _____ .

解析：

（1）$\because \log_3(2x)$，$\log_3(3x)$，$\log_3(4x+2)$ 成等差数列，$\therefore \log_3(2x) + \log_3(4x+2) = 2\log_3(3x)$，

$\therefore \log_3[2x(4x+2)] = \log_3(3x)^2$，则 $2x(4x+2) = 9x^2$，解之得 $x = 4$，$x = 0$（舍去）.

$\therefore$ 等差数列的前三项为 $\log_3 8$，$\log_3 12$，$\log_3 18$，

$\therefore$ 公差 $d = \log_3 12 - \log_3 8 = \log_3 \dfrac{3}{2}$，

$\therefore$ 数列的第四项为 $\log_3 18 + \log_3 \dfrac{3}{2} = \log_3 27 = 3$.

（2）**解法一：**设数列 $\{a_n\}$ 的首项为 a_1，公差为 d，

由 $S_3 = 6$，$S_4 = 12$，可得 $\begin{cases} S_3 = 3a_1 + 3d = 6, \\ S_4 = 4a_1 + 6d = 12, \end{cases}$ 解得 $\begin{cases} a_1 = 0, \\ d = 2, \end{cases}$

所以 $S_6 = 6a_1 + 15d = 30$.

解法二：由 $\{a_n\}$ 为等差数列，故可设前 n 项和 $S_n = An^2 + Bn$，

由 $S_3 = 6$，$S_4 = 12$ 可得，$\begin{cases} S_3 = 9A + 3B = 6, \\ S_4 = 16A + 4B = 12, \end{cases}$

解得 $\begin{cases} A = 1, \\ B = -1, \end{cases}$ 即 $S_n = n^2 - n$，则 $S_6 = 36 - 6 = 30$.

题源 2：（1）（2017·全国Ⅲ卷）设等比数列 $\{a_n\}$ 满足 $a_1 + a_2 = -1$，$a_1 - a_3 = -3$，则 $a_4 =$ _____.

（2）等比数列 $\{a_n\}$ 的各项均为实数，其前 n 项和为 S_n，已知 $S_3 = \dfrac{7}{4}$，$S_6 = \dfrac{63}{4}$，则 $a_8 =$ _____.

解析：

（1）由 $\{a_n\}$ 为等比数列，设公比为 q.

由 $\begin{cases} a_1 + a_2 = -1, \\ a_1 - a_3 = -3, \end{cases}$

得 $\begin{cases} a_1 + a_1 q = -1, & ① \\ a_1 - a_1 q^2 = -3, & ② \end{cases}$

显然 $q \neq 1$，$a_1 \neq 0$，$\dfrac{②}{①}$ 得 $1 - q = 3$，即 $q = -2$，代入①式可得 $a_1 = 1$，

所以 $a_4 = a_1 q^3 = 1 \times (-2)^3 = -8$.

（2）设数列 $\{a_n\}$ 首项为 a_1，公比为 q（$q \neq 1$），

则 $\begin{cases} S_3 = \dfrac{a_1 (1 - q^3)}{1 - q} = \dfrac{7}{4}, \\ S_6 = \dfrac{a_1 (1 - q^6)}{1 - q} = \dfrac{63}{4}, \end{cases}$ 解得，$\begin{cases} a_1 = \dfrac{1}{4}, \\ q = 2, \end{cases}$

所以 $a_8 = a_1 q^7 = \dfrac{1}{4} \times 2^7 = 32$.

【思维升华】

1. 等比数列基本量的运算是等比数列中的一类基本问题，等比数列中有五个量 a_1，n，q，a_n，S_n，一般可以"知三求二"，通过列方程（组）便可迎刃而解.

2. 等比数列的前 n 项和公式涉及对公比 q 的分类讨论，当 $q = 1$ 时，$\{a_n\}$ 的前 n 项和 $S_n = na_1$；当 $q \neq 1$ 时，$\{a_n\}$ 的前 n 项和 $S_n = \dfrac{a_1 (1 - q^n)}{1 - q} = \dfrac{a_1 - a_n q}{1 - q}$.

变式 2：（1）等比数列 $\{a_n\}$ 中各项均为正数，S_n 是其前 n 项和，且满足 $2S_3 = 8a_1 + 3a_2$，$a_4 = 16$，则 $S_4 =$（　　　）

A. 9　　　　　　B. 15　　　　　　C. 18　　　　　　D. 30

（2）（2017·北京卷）若等差数列 $\{a_n\}$ 和等比数列 $\{b_n\}$ 满足 $a_1 = b_1 =$

-1，$a_4 = b_4 = 8$，则 $\dfrac{a_2}{b_2} =$ _____.

解析：

（1）设数列 $\{a_n\}$ 的公比为 q（$q > 0$），

则 $\begin{cases} 2S_3 = 2\left(a_1 + a_1 q + a_1 q^2\right) = 8a_1 + 3a_1 q, \\ a_1 q^3 = 16, \end{cases}$

解得 $q = 2$，$a_1 = 2$，所以 $S_4 = \dfrac{2\left(1 - 2^4\right)}{1 - 2} = 30$.

（2）$\{a_n\}$ 为等差数列，$a_1 = -1$，$a_4 = 8 = a_1 + 3d = -1 + 3d$，$\therefore d = 3$，

$\therefore a_2 = a_1 + d = -1 + 3 = 2$. $\{b_n\}$ 为等比数列，$b_1 = -1$，$b_4 = 8 = b_1 \cdot q^3 = -q^3$，

$\therefore q = -2$，$\therefore b_2 = b_1 \cdot q = 2$，则 $\dfrac{a_2}{b_2} = \dfrac{2}{2} = 1$.

四、数学运算在解析几何问题中的应用

题源 1：（1）（2019·河北五校联考）直线 l_1：$mx - 2y + 1 = 0$，l_2：$x - \left(m - 1\right)y - 1 = 0$，则 "$m = 2$" 是 "$l_1 /\!/ l_2$" 的（　　）

A. 充分不必要条件　　　　　B. 必要不充分条件

C. 充要条件　　　　　　　　D. 既不充分也不必要条件

（2）已知三条直线 $2x - 3y + 1 = 0$，$4x + 3y + 5 = 0$，$mx - y - 1 = 0$ 不能构成三角形，则实数 m 的取值集合为（　　）

A. $\left\{-\dfrac{4}{3}, \dfrac{2}{3}\right\}$ 　　　　　　B. $\left\{-\dfrac{4}{3}, \dfrac{2}{3}, \dfrac{4}{3}\right\}$

C. $\left\{\dfrac{4}{3}, -\dfrac{2}{3}\right\}$ 　　　　　　D. $\left\{-\dfrac{4}{3}, -\dfrac{2}{3}, \dfrac{2}{3}\right\}$

解析：

（1）由 $l_1 /\!/ l_2$，得 $-m\left(m - 1\right) = 1 \times \left(-2\right)$，得 $m = 2$ 或 $m = -1$，经验证，当 $m = -1$ 时，直线 l_1 与 l_2 重合，舍去，所以 "$m = 2$" 是 "$l_1 /\!/ l_2$" 的充要条件.

（2）由题意得，直线 $mx - y - 1 = 0$ 与 $2x - 3y + 1 = 0$，$4x + 3y + 5 = 0$ 分别平行，或者直线 $mx - y - 1 = 0$ 过 $2x - 3y + 1 = 0$ 与 $4x + 3y + 5 = 0$ 的交点. 当直线 $mx - y - 1 = 0$ 与 $2x - 3y + 1 = 0$，$4x + 3y + 5 = 0$ 分别平行时，$m = \dfrac{2}{3}$ 或 $-\dfrac{4}{3}$；当直线 $mx - y - 1 = 0$ 过 $2x - 3y + 1 = 0$ 与 $4x + 3y + 5 = 0$ 的交点时，$m = -\dfrac{2}{3}$. 所以

实数 m 的取值集合为 $\left\{-\dfrac{4}{3},-\dfrac{2}{3},\dfrac{2}{3}\right\}$.

【思维升华】

1. 当含参数的直线方程为一般式时，若要表示出直线的斜率，不仅要考虑到斜率存在的一般情况，也要考虑到斜率不存在的特殊情况，同时还要注意 x，y 的系数不能同时为零这一隐含条件.

2. 在判断两直线的平行、垂直时，也可直接利用直线方程的系数间的关系得出结论.

变式 1：（一题多解）已知直线 l_1：$ax+2y+6=0$ 和直线 l_2：$x+(a-1)y+a^2-1=0$.

（1）当 $l_1/\!/l_2$ 时，求 a 的值.

（2）当 $l_1\perp l_2$ 时，求 a 的值.

解析：

（1）**解法一**：当 $a=1$ 时，l_1：$x+2y+6=0$，l_2：$x=0$，l_1 不平行于 l_2；

当 $a=0$ 时，l_1：$y=-3$，l_2：$x-y-1=0$，l_1 不平行于 l_2；

当 $a\neq1$ 且 $a\neq0$ 时，两直线方程可化为

$$l_1：y=-\frac{a}{2}x-3，\quad l_2：y=\frac{1}{1-a}x-(a+1)，$$

由 $l_1/\!/l_2$ 可得，$\begin{cases}-\dfrac{a}{2}=\dfrac{1}{1-a}，\\ -3\neq-(a+1)，\end{cases}$ 解得 $a=-1$.

综上可知，$a=-1$.

解法二：由 $l_1/\!/l_2$ 知，$\begin{cases}A_1B_2-A_2B_1=0，\\ A_1C_2-A_2C_1\neq0，\end{cases}$

即 $\begin{cases}a(a-1)-1\times2=0\\ a(a^2-1)-1\times6\neq0\end{cases}\Rightarrow\begin{cases}a^2-a-2=0，\\ a(a^2-1)\neq6\end{cases}\Rightarrow a=-1$.

（2）**解法一**：当 $a=1$ 时，l_1：$x+2y+6=0$，l_2：$x=0$，l_1 与 l_2 不垂直，故 $a=1$ 不符合；

当 $a\neq1$ 时，l_1：$y=-\dfrac{a}{2}x-3$，l_2：$y=\dfrac{1}{1-a}x-(a+1)$，

由 $l_1\perp l_2$，得 $\left(-\dfrac{a}{2}\right)\cdot\dfrac{1}{1-a}=-1\Rightarrow a=\dfrac{2}{3}$.

解法二：$\because l_1 \perp l_2$，$\therefore A_1A_2 + B_1B_2 = 0$，即 $a + 2\left(a - 1\right) = 0$，得 $a = \dfrac{2}{3}$.

题源2：（1）（2019·厦门外国语模拟）已知抛物线 $x^2 = 2y$ 的焦点为 F，其上有两点 $A\left(x_1, y_1\right)$，$B\left(x_2, y_2\right)$ 满足 $|AF| - |BF| = 2$，则 $y_1 + x_1^2 - y_2 - x_2^2 = （\qquad）$

A. 4   B. 6   C. 8   D. 10

（2）（2019·豫南九校联考）若抛物线 $y^2 = 4x$ 的准线为 l，P 是抛物线上任意一点，则 P 到准线 l 的距离与 P 到直线 $3x + 4y + 7 = 0$ 的距离之和的最小值是（ ）

A. 2   B. $\dfrac{13}{5}$ C. $\dfrac{14}{5}$ D. 3

解析：

（1）由抛物线定义知，$|AF| = y_1 + \dfrac{1}{2}$，$|BF| = y_2 + \dfrac{1}{2}$，$\therefore |AF| - |BF| = y_1 - y_2 = 2$，又知 $x_1^2 = 2y_1$，$x_2^2 = 2y_2$，$\therefore x_1^2 - x_2^2 = 2\left(y_1 - y_2\right) = 4$，$\therefore y_1 + x_1^2 - y_2 - x_2^2 = \left(y_1 - y_2\right) + \left(x_1^2 - x_2^2\right) = 2 + 4 = 6$.

（2）由抛物线定义可知点 P 到准线 l 的距离等于点 P 到焦点 F 的距离，由抛物线 $y^2 = 4x$ 及直线方程 $3x + 4y + 7 = 0$ 可得直线与抛物线相离，$\therefore$ 点 P 到准线 l 的距离与点 P 到直线 $3x + 4y + 7 = 0$ 的距离之和的最小值为点 $F\left(1, 0\right)$ 到直线 $3x + 4y + 7 = 0$ 的距离，即 $\dfrac{|3 + 7|}{\sqrt{3^2 + 4^2}} = 2$.

【思维升华】

应用抛物线定义的两个关键点：

1. 由抛物线定义，把抛物线上点到焦点距离与到准线距离相互转化.

2. 注意灵活运用抛物线上一点 $P\left(x_0, y_0\right)$ 到焦点 F 的距离 $|PF| = |x_0| + \dfrac{p}{2}$ 或 $|PF| = |y_0| + \dfrac{p}{2}$.

变式2：（1）动圆过点 $\left(1, 0\right)$，且与直线 $x = -1$ 相切，则动圆的圆心的轨迹方程为_____.

（2）（2017·全国Ⅱ卷）已知 F 是抛物线 C：$y^2 = 8x$ 的焦点，M 是 C 上一点，FM 的延长线交 y 轴于点 N. 若 M 为 FN 的中点，则 $|FN| = $_____.

解析：

（1）设动圆的圆心坐标为 $\left(x, y\right)$，则圆心到点 $\left(1, 0\right)$ 的距离与到直线

$x = -1$ 的距离相等，根据抛物线的定义易知动圆的圆心的轨迹方程为 $y^2 = 4x$.

（2）如图 6 - 3 - 2 所示，不妨设点 M 位于第一象限内，抛物线 C 的准线交 x 轴于点 A，过点 M 作准线的垂线，垂足为点 B，交 y 轴于点 P，∴ $PM /\!/ OF$.

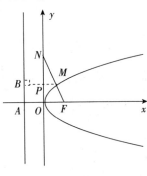

图 6 - 3 - 2

由题意知，F （2，0），$|FO| = |AO| = 2$.

∵ 点 M 为 FN 的中点，$PM /\!/ OF$，

∴ $|MP| = \dfrac{1}{2}|FO| = 1$.

又 $|BP| = |AO| = 2$，∴ $|MB| = |MP| + |BP| = 3$.

由抛物线的定义知 $|MF| = |MB| = 3$，故 $|FN| = 2|MF| = 6$.

五、数学运算在概率统计问题中的应用

题源 1：（2019·青岛一模）为迎接 2022 年北京冬奥会，推广滑雪运动，某滑雪场开展滑雪促销活动. 该滑雪场的收费标准是：滑雪时间不超过 1 小时免费，超过 1 小时的部分每小时收费标准为 40 元（不足 1 小时的部分按 1 小时计算）. 有甲、乙两人相互独立地来该滑雪场运动，设甲、乙不超过 1 小时离开的概率分别为 $\dfrac{1}{4}$，$\dfrac{1}{6}$；1 小时以上且不超过 2 小时离开的概率分别为 $\dfrac{1}{2}$，$\dfrac{2}{3}$；两人滑雪时间都不会超过 3 小时.

（1）求甲、乙两人所付滑雪费用相同的概率.

（2）设甲、乙两人所付的滑雪费用之和为随机变量 ξ（单位：元），求 ξ 的分布列与数学期望 E（ξ），方差 D（ξ）.

解析：

（1）两人所付费用相同，相同的费用可能为 0、40、80 元，

两人都付 0 元的概率为 $p_1 = \dfrac{1}{4} \times \dfrac{1}{6} = \dfrac{1}{24}$，两人都付 40 元的概率为 $p_2 = \dfrac{1}{2} \times \dfrac{2}{3} = \dfrac{1}{3}$，

两人都付 80 元的概率为 $p_3 = \left(1 - \dfrac{1}{4} - \dfrac{1}{2}\right) \times \left(1 - \dfrac{1}{6} - \dfrac{2}{3}\right) = \dfrac{1}{4} \times \dfrac{1}{6} = \dfrac{1}{24}$，

则两人所付费用相同的概率为 $p = p_1 + p_2 + p_3 = \dfrac{1}{24} + \dfrac{1}{3} + \dfrac{1}{24} = \dfrac{5}{12}$.

（2）由题设知甲、乙所付费用之和为 ξ，ξ 可能取值为 0，40，80，120，160，则：

$P(\xi = 0) = \dfrac{1}{4} \times \dfrac{1}{6} = \dfrac{1}{24}$；

$P(\xi = 40) = \dfrac{1}{4} \times \dfrac{2}{3} + \dfrac{1}{2} \times \dfrac{1}{6} = \dfrac{1}{4}$；

$P(\xi = 80) = \dfrac{1}{4} \times \dfrac{1}{6} + \dfrac{1}{2} \times \dfrac{2}{3} + \dfrac{1}{4} \times \dfrac{1}{6} = \dfrac{5}{12}$；

$P(\xi = 120) = \dfrac{1}{2} \times \dfrac{1}{6} + \dfrac{1}{4} \times \dfrac{2}{3} = \dfrac{1}{4}$；

$P(\xi = 160) = \dfrac{1}{4} \times \dfrac{1}{6} = \dfrac{1}{24}$.

ξ 的分布列为

表 6 – 3 – 1

ξ	0	40	80	120	160
P	$\dfrac{1}{24}$	$\dfrac{1}{4}$	$\dfrac{5}{12}$	$\dfrac{1}{4}$	$\dfrac{1}{24}$

$E(\xi) = 0 \times \dfrac{1}{24} + 40 \times \dfrac{1}{4} + 80 \times \dfrac{5}{12} + 120 \times \dfrac{1}{4} + 160 \times \dfrac{1}{24} = 80$.

$D(\xi) = (0-80)^2 \times \dfrac{1}{24} + (40-80)^2 \times \dfrac{1}{4} + (80-80)^2 \times \dfrac{5}{12} + (120-80)^2 \times \dfrac{1}{4} + (160-80)^2 \times \dfrac{1}{24} = \dfrac{4000}{3}$.

【思维升华】

1. 求离散型随机变量的均值与方差关键是确定随机变量的所有可能值，写出随机变量的分布列，正确运用均值、方差公式进行计算.

2. 注意 $E(aX+b) = aE(X) + b$，$D(aX+b) = a^2D(X)$ 的应用.

变式 1：从甲地到乙地要经过 3 个十字路口，设各路口信号灯工作相互独立，且在各路口遇到红灯的概率分别为 $\frac{1}{2}$、$\frac{1}{3}$、$\frac{1}{4}$.

（1）记 X 表示一辆车从甲地到乙地遇到红灯的个数，求随机变量 X 的分布列和数学期望.

（2）若有 2 辆车独立地从甲地到乙地，求这 2 辆车共遇到 1 个红灯的概率.

解析：

（1）随机变量 X 的所有可能取值为 0、1、2、3，

$$P(X=0) = \left(1-\frac{1}{2}\right) \times \left(1-\frac{1}{3}\right) \times \left(1-\frac{1}{4}\right) = \frac{1}{4},$$

$$P(X=1) = \frac{1}{2} \times \left(1-\frac{1}{3}\right) \times \left(1-\frac{1}{4}\right) + \left(1-\frac{1}{2}\right) \times \frac{1}{3} \times \left(1-\frac{1}{4}\right) +$$

$$\left(1-\frac{1}{2}\right) \times \left(1-\frac{1}{3}\right) \times \frac{1}{4} = \frac{11}{24},$$

$$P(X=2) = \left(1-\frac{1}{2}\right) \times \frac{1}{3} \times \frac{1}{4} + \frac{1}{2} \times \left(1-\frac{1}{3}\right) \times \frac{1}{4} + \frac{1}{2} \times \frac{1}{3} \times$$

$$\left(1-\frac{1}{4}\right) = \frac{1}{4},$$

$$P(X=3) = \frac{1}{2} \times \frac{1}{3} \times \frac{1}{4} = \frac{1}{24}.$$ 所以，随机变量 X 的分布列为

表 6 - 3 - 2

X	0	1	2	3
P	$\frac{1}{4}$	$\frac{11}{24}$	$\frac{1}{4}$	$\frac{1}{24}$

随机变量 X 的数学期望 $E(X) = 0 \times \frac{1}{4} + 1 \times \frac{11}{24} + 2 \times \frac{1}{4} + 3 \times \frac{1}{24} = \frac{13}{12}.$

（2）设 Y 表示第一辆车遇到红灯的个数，Z 表示第二辆车遇到红灯的个数，则所求事件的概率为

$$P(Y+Z=1) = P(Y=0, Z=1) + P(Y=1, Z=0)$$

$$= P(Y=0)P(Z=1) + P(Y=1)P(Z=0) = \frac{1}{4} \times \frac{11}{24} + \frac{11}{24} \times \frac{1}{4} = \frac{11}{48}.$$

所以，这 2 辆车共遇到 1 个红灯的概率为 $\frac{11}{48}.$

题源 2：（2019·石家庄模拟）"一带一路"是"丝绸之路经济带"和"21世纪海上丝绸之路"的简称．某市为了了解人们对"一带一路"的认知程度，对不同年龄和不同职业的人举办了一次"一带一路"知识竞赛，满分为 100 分（90 分及以上为认知程度高）．现从参赛者中抽取了 x 人，按年龄分成 5 组，第一组：$[20, 25)$，第二组：$[25, 30)$，第三组：$[30, 35)$，第四组：$[35, 40)$，第五组：$[40, 45]$，得到如图所示的频率分布直方图，已知第一组有 6 人．

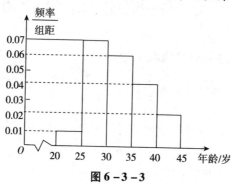

图 6-3-3

（1）求 x．

（2）求抽取的 x 人的年龄的中位数（结果保留整数）．

（3）从该市大学生、军人、医务人员、工人、个体户五种人中用分层抽样的方法依次抽取 6 人，42 人，36 人，24 人，12 人，分别记为 1~5 组，从这 5 个按年龄分的组和 5 个按职业分的组中每组各选派 1 人参加知识竞赛，分别代表相应组的成绩，年龄组中 1~5 组的成绩分别为 93、96、97、94、90，职业组中 1~5 组的成绩分别为 93、98、94、95、90．

① 分别求 5 个年龄组和 5 个职业组成绩的平均数和方差．

② 以上述数据为依据，评价 5 个年龄组和 5 个职业组对"一带一路"的认知程度，并谈谈你的感想．

解析：

（1）根据频率分布直方图得第一组的频率为 $0.01 \times 5 = 0.05$，$\therefore \dfrac{6}{x} = 0.05$，

$\therefore x = 120$．

（2）设中位数为 a，则 $0.01 \times 5 + 0.07 \times 5 + (a - 30) \times 0.06 = 0.5$，

$\therefore a = \dfrac{95}{3} \approx 32$，则中位数为 32．

（3）（ⅰ）5 个年龄组成绩的平均数为 $\overline{x_1} = \dfrac{1}{5} \times (93 + 96 + 97 + 94 + 90) =$

94，方差为 $s_1^2 = \frac{1}{5} \times \left[(-1)^2 + 2^2 + 3^2 + 0^2 + (-4)^2 \right] = 6$.

5 个职业组成绩的平均数为 $\overline{x_2} = \frac{1}{5} \times (93 + 98 + 94 + 95 + 90) = 94$，方差

为 $s_2^2 = \frac{1}{5} \times \left[(-1)^2 + 4^2 + 0^2 + 1^2 + (-4)^2 \right] = 6.8$.

（ⅱ）从平均数来看两组的认知程度相同，从方差来看年龄组的认知程度更稳定（感想合理即可）.

【思维升华】

1. 频率分布直方图的性质.

（1）小长方形的面积 = 组距 × $\frac{频率}{组距}$ = 频率.

（2）各小长方形的面积之和等于 1.

（3）小长方形的高 = $\frac{频率}{组矩}$，所有小长方形的高的和为 $\frac{1}{组距}$.

2. 要理解并记准频率分布直方图与众数、中位数及平均数的关系.

变式 2：某公司为了解用户对其产品的满意度，从 A，B 两地区分别随机调查了 40 个用户，根据用户对产品的满意评分，得到 A 地区用户满意度评分的频率分布直方图和 B 地区用户满意度评分的频率分布表.

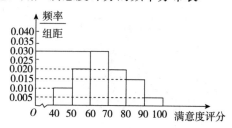

图 6-3-4　A 地区用户满意度评分的频率分布直方图

表 6-3-3　B 地区用户满意度评分的频率分布表

满意度评分分组	$[50, 60)$	$[60, 70)$	$[70, 80)$	$[80, 90)$	$[90, 100]$
频数	2	8	14	10	6

（1）在图 6-3-5 中做出 B 地区用户满意度评分的频率分布直方图，并通过直方图比较两地区满意度评分的平均值及分散程度（不要求计算出具体值，给出结论即可）；

B 地区用户满意度评分的频率分布直方图

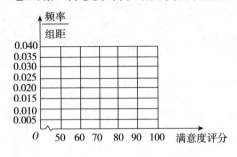

图 6－3－5

（2）根据用户满意度评分，将用户和满意度分为三个等级：

表 6－3－4

满意度评分	低于 70 分	70 分到 89 分	不低于 90 分
满意度等级	不满意	满意	非常满意

估计哪个地区用户的满意度等级为不满意的概率大？说明理由.

解析：

（1）做出频率分布直方图如图：

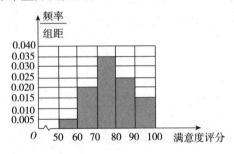

图 6－3－6

通过两地区用户满意度评分的频率分布直方图可以看出，B 地区用户满意度评分的平均值高于 A 地区用户满意度评分的平均值；B 地区用户满意度评分比较集中，而 A 地区用户满意度评分比较分散.

（2）A 地区用户的满意度等级为不满意的概率大. 记 C_A 表示事件："A 地区用户的满意度等级为不满意"；C_B 表示事件："B 地区用户的满意度等级为不满意".

由直方图得 $P(C_A)$ 的估计值为 $(0.01+0.02+0.03) \times 10 = 0.6$，

$P(C_B)$ 的估计值为 $(0.005+0.02) \times 10 = 0.25$.

所以 A 地区用户的满意度等级为不满意的概率大.

第 七 章

基于直观想象能力培养的题源教学研究

第一节　直观想象的概念

什么是直观想象？直观想象是指借助几何直观和空间想象感知事物形态与变化，利用几何图形理解和解决问题的过程．直观想象是发现数学结论和解决数学问题的重要素养，表现在能利用图形探索和解决数学问题，建立数与形的联系，构建数学问题的直观模型，探索解决问题的思路．

直观想象是依据几何图形和空间想象来认识事物的形态变化及运动规律，利用几何图形和空间位置描绘、分析、解决相关的数学问题．具体包含：①依据空间想象了解事物的位置、形态、运动的变化情况；②利用几何图形描绘、分析数学问题；③建立数形联系、构建直观模型、探索解决思路．直观想象素养的提升有利于发现、解决数学问题，有利于论证、推理数学问题．一线教师是落实核心素养提升的关键人物．在课堂教学中，想让学生亲身经历直观到抽象的思维过程，教师就要善于利用一些生活事例和图像让学生感知和分析，提升学生的直观想象能力．

但直观想象并不等同于数形结合，在对数学问题认识的过程中，我们经常需要借助于事例进行分析，帮助学生，使学生实现由直观到抽象的理解．例如：在研究不等式时，我们会遇到"糖水加糖甜更甜"，这就给学生一个直观想象，从函数的角度理解为当一个量在增大时，另一个变量随之增大，函数单调递增，这就实现了由特殊模型直观想象过渡到一般模型，从而帮助我们理解研究的是事物的变化规律，但是并没有图形出现其中．另外，在学习等比数列时，教材列举了细胞分裂和放射性元素的衰变规律，都是特殊的等比数列模型，针对等比数列，让学生通过实例直观感受特殊模型，再过渡到一般模型．在直观想象过程中并没有图形出现，因此直观想象核心素养相比于数形结合范畴更大．

直观想象的价值有如下三个：第一个价值是激发兴趣．数学兴趣的获得建立在成功体验的基础上．借助直观，把复杂的问题简单化，抽象问题具体化，可以帮助学生寻找问题解决的办法，获得成功的体验，另外，通过直观想象可以把数学材料设计得有一定的新颖性和趣味性，从而激发学生的学习兴趣．第二个价值是培养信心．学生的数学认识信念的形成和发展不是一帆风顺的，受制于各种因素，有时还会出现倒退．研究表明，如果教学环境没有促进学生信念改变的因素，大部分学生的数学认识信念是比较稳定的．受学科领域知识影响，中学生也比较容易孤立地认识数学事实、概念、原理，几何直观和直观想象可以帮助学生把前后学习的、不同领域的知识联系起来，沟通数学知识和学生经验的联系，增强数学知识的有用性，从而激发学生学好数学的动机，培养学生学数学的信心．第三个价值是提高解决问题的能力．培养学生发现和提出问题、分析和解决问题的能力是数学课程的重要目标．用图表和几何图形描述问题，学生可以从直观中获得解决问题的启示，通过想象、类比和联想，猜想问题的结果．随着空间想象能力的提升，学生在遇到问题时的分析、判断能力也就有了发展，这将使学生问题解决的能力获得发展．

首先，从数学学科角度，对直观想象提出自己的要求，那直观、想象的载体是"图形"，因为其他学科也存在直观和想象的问题，突出学科特点，数、形是数学研究和学习的基本对象，形很直观，数很抽象，华罗庚就说过："数缺形时难直观，形缺数时难入微．"其次，中学数学对图形的概念扩大了范围，由几何图形拓展为包括各种函数图像及其变换、向量的几何意义及其运算等．再次，考虑现代信息技术的介入，特别是强大的数学软件的作图能力，将原来难以做到的数学行为变成了直观可视，从而为直观想象提供了更高的平台和起点．

总的来说，直观想象核心素养主要表现为如下三点：第一，借助空间来认识事物的位置关系、形态与运动规律．第二，利用图形来描述、分析数学问题，建立形与数的联系．第三，构建数学问题的直观模型，探索解决问题的思路．

直观想象是人类的一种特殊思维活动．提升学生的直观想象素养，能让学生更好地运用直观想象能力发现问题、思考问题、解决问题，促进个人未来发展. 生动的直观想象能让学生的思维积极调动起来. 当然，强调直观想象在培养学生数学素养中的地位和作用时，也要关注逻辑推理. 图形揭示很直观，但"形缺数时难以入微". 图形时常会欺骗眼睛，"以理服人"才是数学的特征. 即使很直观的结论，我们也要在设计环节让学生体会到"直观想象中也是讲道理的"，直观想象的合理要用逻辑推理的严谨去验证. 要重视数学文化的挖掘，让学生深刻体会到数学文化的魅力，体会到数学文化在揭示数学学科内在本质上的重要作用，从而真正理解数学知识，形成正确的数学观. 数学文化对于学生数学核心素养的养成具有重要的意义. 课堂是提升学生核心素养的主阵地，课堂上，教师要善于利用生活、生产中的直观资源，积极创设具有挑战性、趣味性的数学情境，以此激发学生的学习兴趣，引发学生积极思考，积累直观经验，提高运用能力.

第二节　直观想象核心素养的培养

　　直观想象核心素养的第一个培养方法是：注重图形的作用，利用图形来描述数学问题. 首先，掌握一些基本图形的画法，如几何体的三视图，异面直线与平面的位置关系，直线与平面的位置关系，空间四边形、三棱锥、四棱锥、长方体、正方体、棱柱、圆柱等直观图的画法，要求自己都要画出图形的空间感，画出常见函数的图像，譬如：二次函数、指数函数、对数函数、幂函数、三角函数、圆锥曲线等. 其次，每学一个立体几何的定义、定理、公理等，不仅要能够画出其图形，而且还要有较强的立体感. 再次，就是在做题的过程中，通过审题，先画图，然后分析图形即可组织解题思路. 上述做法都是有利于利用图形描述数学问题的做法，有助于学生对事物关系产生直接的感知和认识，可以让学生利用看到的或想到的几何图形，产生对数量关系的直接感知，或称作几何直观，这是培养直观想象的起点和基础. 史宁中教授认为：数学的结果是看出来的，而不是证出来的. 所谓的看，就是一种直觉判断，这种直觉判断是建立在长期的有效能的观察和思考的基础之上的.

　　案例1：（2019·河南郑州一中模拟）已知点 P，A，B，C 是半径为 2 的球面上的点，$PA = PB = PC = 2$，$\angle ABC = 90°$，点 B 在 AC 上的射影为 D，则三棱

锥 $P-ABD$ 体积的最大值是（　　　）

A. $\dfrac{3\sqrt{3}}{4}$　　　　B. $\dfrac{3\sqrt{3}}{8}$　　　　C. $\dfrac{1}{2}$　　　　D. $\dfrac{\sqrt{3}}{4}$

解析：

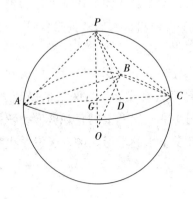

图 7－2－1

设点 P 在平面 ABC 上的射影为 G，如图 7－2－1 所示，由 $PA=PB=PC=2$，$\angle ABC=90°$，知点 P 在平面 ABC 上的射影 G 为 $\triangle ABC$ 的外心，即 AC 的中点. 设球的球心为 O，连接 PG，则 O 在 PG 的延长线上. 连接 OB，BG，设 $PG=h$，则 $OG=2-h$，所以 $OB^2-OG^2=PB^2-PG^2$，即 $4-(2-h)^2=4-h^2$，解得 $h=1$，则 $AG=CG=\sqrt{3}$. 设 $AD=x$，则 $GD=x-AG=x-\sqrt{3}$，$BG=\sqrt{3}$，所以 $BD=\sqrt{BG^2-GD^2}=\sqrt{-x^2+2\sqrt{3}x}$，所以 $S_{\triangle ABD}=\dfrac{1}{2}AD\cdot BD=\dfrac{1}{2}\sqrt{-x^4+2\sqrt{3}x^3}$.

令 $f(x)=-x^4+2\sqrt{3}x^3$，则 $f'(x)=-4x^3+6\sqrt{3}x^2$. 由 $f'(x)=0$，得 $x=0$ 或 $x=\dfrac{3\sqrt{3}}{2}$，易知当 $x=\dfrac{3\sqrt{3}}{2}$ 时，函数 $f(x)$ 取得最大值 $\dfrac{243}{16}$，所以 $(S_{\triangle ABD})_{\max}=\dfrac{1}{2}\times\dfrac{9\sqrt{3}}{4}=\dfrac{9\sqrt{3}}{8}$，又 $PG=1$，所以三棱锥 $P-ABD$ 体积的最大值为 $\dfrac{1}{3}\times\dfrac{9\sqrt{3}}{8}\times1=\dfrac{3\sqrt{3}}{8}$. 故选 B.

【思维升华】

求解球与棱柱、棱锥的切、接问题时，一般过球心及切、接点作截面，把空间问题转化为平面图形与圆的切、接问题，再利用平面几何知识求解.

案例 2：（2018·江苏高考）如图 7－2－2 所示，在平行六面体 $ABCD-A_1B_1C_1D_1$ 中，$AA_1=AB$，$AB_1\perp B_1C_1$.

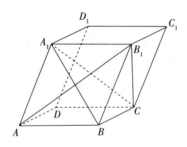

图 7 - 2 - 2

求证：（1）$AB /\!/$ 平面 A_1B_1C.

（2）平面 $ABB_1A_1 \perp$ 平面 A_1BC.

解析：

（1）在平行六面体 $ABCD - A_1B_1C_1D_1$ 中，$AB /\!/ A_1B_1$. 因为 $AB \not\subset$ 平面 A_1B_1C，$A_1B_1 \subset$ 平面 A_1B_1C，所以 $AB /\!/$ 平面 A_1B_1C.

（2）在平行六面体 $ABCD - A_1B_1C_1D_1$ 中，四边形 ABB_1A_1 为平行四边形.

又因为 $AA_1 = AB$，所以四边形 ABB_1A_1 为菱形，因此 $AB_1 \perp A_1B$.

又因为 $AB_1 \perp B_1C_1$，$BC /\!/ B_1C_1$，所以 $AB_1 \perp BC$.

又因为 $A_1B \cap BC = B$，$A_1B \in$ 平面 A_1BC，$BC \in$ 平面 A_1BC，

所以 $AB_1 \perp$ 平面 A_1BC. 因为 $AB_1 \in$ 平面 ABB_1A_1，

所以平面 $ABB_1A_1 \perp$ 平面 A_1BC.

【思维升华】

1. 证明面面垂直的常用方法.

（1）利用面面垂直的定义.

（2）利用面面垂直的判定定理，转化为从现有直线中（或作辅助线）寻找平面的垂线，即证明线面垂直.

2. 两个平面垂直问题，通常是通过"线线垂直→线面垂直→面面垂直"的过程来实现的.

　　直观想象核心素养的第二个培养方法是：将代数问题转化为几何图形，利用图形来理解数学问题. 在数学概念的学习过程当中，往往要研究问题的几何意义，这样做不仅有助于学生利用其几何直观性加深对概念的理解，而且能提高直观想象能力. 例如，在高中数学课程结构中，向量是沟通代数、几何与三角函数的一种工具，向量及其运算工具性贯穿于整个高中数学体系的不同内容和不同的问题当中，向量丰富的几何背景和几何意义，需要从"形"的角度理

解，养成主动想图、画图、用图思考的数学习惯，从直观上，看出解题思路，看出问题的简洁美. 再如，在解析几何教学中，也要重视图形的作用，重视直观想象核心素养的作用，解析几何是数形结合的经典内容，解析几何的主题思想是利用代数的方法研究几何问题，但我们仍然需要强调图形在解析几何问题中的重要性，从图形的观察，特别是运动变化中的不变性，抓住几何特征，再将其坐标翻译为方程，养成画图、用图思考和探究简化运算的习惯.

案例1：（1）如图 7-2-3 所示，在平行四边形 $ABCD$ 中，AC，BD 相交于点 O，E 为线段 AO 的中点. 若 $\overrightarrow{BE} = \lambda \overrightarrow{BA} + \mu \overrightarrow{BD}$（$\lambda$，$\mu \in \mathbf{R}$），则 $\lambda + \mu$ 等于（　　）

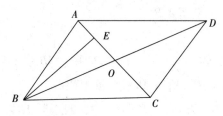

图 7-2-3

A. 1 B. $\dfrac{3}{4}$ C. $\dfrac{2}{3}$ D. $\dfrac{1}{2}$

（2）在锐角 $\triangle ABC$ 中，$\overrightarrow{CM} = 3\overrightarrow{MB}$，$\overrightarrow{AM} = x\overrightarrow{AB} + y\overrightarrow{AC}$（$x$，$y \in \mathbf{R}$），则 $\dfrac{x}{y}$ = _____.

解析：

（1）$\because E$ 为线段 AO 的中点，

$\therefore \overrightarrow{BE} = \dfrac{1}{2}\overrightarrow{BA} + \dfrac{1}{2}\overrightarrow{BO} = \dfrac{1}{2}\overrightarrow{BA} + \dfrac{1}{2} \times \dfrac{1}{2}\overrightarrow{BD} = \dfrac{1}{2}\overrightarrow{BA} + \dfrac{1}{4}\overrightarrow{BD} = \lambda\overrightarrow{BA} + \mu\overrightarrow{BD}$，

$\therefore \lambda + \mu = \dfrac{1}{2} + \dfrac{1}{4} = \dfrac{3}{4}$.

（2）由题设可得，$\overrightarrow{AM} = \overrightarrow{CM} - \overrightarrow{CA} = \dfrac{3}{4}\overrightarrow{CB} + \overrightarrow{AC} = \dfrac{3}{4}(\overrightarrow{AB} - \overrightarrow{AC}) + \overrightarrow{AC} = \dfrac{3}{4}\overrightarrow{AB} + \dfrac{1}{4}\overrightarrow{AC}$，

则 $x = \dfrac{3}{4}$，$y = \dfrac{1}{4}$. 故 $\dfrac{x}{y} = 3$.

【思维升华】

1. 解题的关键在于熟练地找出图形中的相等向量，并能熟练运用相反向量

将加减法相互转化.

2. 用几个基本向量表示某个向量问题的基本技巧：

（1）观察各向量的位置；

（2）寻找相应的三角形或多边形；

（3）运用法则找关系；

（4）化简结果.

案例 2：（1）已知 F_1，F_2 为双曲线 C：$x^2 - y^2 = 2$ 的左、右焦点，点 P 在 C 上，$|PF_1| = 2|PF_2|$，则 $\cos\angle F_1PF_2 = $（　　　）

A. $\dfrac{1}{4}$　　　　B. $\dfrac{3}{5}$　　　　C. $\dfrac{3}{4}$　　　　D. $\dfrac{4}{5}$

（2）（2019·西安调研）已知圆 C_1：$(x+3)^2 + y^2 = 1$ 和圆 C_2：$(x-3)^2 + y^2 = 9$，动圆 M 同时与圆 C_1 及圆 C_2 相外切，则动圆圆心 M 的轨迹方程为_____.

解析：

（1）由 $x^2 - y^2 = 2$，知 $a = b = \sqrt{2}$，$c = 2$.

由双曲线定义知，$|PF_1| - |PF_2| = 2a = 2\sqrt{2}$，

又 $|PF_1| = 2|PF_2|$，$\therefore |PF_1| = 4\sqrt{2}$，$|PF_2| = 2\sqrt{2}$，

在 $\triangle PF_1F_2$ 中，$|F_1F_2| = 2c = 4$，由余弦定理，得

$$\cos\angle F_1PF_2 = \frac{|PF_1|^2 + |PF_2|^2 - |F_1F_2|^2}{2|PF_1| \cdot |PF_2|} = \frac{3}{4}.$$

（2）如图 7 - 2 - 4 所示，设动圆 M 与圆 C_1 及圆 C_2 分别外切于 A 和 B.

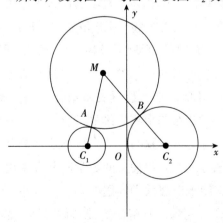

图 7 - 2 - 4

根据两圆外切的条件，得 $|MC_1| - |AC_1| = |MA|$，$|MC_2| - |BC_2| = |MB|$，

因为 $|MA| = |MB|$，所以 $|MC_1| - |AC_1| = |MC_2| - |BC_2|$，即 $|MC_2| - |MC_1| = |BC_2| - |AC_1| = 2$，

所以点 M 到两定点 C_1，C_2 的距离的差是常数且小于 $|C_1C_2| = 6$.

又根据双曲线的定义，得动点 M 的轨迹为双曲线的左支（点 M 与 C_2 的距离大，与 C_1 的距离小），

其中 $a = 1$，$c = 3$，则 $b^2 = 8$. 故点 M 的轨迹方程为 $x^2 - \dfrac{y^2}{8} = 1$（$x \leqslant -1$）.

【思维升华】

1. 利用双曲线的定义判定平面内动点的轨迹是否为双曲线，进而根据要求可求出曲线方程.

2. 在"焦点三角形"中，常利用正弦定理、余弦定理，经常结合 $\|PF_1| - |PF_2\| = 2a$，运用平方的方法，建立与 $|PF_1|$，$|PF_2|$ 的联系.

直观想象核心素养的第三个培养方法是：利用数形结合的思想，解决数学问题. 数与形是数学中的两个最古老，也是最基本的研究对象，它们在一定条件下可以相互转化. 中学数学研究的对象可分为数和形两大部分，数与形是有联系的，这个联系称之为数形结合，或形数结合. 作为一种数学思想方法，数形结合的应用大致又可分为两种情形：或者借助于数的精确性来阐明形的某些属性，或者借助形的几何直观性来阐明数之间某种关系，即数形结合包括两个方面：第一种情形是"以数解形"，而第二种情形是"以形助数"."以数解形"就是有些图形太过于简单，直接观察却看不出什么规律来，这时就需要给图形赋值，如边长、角度等. 我国著名数学家华罗庚曾说过："数形结合百般好，隔裂分家万事休.""数"与"形"反映了事物两个方面的属性. 我们认为，数形结合，主要指的是数与形之间的一一对应关系. 数形结合就是把抽象的数学语言、数量关系与直观的几何图形、位置关系结合起来，通过"以形助数"或"以数解形"，即通过抽象思维与形象思维的结合，可以使复杂问题简单化，抽象问题具体化，从而实现优化解题的目的. 数形结合是数学解题中常用的思想方法，数形结合的思想可以使某些抽象的数学问题直观化、生动化，能够变抽象思维为形象思维，有助于把握数学问题的本质；另外，由于使用了数形结合的方法，很多问题便迎刃而解，且解法简捷. 数形结合的思想方法应用广泛，常见的如在解方程和解不等式问题中，在求函数的值域、最值问题中，在求复

数和三角函数解题中，运用数形结合思想，不仅直观易发现解题途径，而且能避免复杂的计算与推理，大大简化了解题过程. 这在解选择题、填空题中更显其优越性，要注意培养这种思想意识，争取胸中有图，见数想图，以开拓自己的思维视野. 数形结合思想简而言之就是把数学中"数"和数学中"形"结合起来解决数学问题的一种数学思想. 数形结合具体地说就是将抽象数学语言与直观图形结合起来，使抽象思维与形象思维结合起来，通过"数"与"形"之间的对应和转换来解决数学问题. 在中学数学的解题中，主要有三种类型：以"数"化"形"、以"形"变"数"和"数""形"结合.

数形结合思想是一种可使复杂问题简单化、抽象问题具体化的常用的数学思想方法. 要想提高学生运用数形结合思想的能力，需要教师耐心细致地引导学生学会联系数形结合思想、理解数形结合思想、运用数形结合思想、掌握数形结合思想. 中学数学的基本知识分三类：一类是纯粹数的知识，如实数、代数式、方程（组）、不等式（组）、函数等；一类是关于纯粹形的知识，如平面几何、立体几何等；一类是关于数形结合的知识，主要体现是解析几何. 数形结合是一个数学思想方法，包含"以形助数"和"以数辅形"两个方面，其应用大致可以分为两种情形：或者是借助形的生动和直观性来阐明数之间的联系，即以形作为手段，以数为目的，比如应用函数的图像来直观地说明函数的性质；或者是借助于数的精确性和规范严密性来阐明形的某些属性，即以数作为手段，形作为目的，如应用曲线的方程来精确地阐明曲线的几何性质. 数形结合的思想，其实质是将抽象的数学语言与直观的图像结合起来，关键是代数问题与图形之间的相互转化，它可以使代数问题几何化，几何问题代数化. 在运用数形结合思想分析和解决问题时，要注意三点：第一要彻底明白一些概念和运算的几何意义以及曲线的代数特征，对数学题目中的条件和结论既分析其几何意义又分析其代数意义；第二是恰当设参、合理用参，建立关系，由数思形，以形想数，做好数形转化；第三是正确确定参数的取值范围.

案例 1：（1）已知函数 $f(x) = \begin{cases} -x^2 + 2x, & x \leq 0, \\ \ln(x+1), & x > 0. \end{cases}$ 若 $|f(x)| \geq ax$，则实数 a 的取值范围是（　　）

A. $(-\infty, 0]$　　　　　　　B. $(-\infty, 1)$

C. $[-2, 1]$　　　　　　　　D. $[-2, 0]$

（2）（2015·全国Ⅰ卷）如图 7-2-5 所示，设函数 $f(x) = e^x(2x-1) - ax + a$，其中 $a < 1$，若存在唯一的整数 x_0 使得 $f(x_0) < 0$，则实数 a 的取值范围是（　　）

A. $\left[-\dfrac{3}{2e}, 1\right)$　　　　　B. $\left[-\dfrac{3}{2e}, \dfrac{3}{4}\right)$

C. $\left[\dfrac{3}{2e}, \dfrac{3}{4}\right)$　　　　　D. $\left[\dfrac{3}{2e}, 1\right)$

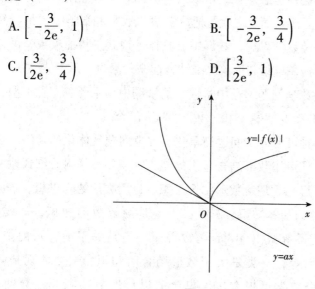

图 7-2-5

解析：

（1）函数 $y = |f(x)|$ 的图像如图 7-2-5. $y = ax$ 为过原点的一条直线，当 $a > 0$ 时，与 $y = |f(x)|$ 在 y 轴右侧总有交点，不合题意；当 $a = 0$ 时成立；当 $a < 0$ 时，找与 $y = |-x^2 + 2x|$（$x \leqslant 0$）相切的情况，即 $y' = 2x - 2$，切线方程为 $y = (2x_0 - 2)(x - x_0)$，由分析可知 $x_0 = 0$，所以 $a = -2$.

综上，$a \in [-2, 0]$.

（2）设 $g(x) = e^x(2x-1)$，$h(x) = ax - a$，由题知存在唯一的整数 x_0，使得 $g(x_0) < ax_0 - a$，

因为 $g'(x) = e^x(2x+1)$，可知 $g(x)$ 在 $\left(-\infty, -\dfrac{1}{2}\right)$ 上单调递减，在 $\left(-\dfrac{1}{2}, +\infty\right)$ 上单调递增，作出 $g(x)$ 与 $h(x)$ 的大致图像如图 7-2-6 所示，

故 $\begin{cases} h(0) > g(0), \\ h(-1) \leqslant g(-1), \end{cases}$ 即 $\begin{cases} a < 1, \\ -2a \leqslant -\dfrac{3}{e}, \end{cases}$ 所以 $\dfrac{3}{2e} \leqslant a < 1$，故选 D.

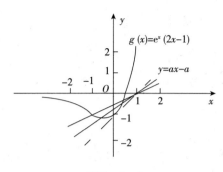

图 7 - 2 - 6

【思维升华】

1. 涉及由图像求参数问题时，常需要构造两个函数，借助两函数图像求参数范围.

2. 图像形象地显示了函数的性质，因此，函数性质的确定与应用及一些方程、不等式的求解常与图像通过数形结合研究.

案例2：（1）（2016·郑州二模）若方程 $\ln (x+1) = x^2 - \dfrac{3}{2}x + a$ 在区间 $[0，2]$ 上有两个不同的实数根，则实数 a 的取值范围是（　　）

A. $\left[\ln 3 - 1，\ln 2 + \dfrac{1}{2}\right)$　　　　　B. $[\ln 2 - 1，\ln 3 - 1)$

C. $[\ln 2 - 1，\ln 2]$　　　　　D. $\left[0，\ln 2 + \dfrac{1}{2}\right]$

（2）已知函数 $f(x) = \begin{cases} 2 - |x|，& x \leqslant 2, \\ (x-2)^2，& x > 2, \end{cases}$ 函数 $g(x) = b - f(2-x)$，其中 $b \in \mathbf{R}$，若函数 $y = f(x) - g(x)$ 恰有 4 个零点，则 b 的取值范围是（　　）

A. $\left(\dfrac{7}{4}，+\infty\right)$　　　　　B. $\left(-\infty，\dfrac{7}{4}\right)$

C. $\left(0，\dfrac{7}{4}\right)$　　　　　D. $\left(\dfrac{7}{4}，2\right)$

解析：

（1）令 $f(x) = \ln (x+1) - x^2 + \dfrac{3}{2}x - a$，则 $f'(x) = \dfrac{1}{x+1} - 2x + \dfrac{3}{2}$

$= \dfrac{-(4x+5)(x-1)}{2(x+1)}$.

当 $x \in [0，1)$ 时，$f'(x) > 0$，$f(x)$ 单调递增，当 $x \in (1，2]$ 时，

$f'(x)<0$, $f(x)$ 单调递减.

由于方程 $\ln(x+1)=x^2-\dfrac{3}{2}x+a$ 在区间 $[0,2]$ 上有两个不同的实数根，即 $f(x)=0$ 在区间 $[0,2]$ 上有两个不同的实数根，其充要条件为

$$\begin{cases} f(0)=-a\leqslant 0, \\ f(1)=\ln2+\dfrac{1}{2}-a>0, \\ f(2)=\ln3-1-a\leqslant 0, \end{cases}$$

解得 $\ln3-1\leqslant a<\ln2+\dfrac{1}{2}$.

所以方程 $\ln(x+1)=x^2-\dfrac{3}{2}x+a$ 在区间 $[0,2]$ 上有两个不同的实数根时，实数 a 的取值范围是 $\left[\ln3-1,\ \ln2+\dfrac{1}{2}\right)$.

(2) 函数 $y=f(x)-g(x)$ 恰有 4 个零点，即方程 $f(x)-g(x)=0$，即 $b=f(x)+f(2-x)$ 有 4 个不同实数根，即直线 $y=b$ 与函数 $y=f(x)+f(2-x)$ 的图像有 4 个不同的交点，又

$$y-f(x)+f(2-x)-\begin{cases} x^2+x+2, & x<0, \\ 2, & 0\leqslant x\leqslant 2, \\ x^2-5x+8, & x>2, \end{cases}$$

作出该函数的图像如图 7-2-7 所示，

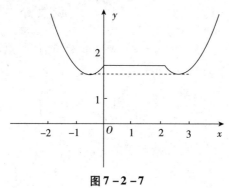

图 7-2-7

由图可知，当 $\dfrac{7}{4}<b<2$ 时，直线 $y=b$ 与函数 $y=f(x)+f(2-x)$ 的图像有 4 个不同的交点，故函数 $y=f(x)-g(x)$ 恰有 4 个零点时，b 的取值范围是 $\left(\dfrac{7}{4},\ 2\right)$.

【思维升华】

利用函数零点的情况求参数值或取值范围的方法：

1. 利用零点存在的判定定理构建不等式求解.

2. 分离参数后转化为函数的值域（最值）问题求解.

3. 数形结合转化为两熟悉的函数图像的上、下关系问题，从而构建不等式求解.

第三节　题源教学法在直观想象能力培养中的应用

一、直观想象在函数问题中的应用

题源 1：(1) 设 $f(x) = \ln x + x - 2$，则函数 $f(x)$ 零点所在的区间为（　　）

A. $(0, 1)$　　　B. $(1, 2)$　　　C. $(2, 3)$　　　D. $(3, 4)$

(2) 设函数 $y = x^3$ 与 $y = \left(\dfrac{1}{2}\right)^{x-2}$ 的图像的交点为 (x_0, y_0)，若 $x_0 \in (n, n+1)$，$n \in \mathbf{N}$，则 x_0 所在的区间是_____.

解析：

(1) 因为 $y = \ln x$ 与 $y = x - 2$ 在 $(0, +\infty)$ 上都是增函数，

所以 $f(x) = \ln x + x - 2$ 在 $(0, +\infty)$ 上是增函数，

又 $f(1) = \ln 1 + 1 - 2 = -1 < 0$，$f(2) = \ln 2 > 0$，

根据零点存在性定理，可知函数 $f(x) = \ln x + x - 2$ 有唯一零点，且零点在区间 $(1, 2)$ 内.

(2) 设 $f(x) = x^3 - \left(\dfrac{1}{2}\right)^{x-2}$，则 x_0 是函数 $f(x)$ 的零点，在同一坐标系下画出函数 $y = x^3$ 与 $y = \left(\dfrac{1}{2}\right)^{x-2}$ 的图像如图 7-3-1 所示.

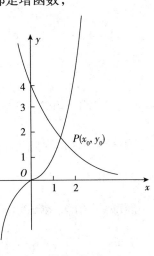

图 7-3-1

因为 $f(1) = 1 - \left(\dfrac{1}{2}\right)^{-1} = -1 < 0$，$f(2) = 8 - \left(\dfrac{1}{2}\right)^{0} = 7 > 0$，所以 $f(1)$ $f(2) < 0$，所以 $x_0 \in (1, 2)$.

【思维升华】

确定函数 $f(x)$ 的零点所在区间的常用方法：

1. 利用函数零点的存在性定理：首先看函数 $y = f(x)$ 在区间 $[a, b]$ 上的图像是否连续，再看是否有 $f(a) \cdot f(b) < 0$. 若有，则函数 $y = f(x)$ 在区间 (a, b) 内必有零点.

2. 数形结合法：通过画函数图像，观察图像与 x 轴在给定区间上是否有交点来判断.

变式1：（1）若 $a < b < c$，则函数 $f(x) = (x-a)(x-b) + (x-b)(x-c) + (x-c)(x-a)$ 的两个零点分别位于区间（　　）

A. (a, b) 和 (b, c) 内　　　　B. $(-\infty, a)$ 和 (a, b) 内

C. (b, c) 和 $(c, +\infty)$ 内　　D. $(-\infty, a)$ 和 $(c, +\infty)$

（2）函数 $f(x) = \ln x - \dfrac{2}{x^2}$ 的零点所在的区间为（　　）

A. $(0, 1)$　　　B. $(1, 2)$　　　C. $(2, 3)$　　　D. $(3, 4)$

解析：

（1）$\because a < b < c$，$\therefore f(a) = (a-b)(a-c) > 0$，

$f(b) = (b-c)(b-a) < 0$，$f(c) = (c-a)(c-b) > 0$，

由函数零点存在性定理可知：在区间 (a, b)，(b, c) 内分别存在零点，又函数 $f(x)$ 是二次函数，最多有两个零点；因此函数 $f(x)$ 的两个零点分别位于区间 (a, b)，(b, c) 内.

（2）易知 $f(x) = \ln x - \dfrac{2}{x^2}$ 在定义域 $(0, +\infty)$ 上是增函数，又 $f(1) = -2 < 0$，$f(2) = \ln 2 - \dfrac{1}{2} > 0$.

根据零点存在性定理，可知函数 $f(x) = \ln x - \dfrac{2}{x^2}$ 有唯一零点，且在区间 $(1, 2)$ 内.

题源2：（1）函数 $f(x) = \log_2 x - \dfrac{1}{x}$ 的零点所在的区间为（　　）

A. $\left(0, \dfrac{1}{2}\right)$　　　B. $\left(\dfrac{1}{2}, 1\right)$　　　C. $(1, 2)$　　　D. $(2, 3)$

（2）（2016·武汉二模）函数 $f(x)=4\cos^2\dfrac{x}{2}\cos\left(\dfrac{\pi}{2}-x\right)-2\sin x-|\ln(x+1)|$ 的零点个数为_____.

解析：

（1）函数 $f(x)$ 的定义域为 $(0,+\infty)$，且函数 $f(x)$ 在 $(0,+\infty)$ 上为增函数.

$f\left(\dfrac{1}{2}\right)=\log_2\dfrac{1}{2}-\dfrac{1}{\dfrac{1}{2}}=-1-2=-3<0$，$f(1)=\log_2 1-\dfrac{1}{1}=0-1<0$，

$f(2)=\log_2 2-\dfrac{1}{2}=1-\dfrac{1}{2}=\dfrac{1}{2}>0$，$f(3)=\log_2 3-\dfrac{1}{3}>1-\dfrac{1}{3}=\dfrac{2}{3}>0$，

即 $f(1)\cdot f(2)<0$，

∴ 函数 $f(x)=\log_2 x-\dfrac{1}{x}$ 的零点在区间 $(1,2)$ 内.

（2）$f(x)=4\cos^2\dfrac{x}{2}\sin x-2\sin x-|\ln(x+1)|$

$=2\sin x\cdot\left(2\cos^2\dfrac{x}{2}-1\right)-|\ln(x+1)|=\sin 2x-|\ln(x+1)|$，

令 $f(x)=0$，得 $\sin 2x=|\ln(x+1)|$. 在同一坐标系中作出函数 $y=\sin 2x$ 与函数 $y=|\ln(x+1)|$ 的大致图像如图 7-3-2 所示.

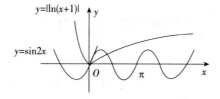

图 7-3-2

观察图像可知，两函数图像有 2 个交点，故函数 $f(x)$ 有 2 个零点.

【思维升华】

函数零点（即方程的根）的确定问题，常见的有以下三种：

1. 函数零点值大致存在区间的确定；

2. 零点个数的确定；

3. 两函数图像交点的横坐标或有几个交点的确定.

解决这类问题的常用方法有解方程法、利用零点存在的判定或数形结合法，尤其是求解含有绝对值、分式、指数、对数、三角函数式等较复杂的函数零点

问题，常转化为熟悉的两个函数图像的交点问题求解.

变式2：已知函数 $f(x)=\begin{cases} x-[x], & x\geqslant 0, \\ f(x+1), & x<0, \end{cases}$ 其中 $[x]$ 表示不超过 x 的最大整数. 若直线 $y=k(x+1)(k>0)$ 与函数 $y=f(x)$ 的图像恰有三个不同的交点，则实数 k 的取值范围是_____.

解析：

根据 $[x]$ 表示的意义可知，当 $0\leqslant x<1$ 时，$f(x)=x$，当 $1\leqslant x<2$ 时，$f(x)=x-1$，当 $2\leqslant x<3$ 时，$f(x)=x-2$，以此类推，当 $k\leqslant x<k+1$ 时，$f(x)=x-k$，$k\in\mathbf{Z}$，当 $-1\leqslant x<0$ 时，$f(x)=x+1$，作出函数 $f(x)$ 的图像如图 7-3-3 所示，直线 $y=k(x+1)$ 过点 $(-1,0)$，当直线经过点 $(3,1)$ 时恰有三个交点，当直线经过点 $(2,1)$ 时恰好有两个交点，在这两条直线之间时有三个交点，故 $k\in\left[\dfrac{1}{4},\dfrac{1}{3}\right)$.

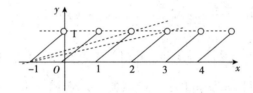

图 7-3-3

二、直观想象在三角函数问题中的应用

题源1：如图 7-3-4 所示，一辆汽车在一条水平的公路上向正西行驶，到 A 处时测得公路北侧一山顶 D 在西偏北 $30°$ 的方向上，行驶 600m 后到达 B 处，测得此山顶在西偏北 $75°$ 的方向上，仰角为 $30°$，则此山的高度 $CD=$ _____ m.

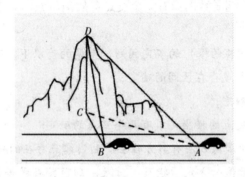

图 7-3-4

解析：

由题意，在 $\triangle ABC$ 中，$\angle BAC = 30°$，$\angle ABC = 180° - 75° = 105°$，故 $\angle ACB = 45°$.

又 $AB = 600\text{m}$，故由正弦定理得，$\dfrac{600}{\sin 45°} = \dfrac{BC}{\sin 30°}$，解得 $BC = 300\sqrt{2}$（m）.

在 $\text{Rt}\triangle BCD$ 中，$CD = BC \cdot \tan 30° = 300\sqrt{2} \times \dfrac{\sqrt{3}}{3} = 100\sqrt{6}$（m）.

【思维升华】

1. 在处理有关高度问题时，要理解仰角、俯角（它是在铅垂面上所成的角）、方向（位）角（它是在水平面上所成的角）是关键.

2. 在实际问题中，可能会遇到空间与平面（地面）同时研究的问题，这时最好画两个图形：一个空间图形、一个平面图形. 这样处理起来既清楚又不容易搞错.

3. 注意山或塔垂直于地面或海平面，把空间问题转化为平面问题.

变式 1：如图 7 - 3 - 5 所示，测量河对岸的塔高 AB 时可以选与塔底 B 在同一水平面内的两个测点 C 与 D，测得 $\angle BCD = 15°$，$\angle BDC = 30°$，$CD = 30$，并在点 C 测得塔顶 A 的仰角为 $60°$，则塔高 AB 等于（ ）

A. $5\sqrt{6}$ B. $15\sqrt{3}$

C. $5\sqrt{2}$ D. $15\sqrt{6}$

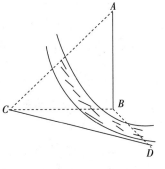

图 7 - 3 - 5

解析：

在 $\triangle BCD$ 中，$\angle CBD = 180° - 15° - 30° = 135°$.

由正弦定理得，$\dfrac{BC}{\sin 30°} = \dfrac{30}{\sin 135°}$，所以 $BC = 15\sqrt{2}$.

在 $\text{Rt}\triangle ABC$ 中，$AB = BC\tan\angle ACB = 15\sqrt{2} \times \sqrt{3} = 15\sqrt{6}$.

题源 2：（2019·洛阳二模）如图 7 - 3 - 6，已知扇形的圆心角 $\angle AOB = \dfrac{2\pi}{3}$，半径为 $4\sqrt{2}$，若点 C 是 $\overset{\frown}{AB}$ 上的一动点（不与点 A，B 重合）.

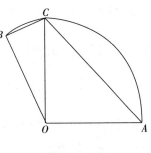

图 7 - 3 - 6

（1）若弦 $BC=4$ $(\sqrt{3}-1)$，求 $\overset{\frown}{BC}$ 的长.

（2）求四边形 $OACB$ 面积的最大值.

解析：

（1）在 $\triangle OBC$ 中，$BC=4$ $(\sqrt{3}-1)$，$OB=OC=4\sqrt{2}$，

所以由余弦定理得，$\cos\angle BOC = \dfrac{OB^2+OC^2-BC^2}{2OB\cdot OC} = \dfrac{\sqrt{3}}{2}$，

所以 $\angle BOC = \dfrac{\pi}{6}$，于是 $\overset{\frown}{BC}$ 的长为 $\dfrac{\pi}{6}\times 4\sqrt{2} = \dfrac{2\sqrt{2}}{3}\pi$.

（2）设 $\angle AOC=\theta$，$\theta\in\left(0,\dfrac{2\pi}{3}\right)$，则 $\angle BOC = \dfrac{2\pi}{3}-\theta$，

$S_{四边形OACB} = S_{\triangle AOC} + S_{\triangle BOC}$

$= \dfrac{1}{2}\times 4\sqrt{2}\times 4\sqrt{2}\sin\theta + \dfrac{1}{2}\times 4\sqrt{2}\times 4\sqrt{2}\cdot\sin\left(\dfrac{2\pi}{3}-\theta\right)$

$= 24\sin\theta + 8\sqrt{3}\cos\theta = 16\sqrt{3}\sin\left(\theta+\dfrac{\pi}{6}\right)$，

由于 $\theta\in\left(0,\dfrac{2\pi}{3}\right)$，所以 $\theta+\dfrac{\pi}{6}\in\left(\dfrac{\pi}{6},\dfrac{5\pi}{6}\right)$，

当 $\theta=\dfrac{\pi}{3}$ 时，四边形 $OACB$ 的面积取得最大值 $16\sqrt{3}$.

【思维升华】

1. 把所提供的平面图形拆分成若干个三角形，然后在各个三角形内利用正弦、余弦定理求解.

2. 寻找各个三角形之间的联系，交叉使用公共条件，求出结果，求解时要灵活利用平面几何的性质，将几何性质与正弦定理、余弦定理有机结合起来.

变式 2：（2019·成都诊断）如图 $7-3-7$ 所示，在平面四边形 $ABCD$ 中，已知 $A=\dfrac{\pi}{2}$，$B=\dfrac{2\pi}{3}$，$AB=6$. 在 AB 边上取点 E，使得 $BE=1$，连

图 7-3-7

接 EC，ED. 若 $\angle CED=\dfrac{2\pi}{3}$，$EC=\sqrt{7}$.

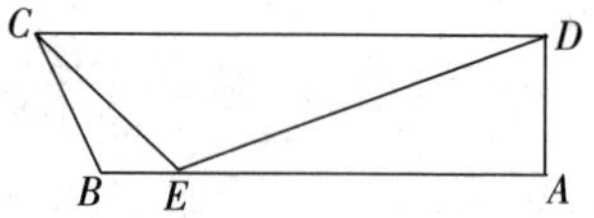

（1）求 $\sin\angle BCE$ 的值.

（2）求 CD 的长.

解析：

（1）在△BEC中，由正弦定理，知 $\dfrac{BE}{\sin\angle BCE}=\dfrac{CE}{\sin B}$，

因为 $B=\dfrac{2\pi}{3}$，$BE=1$，$CE=\sqrt{7}$，所以 $\sin\angle BCE=\dfrac{BE\cdot\sin B}{CE}=\dfrac{\frac{\sqrt{3}}{2}}{\sqrt{7}}=\dfrac{\sqrt{21}}{14}$.

（2）因为 $\angle CED=B=\dfrac{2\pi}{3}$，所以 $\angle DEA=\angle BCE$，

所以 $\cos\angle DEA=\sqrt{1-\sin^2\angle DEA}=\sqrt{1-\sin^2\angle BCE}=\sqrt{1-\dfrac{3}{28}}=\dfrac{5\sqrt{7}}{14}$.

因为 $A=\dfrac{\pi}{2}$，所以△AED 为直角三角形，又 $AE=5$，

所以 $ED=\dfrac{AE}{\cos\angle DEA}=\dfrac{5}{\frac{5\sqrt{7}}{14}}=2\sqrt{7}$. 在△$CED$ 中，

$$CD^2=CE^2+DE^2-2CE\cdot DE\cdot\cos\angle CED$$

$$=7+28-2\times\sqrt{7}\times2\sqrt{7}\times\left(-\dfrac{1}{2}\right)=49.$$

所以 $CD=7$.

三、直观想象在平面向量问题中的应用

题源 1：设 θ 是两个非零向量 $\boldsymbol{a}$，$\boldsymbol{b}$ 的夹角，若对任意实数 t，$|\boldsymbol{a}+t\boldsymbol{b}|$ 的最小值为 1，则下列判断正确的是（　　）

A. 若 $|\boldsymbol{a}|$ 确定，则 θ 唯一确定　　B. 若 $|\boldsymbol{b}|$ 确定，则 θ 唯一确定

C. 若 θ 确定，则 $|\boldsymbol{b}|$ 唯一确定　　D. 若 θ 确定，则 $|\boldsymbol{a}|$ 唯一确定

解析：

设 $g(t)=(\boldsymbol{a}+t\boldsymbol{b})^2=\boldsymbol{b}^2t^2+2t\boldsymbol{a}\cdot\boldsymbol{b}+\boldsymbol{a}^2$，当且仅当 $t=-\dfrac{2\boldsymbol{a}\cdot\boldsymbol{b}}{2\boldsymbol{b}^2}=$

$-\dfrac{|\boldsymbol{a}|\cos\theta}{|\boldsymbol{b}|}$时，$g(t)$ 取得最小值 1，所以 $\boldsymbol{b}^2\times\dfrac{|\boldsymbol{a}|^2\cos^2\theta}{|\boldsymbol{b}|^2}-2\boldsymbol{a}\cdot\boldsymbol{b}\times\dfrac{|\boldsymbol{a}|\cos\theta}{|\boldsymbol{b}|}+$

$\boldsymbol{a}^2=1$，化简得 $\boldsymbol{a}^2\sin^2\theta=1$，所以当 θ 确定时，$|\boldsymbol{a}|$ 唯一确定.

答案： D

【思维升华】

通过向量的数量积运算把向量运算转化为实数运算，再结合函数、不等式

的知识解决，同时也要注意平面向量的坐标运算在这方面的应用.

变式1：（2019·福州四校联考）已知向量 a，b 为单位向量，且 $a \cdot b = -\dfrac{1}{2}$，向量 c 与 $a+b$ 共线，则 $|a+c|$ 的最小值为（　　）

A. 1 　　　　B. $\dfrac{1}{2}$ 　　　　C. $\dfrac{3}{4}$ 　　　　D. $\dfrac{\sqrt{3}}{2}$

解析：

解法一：因为向量 c 与 $a+b$ 共线，所以可设 $c = t(a+b)$ $(t \in \mathbf{R})$，所以 $a+c = (t+1)a+tb$，所以 $(a+c)^2 = (t+1)^2 a^2 + 2t(t+1)a \cdot b + t^2 b^2$，因为向量 a，b 为单位向量，且 $a \cdot b = -\dfrac{1}{2}$，所以 $(a+c)^2 = (t+1)^2 - t(t+1) + t^2 = t^2 + t + 1 \geqslant \dfrac{3}{4}$，所以 $|a+c| \geqslant \dfrac{\sqrt{3}}{2}$，所以 $|a+c|$ 的最小值为 $\dfrac{\sqrt{3}}{2}$. 故选 D.

解法二：因为向量 a，b 为单位向量，且 $a \cdot b = -\dfrac{1}{2}$，所以向量 a，b 的夹角为 $120°$，在平面直角坐标系中，不妨设向量 $a = (1, 0)$，$b = \left(-\dfrac{1}{2}, \dfrac{\sqrt{3}}{2}\right)$，则 $a+b = \left(\dfrac{1}{2}, \dfrac{\sqrt{3}}{2}\right)$，因为向量 c 与 $a+b$ 共线，所以可设 $c = t\left(\dfrac{1}{2}, \dfrac{\sqrt{3}}{2}\right)$ $(t \in \mathbf{R})$，所以 $a+c = \left(1+\dfrac{t}{2}, \dfrac{\sqrt{3}}{2}t\right)$，所以 $|a+c| = \sqrt{\left(1+\dfrac{t}{2}\right)^2 + \dfrac{3t^2}{4}} = \sqrt{t^2+t+1} \geqslant \dfrac{\sqrt{3}}{2}$，所以 $|a+c|$ 的最小值为 $\dfrac{\sqrt{3}}{2}$. 故选 D.

题源2：（1）设四边形 $ABCD$ 为平行四边形，$|\overrightarrow{AB}| = 6$，$|\overrightarrow{AD}| = 4$，若点 M，N 满足 $\overrightarrow{BM} = 3\overrightarrow{MC}$，$\overrightarrow{DN} = 2\overrightarrow{NC}$，则 $\overrightarrow{AM} \cdot \overrightarrow{NM}$ 等于（　　）

A. 20 　　　　　　　　B. 15

C. 9 　　　　　　　　D. 6

（2）（2018·天津高考）如图 7–3–8 所示，在平面四边形 $ABCD$ 中，$AB \perp BC$，$AD \perp CD$，$\angle BAD = 120°$，$AB = AD = 1$. 若点 E 为边 CD 上的动点，则 $\overrightarrow{AE} \cdot \overrightarrow{BE}$ 的最小值为（　　）

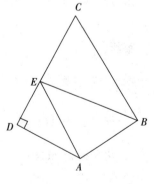

图 7–3–8

A. $\dfrac{21}{16}$　　　　　B. $\dfrac{3}{2}$　　　　　C. $\dfrac{25}{16}$　　　　　D. 3

解析：

（1）$\overrightarrow{AM}=\overrightarrow{AB}+\dfrac{3}{4}\overrightarrow{AD}$，$\overrightarrow{NM}=\overrightarrow{CM}-\overrightarrow{CN}=-\dfrac{1}{4}\overrightarrow{AD}+\dfrac{1}{3}\overrightarrow{AB}$，所以 $\overrightarrow{AM}\cdot\overrightarrow{NM}=\dfrac{1}{4}$

$(4\overrightarrow{AB}+3\overrightarrow{AD})\cdot\dfrac{1}{12}(4\overrightarrow{AB}-3\overrightarrow{AD})=\dfrac{1}{48}(16\overrightarrow{AB}^2-9\overrightarrow{AD}^2)=\dfrac{1}{48}(16\times6^2-9\times$

$4^2)=9$. 故选 C.

（2）**解法一：** 如图 7-3-9 所示，以 D 为原点，DA 所在直线为 x 轴，DC

所在直线为 y 轴，建立平面直角坐标系，则 A（1，0），$B\left(\dfrac{3}{2}，\dfrac{\sqrt{3}}{2}\right)$，$C$（0，

$\sqrt{3}$），令 E（0，t），$t\in[0，\sqrt{3}]$，所以 $\overrightarrow{AE}\cdot\overrightarrow{BE}=(-1，t)\cdot$

$\left(-\dfrac{3}{2}，t-\dfrac{\sqrt{3}}{2}\right)=t^2-\dfrac{\sqrt{3}}{2}t+\dfrac{3}{2}$，因为 $t\in[0，\sqrt{3}]$，所以当 $t=-\dfrac{-\dfrac{\sqrt{3}}{2}}{2\times1}=\dfrac{\sqrt{3}}{4}$ 时，

$\overrightarrow{AE}\cdot\overrightarrow{BE}$ 取得最小值，$(\overrightarrow{AE}\cdot\overrightarrow{BE})_{\min}=\dfrac{3}{16}-\dfrac{\sqrt{3}}{2}\times\dfrac{\sqrt{3}}{4}+\dfrac{3}{2}=\dfrac{21}{16}$. 故选 A.

解法二： 令 $\overrightarrow{DE}=\lambda\overrightarrow{DC}$（$0\leqslant\lambda\leqslant1$），由已知可

得 $DC=\sqrt{3}$，因为 $\overrightarrow{AE}=\overrightarrow{AD}+\lambda\overrightarrow{DC}$，所以 $\overrightarrow{BE}=\overrightarrow{BA}+$

$\overrightarrow{AE}=\overrightarrow{BA}+\overrightarrow{AD}+\lambda\overrightarrow{DC}$，所以 $\overrightarrow{AE}\cdot\overrightarrow{BE}=(\overrightarrow{AD}+\lambda$

$\overrightarrow{DC})\cdot(\overrightarrow{BA}+\overrightarrow{AD}+\lambda\overrightarrow{DC})=\overrightarrow{AD}\cdot\overrightarrow{BA}+\overrightarrow{AD}^2+\lambda$

$\overrightarrow{DC}\cdot\overrightarrow{BA}+\lambda^2\overrightarrow{DC}^2=3\lambda^2-\dfrac{3}{2}\lambda+\dfrac{3}{2}$. 当 $\lambda=-\dfrac{-\dfrac{3}{2}}{2\times3}=$

$\dfrac{1}{4}$时，$\overrightarrow{AE}\cdot\overrightarrow{BE}$取得最小值$\dfrac{21}{16}$. 故选 A.

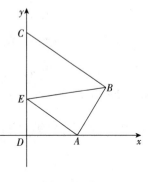

图 7-3-9

【思维升华】

平面向量数量积的三种运算方法：

1. 当已知向量的模和夹角时，可利用定义法求解，即 $\boldsymbol{a}\cdot\boldsymbol{b}=|\boldsymbol{a}||\boldsymbol{b}|$ $\cos\langle\boldsymbol{a}，\boldsymbol{b}\rangle$.

2. 当已知向量的坐标时，可利用坐标法求解，即若 $\boldsymbol{a}=(x_1，y_1)$，$\boldsymbol{b}=$ $(x_2，y_2)$，则 $\boldsymbol{a}\cdot\boldsymbol{b}=x_1x_2+y_1y_2$.

3. 利用数量积的几何意义求解.

变式 2：如图 7 - 3 - 10 所示，在梯形 $ABCD$ 中，$AB /\!/ CD$，$CD = 2$，$\angle BAD = \dfrac{\pi}{4}$，若 $\vec{AB} \cdot \vec{AC} = 2\vec{AB} \cdot \vec{AD}$，则 $\vec{AD} \cdot \vec{AC} = $ _____.

解析：

解法一：因为 $\vec{AB} \cdot \vec{AC} = 2\vec{AB} \cdot \vec{AD}$，所以 $\vec{AB} \cdot \vec{AC} - \vec{AB} \cdot \vec{AD} = \vec{AB} \cdot \vec{AD}$，所以 $\vec{AB} \cdot \vec{DC} = \vec{AB} \cdot \vec{AD}$.

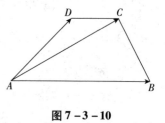

图 7 - 3 - 10

因为 $AB /\!/ CD$，$CD = 2$，$\angle BAD = \dfrac{\pi}{4}$，所以 $2 \mid \vec{AB} \mid$ $= \mid \vec{AB} \mid \cdot \mid \vec{AD} \mid \cos \dfrac{\pi}{4}$，化简得 $\mid \vec{AD} \mid = 2\sqrt{2}$. 故 $\vec{AD} \cdot \vec{AC} = \vec{AD} \cdot (\vec{AD} + \vec{DC})$ $= \mid \vec{AD} \mid^2 + \vec{AD} \cdot \vec{DC} = (2\sqrt{2})^2 + 2\sqrt{2} \times 2\cos \dfrac{\pi}{4} = 12$.

解法二：如图 7 - 3 - 11 所示，建立平面直角坐标系 xAy.

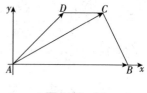

图 7 - 3 - 11

依题意，可设点 $D (m, m)$，$C (m+2, m)$，$B (n, 0)$，其中 $m > 0$，$n > 0$，则由 $\vec{AB} \cdot \vec{AC} = 2\vec{AB} \cdot \vec{AD}$，得 $(n, 0) \cdot (m+2, m) = 2 (n, 0) \cdot (m, m)$，所以 $n (m+2) = 2nm$，化简得 $m = 2$. 故 $\vec{AD} \cdot \vec{AC} = (m, m) \cdot (m+2, m) = 2m^2 + 2m = 12$.

四、直观想象在立体几何问题中的应用

题源 1：如图 7 - 3 - 12 所示，在四棱锥 $P - ABCD$ 中，$AB /\!/ CD$，$AB \perp AD$，$CD = 2AB$，平面 $PAD \perp$ 底面 $ABCD$，$PA \perp AD$，E 和 F 分别是 CD 和 PC 的中点，求证：

（1）$PA \perp$ 底面 $ABCD$.

（2）$BE /\!/$ 平面 PAD.

（3）平面 $BEF \perp$ 平面 PCD.

证明：（1）∵ 平面 $PAD \perp$ 底面 $ABCD$，且 PA 垂直于这两个平面的交线 AD，$PA \subset$ 平面 PAD，∴ $PA \perp$ 底面 $ABCD$.

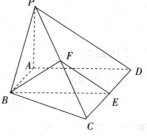

图 7 - 3 - 12

（2）∵ $AB /\!/ CD$，$CD = 2AB$，E 为 CD 的中点，∴ $AB /\!/ DE$，且 $AB = DE$.

∴ 四边形 $ABED$ 为平行四边形.　∴ $BE /\!/ AD$.

又∵ $BE \not\subset$ 平面 PAD，$AD \subset$ 平面 PAD，

∴ $BE /\!/$ 平面 PAD.

（3）∵ $AB \perp AD$，而且 $ABED$ 为平行四边形.　∴ $BE \perp CD$，$AD \perp CD$.

由（1）知 $PA \perp$ 底面 $ABCD$，$CD \subset$ 平面 $ABCD$，

∴ $PA \perp CD$，且 $PA \cap AD = A$，PA，$AD \subset$ 平面 PAD，

∴ $CD \perp$ 平面 PAD，又 $PD \subset$ 平面 PAD，∴ $CD \perp PD$.

∵ E 和 F 分别是 CD 和 PC 的中点，∴ $PD /\!/ EF$.

∴ $CD \perp EF$，又 $BE \perp CD$ 且 $EF \cap BE = E$，

∴ $CD \perp$ 平面 BEF，又 $CD \subset$ 平面 PCD，∴ 平面 $BEF \perp$ 平面 PCD.

【思维升华】

1. 证明平面和平面垂直的方法：

（1）面面垂直的定义.

（2）面面垂直的判定定理.

2. 已知两平面垂直时，一般要用性质定理进行转化，在一个平面内作交线的垂线，转化为线面垂直，然后进一步转化为线线垂直.

变式1：（2019·泸州模拟）如图 7－3－13 所示，在四棱锥 $S-ABCD$ 中，底面 $ABCD$ 是梯形，$AB /\!/ DC$，$\angle ABC = 90°$，$AD = SD$，$BC = CD = \dfrac{1}{2}AB$，侧面 $SAD \perp$ 底面 $ABCD$.

（1）求证：平面 $SBD \perp$ 平面 SAD.

（2）若 $\angle SDA = 120°$，且三棱锥 $S-BCD$ 的体积为 $\dfrac{\sqrt{6}}{12}$，求 $\triangle SAB$ 的面积.

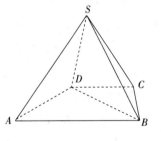

图 7－3－13

证明：设 $BC = a$，则 $CD = a$，$AB = 2a$，由题意知 $\triangle BCD$ 是等腰直角三角形，

且 $\angle BCD = 90°$，则 $BD = \sqrt{2}a$，$\angle CBD = 45°$，

所以 $\angle ABD = \angle ABC - \angle CBD = 45°$，

在 $\triangle ABD$ 中，$AD = \sqrt{AB^2 + DB^2 - 2AB \cdot DB \cdot \cos 45°} = \sqrt{2}a$，

因为 $AD^2 + BD^2 = 4a^2 = AB^2$，所以 $BD \perp AD$.

由于平面 $SAD \perp$ 底面 $ABCD$，平面 $SAD \cap$ 平面 $ABCD = AD$，$BD \subset$ 平面 $ABCD$，

所以 $BD \perp$ 平面 SAD，又 $BD \subset$ 平面 SBD，所以平面 $SBD \perp$ 平面 SAD.

解析：

由（1）可知 $AD = SD = \sqrt{2}a$,

在 $\triangle SAD$ 中，$\angle SDA = 120°$，$SA = 2SD\sin 60° = \sqrt{6}a$.

作 $SH \perp AD$，交 AD 的延长线于点 H，则 $SH = SD\sin 60° = \dfrac{\sqrt{6}}{2}a$.

由（1）知 $BD \perp$ 平面 SAD，因为 $SH \subset$ 平面 SAD，所以 $BD \perp SH$.

又 $AD \cap BD = D$，所以 $SH \perp$ 平面 $ABCD$，所以 SH 为三棱锥 $S-BCD$ 的高，

所以 $V_{S-BCD} = \dfrac{1}{3} \times \dfrac{\sqrt{6}}{2}a \times \dfrac{1}{2} \times a^2 = \dfrac{\sqrt{6}}{12}$，解得 $a = 1$.

由 $BD \perp$ 平面 SAD，$SD \subset$ 平面 SAD，可得 $BD \perp SD$，

则 $SB = \sqrt{SD^2 + BD^2} = \sqrt{2+2} = 2$. 又 $AB = 2$，

$SA = \sqrt{6}$，在等腰三角形 SBA 中，

边 SA 上的高为 $\sqrt{4 - \dfrac{6}{4}} = \dfrac{\sqrt{10}}{2}$，则 $\triangle SAB$ 的

面积为 $\dfrac{1}{2} \times \sqrt{6} \times \dfrac{\sqrt{10}}{2} = \dfrac{\sqrt{15}}{2}$.

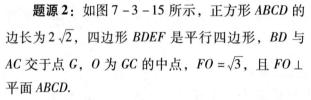

图 7-3-14

题源 2： 如图 7-3-15 所示，正方形 $ABCD$ 的边长为 $2\sqrt{2}$，四边形 $BDEF$ 是平行四边形，BD 与 AC 交于点 G，O 为 GC 的中点，$FO = \sqrt{3}$，且 $FO \perp$ 平面 $ABCD$.

（1）求证：$AE /\!/$ 平面 BCF.

（2）求证：$CF \perp$ 平面 AEF.

图 7-3-15

证明： 取 BC 中点 H，连接 OH，则 $OH /\!/ BD$,

又四边形 $ABCD$ 为正方形，$\therefore AC \perp BD$，$\therefore OH \perp AC$,

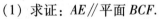

故以 O 为原点，建立如图 7-3-16 所示的直角坐标系，则 A（3，0，0），

C（-1，0，0），D（1，-2，0），F（0，0，$\sqrt{3}$），B（1，2，0）. $\overrightarrow{BC} = ($ -2，

-2，0），$\overrightarrow{CF} = ($ 1，0，$\sqrt{3}$），$\overrightarrow{BF} = ($ -1，-2，$\sqrt{3}$）.

（1）设平面 BCF 的法向量为 $\boldsymbol{n} = (x,\ y,\ z)$，

则 $\begin{cases} \boldsymbol{n} \cdot \overrightarrow{BC} = 0, \\ \boldsymbol{n} \cdot \overrightarrow{CF} = 0, \end{cases}$ 即 $\begin{cases} -2x - 2y = 0, \\ x + \sqrt{3}z = 0, \end{cases}$

取 $z = 1$，得 $\boldsymbol{n} = (-\sqrt{3},\ \sqrt{3},\ 1)$. 又四边形 $BDEF$ 为平行四边形，

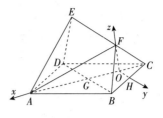

图 7 – 3 – 16

$\therefore \overrightarrow{DE} = \overrightarrow{BF} = (-1,\ -2,\ \sqrt{3})$，

$\therefore \overrightarrow{AE} = \overrightarrow{AD} + \overrightarrow{DE} = \overrightarrow{BC} + \overrightarrow{BF} = (-2,\ -2,\ 0) + (-1,\ -2,\ \sqrt{3}) = (-3,\ -4,\ \sqrt{3})$，

$\therefore \overrightarrow{AE} \cdot \boldsymbol{n} = 3\sqrt{3} - 4\sqrt{3} + \sqrt{3} = 0$，$\therefore \overrightarrow{AE} \perp \boldsymbol{n}$，又 $AE \not\subset$ 平面 BCF，$\therefore AE \,/\!/$ 平面 BCF.

（2）$\overrightarrow{AF} = (-3,\ 0,\ \sqrt{3})$，$\therefore \overrightarrow{CF} \cdot \overrightarrow{AF} = -3 + 3 = 0$，$\overrightarrow{CF} \cdot \overrightarrow{AE} = -3 + 3 = 0$，

$\therefore \overrightarrow{CF} \perp \overrightarrow{AF}$，$\overrightarrow{CF} \perp \overrightarrow{AE}$，即 $CF \perp AF$，$CF \perp AE$，又 $AE \cap AF = A$，

AE，$AF \subset$ 平面 AEF，$\therefore CF \perp$ 平面 AEF.

【思维方法】

证明直线与平面平行，只须证明直线的方向向量与平面的法向量的数量积为零，或证直线的方向向量与平面内的不共线的两个向量共面，或证直线的方向向量与平面内某直线的方向向量平行，然后说明直线在平面外即可. 这样就把几何的证明问题转化为向量运算.

变式 2：如图 7 – 3 – 17 所示，在多面体 $ABC - A_1B_1C_1$ 中，四边形 A_1ABB_1 是正方形，$AB = AC$，$BC = \sqrt{2}AB$，$B_1C_1 \underline{\underline{/\!/}} \dfrac{1}{2}BC$，二面角 $A_1 - AB - C$ 是直二面角.

求证：（1）$A_1B_1 \perp$ 平面 AA_1C.

（2）$AB_1 \,/\!/$ 平面 A_1C_1C.

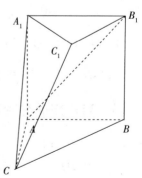

图 7 – 3 – 17

证明：因为二面角 $A_1 - AB - C$ 是直二面角，四边形 A_1ABB_1 为正方形，

所以 $AA_1 \perp$ 平面 BAC. 又因为 $AB = AC$，$BC = $

$\sqrt{2}AB$，所以$\angle CAB = 90°$，

即$CA \perp AB$，所以AB，AC，AA_1两两互相垂直，

建立如图 $7-3-18$ 所示的空间直角坐标系 $A-xyz$.

设$AB = 2$，则A $(0, 0, 0)$，B_1 $(0, 2, 2)$，
A_1 $(0, 0, 2)$，C $(2, 0, 0)$，C_1 $(1, 1, 2)$.

(1) $\overrightarrow{A_1B_1} = (0, 2, 0)$，$\overrightarrow{A_1A} = (0, 0, -2)$，

$\overrightarrow{AC} = (2, 0, 0)$，

设平面AA_1C的一个法向量$\boldsymbol{n} = (x, y, z)$，则

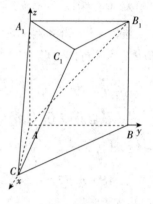

$$\begin{cases} \boldsymbol{n} \cdot \overrightarrow{A_1A} = 0, \\ \boldsymbol{n} \cdot \overrightarrow{AC} = 0, \end{cases} \text{即} \begin{cases} -2z = 0, \\ 2x = 0, \end{cases}$$

即$\begin{cases} x = 0, \\ z = 0, \end{cases}$取$y = 1$，则$\boldsymbol{n} = (0, 1, 0)$，所以

图 $7-3-18$

$\overrightarrow{A_1B_1} = 2\boldsymbol{n}$，

即$\overrightarrow{A_1B_1} /\!/ \boldsymbol{n}$. 所以$A_1B_1 \perp$平面$AA_1C$.

(2) 易知$\overrightarrow{AB_1} = (0, 2, 2)$，$\overrightarrow{A_1C_1} = (1, 1, 0)$，$\overrightarrow{A_1C} = (2, 0, -2)$，

设平面A_1C_1C的一个法向量$\boldsymbol{m} = (x_1, y_1, z_1)$，

则$\begin{cases} \boldsymbol{m} \cdot \overrightarrow{A_1C_1} = 0, \\ \boldsymbol{m} \cdot \overrightarrow{A_1C} = 0, \end{cases}$即$\begin{cases} x_1 + y_1 = 0, \\ 2x_1 - 2z_1 = 0, \end{cases}$令$x_1 = 1$，则$y_1 = -1$，$z_1 = 1$，

即$\boldsymbol{m} = (1, -1, 1)$. 所以$\overrightarrow{AB_1} \cdot \boldsymbol{m} = 0 \times 1 + 2 \times (-1) + 2 \times 1 = 0$，

所以$\overrightarrow{AB_1} \perp \boldsymbol{m}$，又$AB_1 \not\subset$平面$A_1C_1C$，所以$AB_1 /\!/$平面$A_1C_1C$.

五、直观想象在解析几何问题中的应用

题源1：（2018·全国Ⅲ卷）直线$x + y + 2 = 0$分别与x轴、y轴交于A，B两点，点P在圆$(x-2)^2 + y^2 = 2$上，则$\triangle ABP$面积的取值范围是（   ）

A. $[2, 6]$ B. $[4, 8]$

C. $[\sqrt{2}, 3\sqrt{2}]$ D. $[2\sqrt{2}, 3\sqrt{2}]$

解析：

圆心（2，0）到直线的距离 $d = \dfrac{|2+0+2|}{\sqrt{2}} = 2\sqrt{2}$，所以点 P 到直线的距离 $d_1 \in [\sqrt{2}, 3\sqrt{2}]$。根据直线的方程可知 A，B 两点的坐标分别为（-2，0），（0，-2），所以 $|AB| = 2\sqrt{2}$，所以 $\triangle ABP$ 的面积 $S = \dfrac{1}{2}|AB|d_1 = \sqrt{2}d_1$。因为 $d_1 \in [\sqrt{2}, 3\sqrt{2}]$，所以 $S \in [2, 6]$，即 $\triangle ABP$ 面积的取值范围是 $[2, 6]$。

【思维升华】

1. 弦长的两种求法。

（1）代数方法：将直线和圆的方程联立组成方程组，消元后得到一个一元二次方程。在判别式 $\Delta > 0$ 的前提下，利用根与系数的关系，根据弦长公式求弦长。

（2）几何方法：若弦心距为 d，圆的半径长为 r，则弦长 $l = 2\sqrt{r^2 - d^2}$。

2. 过圆外一点 (x_0, y_0) 的圆的切线方程的求法：当斜率存在时，设为 k，则切线方程为 $y - y_0 = k(x - x_0)$，即 $kx - y + y_0 - kx_0 = 0$，由圆心到直线的距离等于半径，即可得出切线方程；当斜率不存在时，要加以验证。

变式1：（1）已知过点 $P(2, 2)$ 的直线与圆 $(x-1)^2 + y^2 = 5$ 相切，且与直线 $x - ay + 1 = 0$ 平行，则 $a = $ _____。

（2）（2019·合肥测试）过点（3，1）作圆 $(x-2)^2 + (y-2)^2 = 4$ 的弦，其中最短弦的长为_____。

解析：

（1）因为点 P 在圆 $(x-1)^2 + y^2 = 5$ 上，所以过点 $P(2, 2)$ 与圆 $(x-1)^2 + y^2 = 5$ 相切的切线方程为 $(2-1)(x-1) + 2y = 5$，即 $x + 2y - 6 = 0$，由直线 $x + 2y - 6 = 0$ 与直线 $x - ay + 1 = 0$ 平行，得 $-a = 2$，$a = -2$。

（2）设 $P(3, 1)$，圆心 $C(2, 2)$，则 $|PC| = \sqrt{2}$，半径 $r = 2$。由题意知最短的弦过 $P(3, 1)$ 且与 PC 垂直，所以最短弦长为 $2\sqrt{2^2 - (\sqrt{2})^2} = 2\sqrt{2}$。

题源2：（2019·郑州调研）已知两圆 $x^2 + y^2 - 2x - 6y - 1 = 0$，$x^2 + y^2 - 10x - 12y + m = 0$。

（1）m 取何值时两圆外切？

（2）m 取何值时两圆内切？

（3）当 $m = 45$ 时，求两圆的公共弦所在直线的方程和公共弦的长。

解析：

因为两圆的标准方程分别为 $(x-1)^2+(y-3)^2=11$，

$(x-5)^2+(y-6)^2=61-m$，

所以两圆的圆心分别为 $(1,3)$，$(5,6)$，半径分别为 $\sqrt{11}$，$\sqrt{61-m}$，

（1）当两圆外切时，由 $\sqrt{(5-1)^2+(6-3)^2}=\sqrt{11}+\sqrt{61-m}$，得 $m=25+10\sqrt{11}$.

（2）当两圆内切时，因为定圆半径 $\sqrt{11}$ 小于两圆圆心之间的距离 5，所以 $\sqrt{61-m}-\sqrt{11}=5$，解得 $m=25-10\sqrt{11}$.

（3）由 $(x^2+y^2-2x-6y-1)-(x^2+y^2-10x-12y+45)=0$，得两圆的公共弦所在直线的方程为 $4x+3y-23=0.$

故两圆的公共弦的长为 $2\sqrt{(\sqrt{11})^2-\left(\dfrac{|4+3\times3-23|}{\sqrt{4^2+3^2}}\right)^2}=2\sqrt{7}.$

【思维升华】

1. 判断两圆的位置关系时常用几何法，即利用两圆圆心之间的距离与两圆半径之间的关系，一般不采用代数法.

2. 若两圆相交，则两圆公共弦所在直线的方程可由两圆的方程作差消去 x^2，y^2 项得到.

变式2：（1）已知圆 M：$x^2+y^2-2ay=0$（$a>0$）截直线 $x+y=0$ 所得线段的长度是 $2\sqrt{2}$，则圆 M 与圆 N：$(x-1)^2+(y-1)^2=1$ 的位置关系是（　　）

A. 内切　　　　　B. 相交　　　　　C. 外切　　　　　D. 相离

（2）（2019·安阳模拟）已知圆 C_1：$x^2+y^2-kx+2y=0$ 与圆 C_2：$x^2+y^2+ky-4=0$ 的公共弦所在直线恒过点 $P(a,b)$，且点 P 在直线 $mx-ny-2=0$ 上，则 mn 的取值范围是（　　）

A. $\left(0,-\dfrac{1}{4}\right)$ 　　　　　　　　B. $\left(0,\dfrac{1}{4}\right]$

C. $\left(-\infty,-\dfrac{1}{4}\right)$ 　　　　　　　D. $\left(-\infty,\dfrac{1}{4}\right]$

解析：

（1）由题意得，圆 M 的标准方程为 $x^2+(y-a)^2=a^2$，圆心 $(0,a)$ 到直线 $x+y=0$ 的距离 $d=\dfrac{a}{\sqrt{2}}$，所以 $2\sqrt{a^2-\dfrac{a^2}{2}}=2\sqrt{2}$，解得 $a=2$，圆 M，圆 N 的圆

心距 $|MN| = \sqrt{2}$，小于两圆半径之和，大于两圆半径之差，故两圆相交.

（2）将圆 C_1 与圆 C_2 的方程相减得公共弦所在直线的方程为 $kx + (k-2)$ $y-4=0$，即 $k(x+y) - (2y+4) = 0$，由 $\begin{cases} 2y+4=0, \\ x+y=0 \end{cases}$ 得 $\begin{cases} x=2, \\ y=-2, \end{cases}$

即 $P(2, -2)$，因此 $2m+2n-2=0$，$\therefore m+n=1$，则 $mn \leqslant \left(\dfrac{m+n}{2}\right)^2 = \dfrac{1}{4}$，

当且仅当 $m=n=\dfrac{1}{2}$ 时取等号，$\therefore mn$ 的取值范围是 $\left(-\infty, \dfrac{1}{4}\right]$.

第八章

基于数据分析能力培养的题源教学研究

第一节　数据分析的概念

　　什么是数据分析？数据分析是指用适当的统计分析方法对收集来的大量数据进行分析，提取有用信息和形成结论，并对数据加以详细研究和概括总结的过程．这一过程也是质量管理体系的支持过程．在实用中，数据分析可帮助人们做出判断，以便采取适当行动．数据分析的数学基础在 20 世纪早期就已确立，但直到计算机的出现才使得实际操作成为可能，并使得数据分析得以推广．数据分析是数学与计算机科学相结合的产物．

　　在统计学领域，有些人将数据分析划分为描述性统计分析、探索性数据分析以及验证性数据分析；其中，探索性数据分析侧重于在数据之中发现新的特征，而验证性数据分析则侧重于已有假设的证实或证伪．探索性数据分析是指为了形成值得假设的检验而对数据进行分析的一种方法，是对传统统计学假设检验手段的补充．该方法由美国著名统计学家约翰·图基（John Tukey）命名．定性数据分析又称为"定性资料分析"、"定性研究"或者"定性研究资料分析"，是指对诸如词语、照片、观察结果之类的非数值型数据（或者说资料）的分析．

　　数据分析有极广泛的应用范围．典型的数据分析可能包含以下三个步骤：

　　（1）探索性数据分析：当数据刚取得时，可能杂乱无章，看不出规律，通过作图、造表、用各种形式的方程拟合，计算某些特征量等手段探索规律性的可能形式，即往什么方向和用何种方式去寻找和揭示隐含在数据中的规律性．

（2）模型选定分析，在探索性分析的基础上提出一类或几类可能的模型，然后通过进一步的分析从中挑选一定的模型.

（3）推断分析：通常使用数理统计方法对所选定模型或估计的可靠程度和精确程度做出推断.

数据分析常用的方法有：

（1）列表法. 将实验数据按一定规律用列表方式表达出来是记录和处理实验数据最常用的方法. 表格的设计要求对应关系清楚，简单明了，有利于发现相关量之间的物理关系；此外还要求在标题栏中注明物理量名称、符号、数量级和单位等；根据需要还可以列出除原始数据以外的计算栏目和统计栏目等. 最后还要求写明表格名称，主要测量仪器的型号、量程和准确度等级，有关环境条件参数如温度、湿度等.

（2）作图法. 作图法可以最醒目地表达物理量间的变化关系. 从图线上还可以简便求出实验需要的某些结果（如直线的斜率和截距值等），读出没有进行观测的对应点（内插法）或在一定条件下从图线的延伸部分读到测量范围以外的对应点（外推法）. 此外，还可以把某些复杂的函数关系，通过一定的变换用直线图表示出来. 例如半导体热敏电阻的电阻与温度关系为 $R = R_\infty \mathrm{e}^{\frac{B}{T}}$，取对数后得到 $\lg R = \lg R_\infty + \dfrac{B}{T}$，若用半对数坐标纸，以 $\lg R$ 为纵轴，以 $1/T$ 为横轴画图，则为一条直线.

数据分析过程的主要活动由识别信息需求、收集数据、分析数据、评价并改进数据分析的有效性组成.

（1）识别需求. 识别信息需求是确保数据分析过程有效性的首要条件，可以为收集数据、分析数据提供清晰的目标. 识别信息需求是管理者的职责，管理者应根据决策和过程控制的需求，提出对信息的需求. 就过程控制而言，管理者应识别需求要利用哪些信息支持评审过程输入、过程输出、资源配置的合理性、过程活动的优化方案和过程异常变异的发现.

（2）收集数据. 有目的地收集数据，是确保数据分析过程有效的基础. 组织需要对收集数据的内容、渠道、方法进行策划. 策划时应考虑：①将识别的需求转化为具体的要求，如评价供方时，需要收集的数据可能包括其过程能力、测量系统不确定度等相关数据；②明确由谁在何时何处，通过何种渠道和方法收集数据；③记录表应便于使用；④采取有效措施，防止数据丢失和虚假数据对系统的干扰.

（3）分析数据. 分析数据是将收集的数据通过加工、整理和分析、使其转化为信息，常用方法有：老七种工具，即排列图、因果图、分层法、调查表、散点图、直方图、控制图；新七种工具，即关联图、系统图、矩阵图、KJ法、计划评审技术、PDPC法、矩阵数据图.

（4）过程改进. 数据分析是质量管理体系的基础. 组织的管理者应在适当时候，通过对以下问题的分析，评估其有效性：①提供决策的信息是否充分、可信，是否存在因信息不足、失准、滞后而导致决策失误的问题；②信息对持续改进质量管理体系、过程、产品所发挥的作用是否与期望值一致，是否在产品实现过程中有效运用数据分析；③收集数据的目的是否明确，收集的数据是否真实和充分，信息渠道是否畅通；④数据分析方法是否合理，是否将风险控制在可接受的范围；⑤数据分析所需资源是否得到保障.

中学数学的数据分析主要包括：收集数据、整理数据、提取信息、构建模型、进行推断、获得结论. 数据分析是大数据时代数学应用的主要方法，其已经深入现代社会生活和科学研究的各个方面. 在数据分析核心素养的形成过程中，学生能够提升数据处理的能力，增强基于数据表达现实问题的意识，养成通过数据思考问题的习惯，积累依托数据探索事物本质、关联和规律的数学活动的基本经验.

第二节　数据分析核心素养的培养

数据分析核心素养的第一个培养方法是：经历数据处理过程，培养数据分析观念. 史宁中教授认为培养学生的数据分析观念的难点在于如何创设恰当的数学活动，来体现数据的获得、分析、处理，进而做出决策的全过程. 因此，在数学概念的教学过程中，教师应注重创设恰当的数学活动，为学生经历数据的获得、分析和处理进而做出猜想、合理决策提供充分的条件和时机，使学生能够在处理数据的过程中感受、理解和领悟数学概念并实现培育数据分析观念的目标.

案例1：有3名男生、4名女生，在下列不同条件下，求不同的排列方法总数.

（1）选5人排成一排.

（2）排成前后两排，前排 3 人，后排 4 人.

（3）全体排成一排，女生必须站在一起.

（4）全体排成一排，男生互不相邻.

（5）（一题多解）全体排成一排，其中甲不站最左边，也不站最右边.

（6）（一题多解）全体排成一排，其中甲不站最左边，乙不站最右边.

解析：

（1）从 7 人中选 5 人排列，有 $A_7^5 = 7 \times 6 \times 5 \times 4 \times 3 = 2520$（种）.

（2）分两步完成，先选 3 人站前排，有 A_7^3 种方法，余下 4 人站后排，有 A_4^4 种方法，共有 $A_7^3 \cdot A_4^4 = 5040$（种）.

（3）（捆绑法）将女生看作一个整体与 3 名男生一起全排列，有 A_4^4 种方法，再将女生全排列，有 A_4^4 种方法，共有 $A_4^4 \cdot A_4^4 = 576$（种）.

（4）（插空法）先排女生，有 A_4^4 种方法，再在女生之间及首尾 5 个空位中任选 3 个空位安排男生，有 A_5^3 种方法，共有 $A_4^4 \cdot A_5^3 = 1440$（种）.

（5）**解法一：**特殊元素优先法.

先排甲，有 5 种方法，其余 6 人有 A_6^6 种排列方法，共有 $5 \times A_6^6 = 3600$（种）.

解法二：特殊位置优先法.

左右两边位置可安排另 6 人中的两人，有 A_6^2 种排法，其他有 A_5^5 种排法，共有 $A_6^2 A_5^5 = 3600$（种）.

（6）**解法一：**特殊元素优先法.

甲在最右边时，其他的可全排，有 A_6^6 种方法；甲不在最右边时，可从余下的 5 个位置任选一个，有 A_5^1 种，而乙可排在除去最右边的位置后剩下的 5 个中任选一个有 A_5^1 种，其余人全排列，只有 A_5^5 种不同排法，共有 $A_6^6 + A_5^1 A_5^1 A_5^5 = 3720$.

解法二：间接法.

7 名学生全排列，只有 A_7^7 种方法，其中甲在最左边时，有 A_6^6 种方法，乙在最右边时，有 A_6^6 种方法，其中都包含了甲在最左边且乙在最右边的情形，有 A_5^5 种方法，故共有 $A_7^7 - 2A_6^6 + A_5^5 = 3720$（种）.

【思维升华】

排列应用问题的分类与解法.

1. 对于有限制条件的排列问题，分析问题时有位置分析法、元素分析法，在实际进行排列时一般采用特殊元素优先原则，即先安排有限制条件的元素或有限制条件的位置，对于分类过多的问题可以采用间接法.

2. 对相邻问题采用捆绑法、不相邻问题采用插空法、定序问题采用倍缩法是解决有限制条件的排列问题的常用方法.

案例 2：某市工商局对 35 种商品进行抽样检查，已知其中有 15 种假货. 现从 35 种商品中选取 3 种.

（1）其中某一种假货必须在内，不同的取法有多少种？

（2）其中某一种假货不能在内，不同的取法有多少种？

（3）恰有 2 种假货在内，不同的取法有多少种？

（4）至少有 2 种假货在内，不同的取法有多少种？

（5）至多有 2 种假货在内，不同的取法有多少种？

解析：

（1）从余下的 34 种商品中，选取 2 种有 $C_{34}^2 = 561$ （种），$\therefore$ 某一种假货必须在内的不同取法有 561 种.

（2）从 34 种可选商品中，选取 3 种，有 C_{34}^3 种或者 $C_{35}^3 - C_{34}^2 = C_{34}^3 = 5984$ （种）.

$\therefore$ 某一种假货不能在内的不同取法有 5984 种.

（3）从 20 种真货中选取 1 件，从 15 种假货中选取 2 件有 $C_{20}^1 C_{15}^2 = 2100$ （种）.

$\therefore$ 恰有 2 种假货在内的不同的取法有 2100 种.

（4）选取 2 种假货有 $C_{20}^1 C_{15}^2$ 种，选取 3 种假货有 C_{15}^3 种，共有选取方式 $C_{20}^1 C_{15}^2 + C_{15}^3 = 2100 + 455 = 2555$ （种）.

$\therefore$ 至少有 2 种假货在内的不同的取法有 2555 种.

（5）选取 3 种的总数为 C_{35}^3，选取 3 种假货有 C_{15}^3 种，因此共有选取方式 $C_{35}^3 - C_{15}^3 = 6545 - 455 = 6090$ （种）.

$\therefore$ 至多有 2 种假货在内的不同的取法有 6090 种.

【思维升华】

组合问题常有以下两类题型变化：

1. "含有"或"不含有"某些元素的组合题型："含"，则先将这些元素取出，再由另外元素补足；"不含"，则先将这些元素剔除，再从剩下的元素中去选取.

2. "至少"或"至多"含有几个元素的组合题型：解这类题必须十分重视

"至少"与"至多"这两个关键词的含义，谨防重复与漏解．用直接法和间接法都可以求解，通常用直接法分类复杂时，考虑逆向思维，用间接法处理．

数据分析核心素养的第二个培养方法是：掌握数据分析技能，积累数据分析经验．喻平教授认为数据分析技能分为三级水平，表现为：

（1）能够掌握基本的数据处理工具．

（2）能够利用常规方法分析现实情境与学科情境中的数据．

（3）能够构建模型分析数据．数据分析技能是培育数据分析观念的基础．

仅有数据分析观念，缺乏数据分析基本技能，就无法获得真实有效的数据，进而无法对数据做出准确的分析和合理的猜想与决策．因而，在数学教学过程中，应该引导学生根据问题的背景选择合适的方法进行数据的整理、描述和分析，有效地从数据中获取信息，构建数学模型，合理猜想公式，最终发现数学规律．

案例3：现有4个人去参加某娱乐活动，该活动有甲、乙两个游戏可供参加者选择．为增加趣味性，约定：每个人通过掷一枚质地均匀的骰子决定自己去参加哪个游戏，掷出点数为1或2的人去参加甲游戏，掷出点数大于2的人去参加乙游戏．

（1）求这4个人中恰有2人去参加甲游戏的概率；

（2）求这4个人中去参加甲游戏的人数大于去参加乙游戏的人数的概率；

（3）用 X，Y 分别表示这4个人中去参加甲、乙游戏的人数，记 $\xi = |X - Y|$，求随机变量 ξ 的分布列．

解析：

依题意，这4个人中，每个人去参加甲游戏的概率为 $\dfrac{1}{3}$，去参加乙游戏的概率为 $\dfrac{2}{3}$．

设"这4个人中恰有 i 人去参加甲游戏"为事件 A_i（$i = 0$，1，2，3，4）．则 $P(A_i) = C_4^i \left(\dfrac{1}{3}\right)^i \left(\dfrac{2}{3}\right)^{4-i}$．

（1）这4个人中恰有2人去参加甲游戏的概率 $P(A_2) = C_4^2 \left(\dfrac{1}{3}\right)^2 \left(\dfrac{2}{3}\right)^2 = \dfrac{8}{27}$．

（2）设"这4个人中去参加甲游戏的人数大于去参加乙游戏的人数"为事

件 B，则 $B = A_3 + A_4$，且 A_3 与 A_4 互斥，

$$\therefore P(B) = P(A_3 + A_4) = P(A_3) + P(A_4) = C_4^3 \left(\frac{1}{3}\right)^3 \times \frac{2}{3} + C_4^4 \left(\frac{1}{3}\right)^4$$

$$= \frac{1}{9}.$$

（3）依题设，ξ 的所有可能取值为 0，2，4，且 A_1 与 A_3 互斥，A_0 与 A_4 互斥. 则 $P(\xi = 0) = P(A_2) = \frac{8}{27}$，

$$P(\xi = 2) = P(A_1 + A_3) = P(A_1) + P(A_3)$$

$$= C_4^1 \left(\frac{1}{3}\right)^1 \cdot \left(\frac{2}{3}\right)^3 + C_4^3 \left(\frac{1}{3}\right)^3 \times \frac{2}{3} = \frac{40}{81},$$

$$P(\xi = 4) = P(A_0 + A_4) = P(A_0) + P(A_4) = C_4^0 \left(\frac{2}{3}\right)^4 + C_4^4 \left(\frac{1}{3}\right)^4 = \frac{17}{81}.$$

所以 ξ 的分布列是

表 8 – 2 – 1

ξ	0	2	4
P	$\frac{8}{27}$	$\frac{40}{81}$	$\frac{17}{81}$

【思维升华】

（1）本题 4 个人中参加甲游戏的人数服从二项分布，由独立重复试验，4 人中恰有 i 人参加甲游戏的概率 $P = C_4^i \left(\frac{1}{3}\right)^i \left(\frac{2}{3}\right)^{4-i}$，这是本题求解的关键.

（2）解题中常见的错误是不能分清事件间的关系，选错概率模型，特别是在第（3）问中，不能把 $\xi = 0$，2，4 的事件转化为相应的互斥事件 A_i 的概率和.

案例 4：（2019·顺德一模）某市市民用水拟实行阶梯水价，每人月用水量不超过 w 立方米的部分按 4 元/立方米收费，超出 w 立方米的部分按 10 元/立方米收费，从该市随机调查了 100 位市民，获得了他们某月的用水量数据，整理得到如下频率分布直方图，并且前四组频数成等差数列.

（1）求 a，b，c 的值及居民月用水量在 2～2.5 内的频数；

（2）根据此次调查，为使 80% 以上居民月用水价格为 4 元/立方米，应将 w 定为多少？（精确到小数点后 2 位）

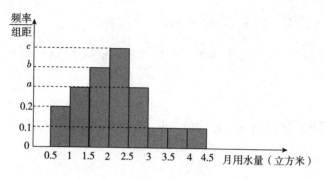

图 8 – 2 – 1

（3）若将频率视为概率，现从该市随机调查 3 名居民的月用水量，将月用水量不超过 2.5 立方米的人数记为 X，求其分布列及均值.

解析：

（1）∵ 前四组频数成等差数列，∴ 所对应的 $\dfrac{频率}{组距}$ 也成等差数列，

设 $a = 0.2 + d$，$b = 0.2 + 2d$，$c = 0.2 + 3d$，

∴ $0.5\left[0.2 + (0.2 + d) \times 2 + 0.2 + 2d + 0.2 + 3d + 0.1 \times 3\right] = 1$，

解得 $d = 0.1$，∴ $a = 0.3$，$b = 0.4$，$c = 0.5$.

居民月用水量在 $2 \sim 2.5$ 内的频率为 $0.5 \times 0.5 = 0.25$.

居民月用水量在 $2 \sim 2.5$ 内的频数为 $0.25 \times 100 = 25$.

（2）由题图及（1）可知，居民月用水量小于 2.5 的频率为 $0.7 < 0.8$，

∴ 为使 80% 以上居民月用水价格为 4 元/立方米，应规定 $w = 2.5 + \dfrac{0.8 - 0.7}{0.3} \approx 2.83$.

（3）将频率视为概率，设 A（单位：立方米）代表居民月用水量，可知 $P(A \leqslant 2.5) = 0.7$，

由题意，$X \sim B(3, 0.7)$，$P(X = 0) = C_3^0 \times 0.3^3 = 0.027$，$P(X = 1) = C_3^1 \times 0.3^2 \times 0.7 = 0.189$，

$P(X = 2) = C_3^2 \times 0.3 \times 0.7^2 = 0.441$，$P(X = 3) = C_3^3 \times 0.7^3 = 0.343$，

∴ X 的分布列为

表 8 – 2 – 2

X	0	1	2	3
P	0.027	0.189	0.441	0.343

$\because X \sim B$ $(3, 0.7)$, $\therefore E$ (X) $= np = 2.1$.

【思维升华】

二项分布的均值与方差:

1. 如果 $\xi \sim B$ (n, p),则用公式 E (ξ) $= np$;D (ξ) $= np$ $(1-p)$ 求解,可大大减少计算量.

2. 有些随机变量虽不服从二项分布,但与之具有线性关系的另一随机变量服从二项分布,这时,可以综合应用 E $(a\xi + b)$ $= aE$ (ξ) $+ b$ 以及 E (ξ) $= np$ 求出 E $(a\xi + b)$,同样还可求出 D $(a\xi + b)$.

数据分析核心素养的第三个培养方法是:探究知识内在联系,建立良好知识结构. 人的一生之中,将要学习大量的知识,如果这些知识杂乱无章的储存在人的头脑中,既不利于新知识的学习,也不利于已学知识的提取,更谈不上知识的灵活应用,构建数学知识网络的过程是数学理解的过程;构建完善的数学知识网络有利于解题能力的提高;构建完善的数学知识网络,有利于知识的迁移. 心理学研究还发现,优等生和差生的知识组织是不一样的:差生头脑中的知识是零散的和孤立的,呈现水平排列方式、列举方式,而优等生头脑中的知识是有组织和系统的,知识点按层次排列,并且知识点之间有内在联系,呈现出一个层次网络系统. 由此可见,如果知识在头脑中无条理地堆积的话,那么堆积的知识越多,越不利于问题的解决,就像是进入图书馆借书一样,当书按一定顺序整齐地排列着,那么书会很容易找到;但书如果无顺序、杂乱无章地堆放着,我们就很难找到需要的书. 因此,在数学教学时,不仅要让学生掌握数学知识,而且还应当让知识在学生的头脑中组织得好,有一定的结构性,即要使学生头脑中的数学知识网络化. 由于学生对于知识的把控能力还不足,教师就要去帮助学生建立适当的知识网络,引导学生把知识"点"连成"线"和"面",也即注重知识间的内在联系,构建知识网络. 把各个零散的知识点联系起来,是数学的特色,是学好数学的保障.

案例 5:构建线线、线面、面面之间相互转化的知识网络,如图 8 - 2 - 2 所示:

图 8 - 2 - 2

1. $a//b$, $a\nsubseteq\alpha$, $b\subset\alpha\Rightarrow a//\alpha$.

2. $a//\alpha$, $a\subset\beta$, $\alpha\cap\beta=l\Rightarrow a//l$.

3. $a//\alpha$, $b//\alpha$, $a\cap b=0$, $a\subset\beta$, $b\subset\beta\Rightarrow\alpha//\beta$.

4. $\alpha//\beta$, $\forall a\subset\alpha\Rightarrow a//\beta$.

5. $\alpha//\beta$, $\alpha\cap\gamma=a$, $\beta\cap\gamma=b\Rightarrow a//b$.

6. $a//l$, $b//m$, $a\cap b=\Phi$, $a\subset\beta$, $b\subset\beta$, $l\cap\alpha$, $m\subset\alpha\Rightarrow\alpha//\beta$.

7. $l\perp a$, $l\perp b$, a, $b\subset\alpha$, $a\cap b=P\Rightarrow l\perp\alpha$.

8. $l\perp\alpha$, $\forall a\subset\alpha\Rightarrow l\perp\alpha$.

9. $l\perp\alpha$, $l\subset\beta\Rightarrow\alpha\perp\beta$.

10. $\alpha\perp\beta$, $\alpha\cap\beta=l$, $a\subset\alpha$, $a\perp l\Rightarrow a\perp\beta$.

案例6：构建垂直与平行之间的相互转化关系，如图 8 - 2 - 3：

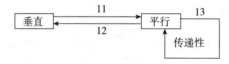

图 8 - 2 - 3

11. $l\perp\alpha$, $m\perp\alpha\Rightarrow l//m$;　　　$l\perp\alpha$, $l\perp\beta\Rightarrow\alpha//\beta$.

12. $a//b$, $a\perp l\Rightarrow b\perp l$;　　　$\alpha//\beta$, $l\perp\alpha\Rightarrow l\perp\beta$.

13. $a//b$, $b//c\Rightarrow a//c$;　　　$\alpha//\beta$, $\beta//\gamma\Rightarrow\alpha//\gamma$.

第三节　题源教学法在数据分析能力培养中的应用

一、数据分析在函数问题中的应用

题源1：（1）加工爆米花时，爆开且不糊的粒数占加工总粒数的百分比称为"可食用率"．在特定条件下，可食用率 p 与加工时间 t（单位：分钟）满足函数关系 $p=at^2+bt+c$（a，b，c 是常数），如图记录了三次实验的数据．根据上述函数模型和实验数据，可以得到最佳加工时间为_____分钟．

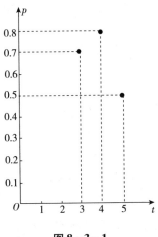

图 8 – 3 – 1

解析:

根据图表, 把 (t, p) 的三组数据 $(3, 0.7)$, $(4, 0.8)$, $(5, 0.5)$ 分别代入函数关系式,

联立方程组得 $\begin{cases} 0.7 = 9a + 3b + c, \\ 0.8 = 16a + 4b + c, \\ 0.5 = 25a + 5b + c, \end{cases}$

消去 c 化简得 $\begin{cases} 7a + b = 0.1, \\ 9a + b = -0.3, \end{cases}$ 解得 $\begin{cases} a = -0.2, \\ b = 1.5, \\ c = -2. \end{cases}$

所以 $p = -0.2t^2 + 1.5t - 2 = -\dfrac{1}{5}\left(t^2 - \dfrac{15}{2}t + \dfrac{225}{16}\right) + \dfrac{45}{16} - 2 = -\dfrac{1}{5}\left(t - \dfrac{15}{4}\right)^2 +$

$\dfrac{13}{16}$, 所以当 $t = \dfrac{15}{4} = 3.75$ 时, p 取得最大值, 即最佳加工时间为 3.75 分钟.

(2) 某商场从生产厂家以每件 20 元的价格购进一批商品, 若该商品零售价定为 p 元, 销售量为 Q 件, 则销售量 Q (单位: 件) 与零售价 p (单位: 元) 有如下关系: $Q = 8300 - 170p - p^2$, 则最大毛利润为 (毛利润 = 销售收入 – 进货支出) (　　)

A. 30 元　　　　　B. 60 元　　　　　C. 28000 元　　　　　D. 23000 元

答案: D

解析:

设毛利润为 $L(p)$ 元, 则由题意知

L（p）$= pQ - 20Q = Q$（$p - 20$）$=$（$8300 - 170p - p^2$）（$p - 20$）$= -p^3 - 150p^2 + 11700p - 166000$，

所以 L'（p）$= -3p^2 - 300p + 11700$．令 L'（p）$= 0$，解得 $p = 30$ 或 $p = -130$（舍去）．

当 $p \in$（$0，30$）时，L'（p）> 0，当 $p \in$（$30，+\infty$）时，L'（p）< 0，故 L（p）在 $p = 30$ 时取得极大值，即最大值，且最大值为 L（30）$= 23000$．

【思维升华】

利用所给函数模型解决实际问题的注意点：

1. 认清所给函数模型，弄清哪些量为待定系数．

2. 根据已知利用待定系数法，确定模型中的待定系数．

3. 利用该模型求解实际问题．

变式：（1）拟定甲、乙两地通话 m 分钟的电话费（单位：元）由 f（m）$= 1.06$（0.5 [m] $+ 1$）给出，其中 $m > 0$，[m] 是不超过 m 的最大整数（如 [3] $= 3$，[3.7] $= 3$，[3.1] $= 3$），则甲、乙两地通话 6.5 分钟的电话费为_____元．

解析：

$\because m = 6.5$，$\therefore$ [m] $= 6$，则 f（6.5）$= 1.06 \times$（$0.5 \times 6 + 1$）$= 4.24$．

（2）某工厂生产某种产品固定成本为 2000 万元，并且每生产一单位产品，成本增加 10 万元．又知总收入 K 是单位产品数 Q 的函数，K（Q）$= 40Q - \dfrac{1}{20}Q^2$，则总利润 L（Q）的最大值是_____万元．

解析：

L（Q）$= 40Q - \dfrac{1}{20}Q^2 - 10Q - 2000 = -\dfrac{1}{20}Q^2 + 30Q - 2000 = -\dfrac{1}{20}$（$Q - 300$）$^2 + 2500$．

则当 $Q = 300$ 时，L（Q）的最大值为 2500 万元．

题源 2：已知某公司生产某款手机的年固定成本为 40 万美元，每生产 1 万只还需另投入 16 万美元．设该公司一年内共生产该款手机 x 万只并全部销售完，每万只的销售收入为 R（x）万美元，且 R（x）$= \begin{cases} 400 - 6x, & 0 < x \leqslant 40, \\ \dfrac{7400}{x} - \dfrac{40000}{x^2}, & x > 40. \end{cases}$

（1）写出年利润 W（万美元）关于年产量 x（万只）的函数解析式；

（2）当年产量为多少万只时，该公司在该款手机的生产中所获得的年利润最大？并求出最大年利润.

解析：

（1）当 $0 < x \leqslant 40$ 时，$W = xR(x) - (16x + 40) = -6x^2 + 384x - 40$，

当 $x > 40$ 时，$W = xR(x) - (16x + 40) = -\dfrac{40000}{x} - 16x + 7360$.

所以 $W = \begin{cases} -6x^2 + 384x - 40, & 0 < x \leqslant 40, \\ -\dfrac{40000}{x} - 16x + 7360, & x > 40. \end{cases}$

（2）①当 $0 < x \leqslant 40$ 时，$W = -6(x - 32)^2 + 6104$，所以 $W_{max} = W(32) = 6104$；

②当 $x > 40$ 时，$W = -\dfrac{40000}{x} - 16x + 7360$，由于 $\dfrac{40000}{x} + 16x \geqslant 2\sqrt{\dfrac{40000}{x} \times 16x} = 1600$，

当且仅当 $\dfrac{40000}{x} = 16x$，即 $x = 50 \in (40, +\infty)$ 时取等号，所以 W 取最大值 5760.

综合①②，当年产量为 32 万只时，W 取最大值 6104 万美元.

【思维升华】

构建数学模型解决实际问题，要认真审题，理顺前提条件和结论，理顺数量关系，将文字语言转化成数学语言，建立适当的函数模型，同时要注意实际问题对变量的限制.

题源 3：（1）某化工厂生产一种溶液，按市场要求杂质含量不超过 0.1%，若初时含杂质 2%，每过滤一次可使杂质含量减少 $\dfrac{1}{3}$，至少应过滤 _____ 次才能达到市场要求.（参考数据：$\lg 2 \approx 0.3010$，$\lg 3 \approx 0.4771$）

解析：

设至少过滤 n 次才能达到市场要求，

则 $2\%\left(1 - \dfrac{1}{3}\right)^n \leqslant 0.1\%$，即 $\left(\dfrac{2}{3}\right)^n \leqslant \dfrac{1}{20}$，所以 $n\lg\dfrac{2}{3} \leqslant -1 - \lg 2$，所以 $n \geqslant 7.39$，所以 $n = 8$.

（2）大学毕业生小赵想开一家服装专卖店，经过预算，该门面需要装修费

为 20000 元，每天需要房租、水电等费用 100 元，受经营信誉度、销售季节等因素的影响，专卖店销售总收益 R（元）与门面经营天数 x 的关系是 $R(x) =$

$$\begin{cases} 400x - \dfrac{1}{2}x^2, & 0 \leqslant x \leqslant 400, \\ 80000, & x > 400, \end{cases}$$ 则当总利润最大时，该门面经营的天数是_____.

解析：

由题意，总利润 $y = \begin{cases} 400x - \dfrac{1}{2}x^2 - 100x - 20000, & 0 \leqslant x \leqslant 400, \\ 60000 - 100x, & x > 400, \end{cases}$

当 $0 \leqslant x \leqslant 400$ 时，$y = -\dfrac{1}{2}(x - 300)^2 + 25000$，所以当 $x = 300$ 时，y_{max} $= 25000$；

当 $x > 400$ 时，$y = 60000 - 100x < 20000$.

综上，当门面经营的天数为 300 时，总利润最大为 25000 元.

二、数据分析在概率问题中的应用

题源 1：（1）如图 8 - 3 - 2 所示，矩形长为 6，宽为 4，在矩形内随机地撒 300 颗黄豆，数得落在椭圆外的黄豆为 96 颗，以此试验数据为依据，估计椭圆的面积为（   ）

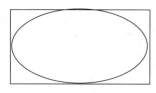

图 8 - 3 - 2

A. 7. 68   B. 8. 68   C. 16. 32   D. 17. 32

解析：

由随机模拟的思想方法，可得黄豆落在椭圆内的概率为 $\dfrac{300 - 96}{300} = 0.68$. 由几何概型的概率计算公式，可得 $\dfrac{S_{椭圆}}{S_{矩形}} = 0.68$，而 $S_{矩形} = 6 \times 4 = 24$，则 $S_{椭圆} = 0.68 \times 24 = 16.32$.

（2）若采用随机模拟的方法估计某运动员射击击中目标的概率. 先由计算器给出 0 到 9 之间取整数的随机数，指定 0，1，2，3 表示没有击中目标，4，

5，6，7，8，9 表示击中目标，以 4 个随机数为一组，代表射击 4 次的结果，经随机模拟产生了 20 组如下的随机数：

7527　0293　7140　9857　0347　4373　8636　6947　1417　4698

0371　6233　2616　8045　6011　3661　9597　7424　7610　4281

根据以上数据估计该运动员射击 4 次至少击中 3 次的概率为_____．

解析：

根据数据得，该运动员射击 4 次至少击中 3 次的数据分别为 7527　9857　8636　6947　4698　8045　9597　7424，共 8 个，所以该运动员射击 4 次至少击中 3 次的概率为 $\frac{8}{20}=0.4$．

【思维升华】

求解与面积有关的几何概型的注意点：求解与面积有关的几何概型时，关键是弄清某事件对应的面积，必要时可根据题意构造两个变量，把变量看成点的坐标，找到全部试验结果构成的平面图形，以便求解．

变式 1：（1）（2016·全国Ⅱ）从区间 $[0，1]$ 内随机抽取 $2n$ 个数 x_1，x_2，$\cdots$，x_n，y_1，y_2，$\cdots$，y_n，构成 n 个数对 $(x_1，y_1)$，$(x_2，y_2)$，$\cdots$，$(x_n，y_n)$，其中两数的平方和小于 1 的数对共有 m 个，则用随机模拟的方法得到的圆周率 π 的近似值为（　　）

A. $\dfrac{4n}{m}$ 　　　　B. $\dfrac{2n}{m}$ 　　　　C. $\dfrac{4m}{n}$ 　　　　D. $\dfrac{2m}{n}$

解析：

由题意得 $(x_i，y_i)$（$i=1$，2，$\cdots$，n）在如图 8－3－3 所示方格中，而平方和小于 1 的点均在如图所示的阴影中，由几何概型概率计算公式知

$\dfrac{\dfrac{\pi}{4}}{1}=\dfrac{m}{n}$，

$\therefore \pi=\dfrac{4m}{n}$，故选 C．

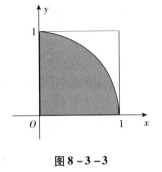

图 8－3－3

（2）如图 8－3－4 所示，在边长为 e（e 为自然对数的底数）的正方形中随机撒一粒黄豆，则它落到阴影部分的概率为_____．

解析：

由题意知，所给图中两阴影部分面积相等，故阴影部分面积为 $S = 2\int_0^1 (e - e^x)\, dx = 2\ (ex - e^x)\ |_0^1 = 2$ $[e - e - (0 - 1)] = 2$. 又该正方形的面积为 e^2,

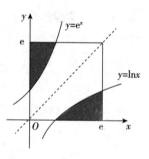

图 8 - 3 - 4

故由几何概型的概率公式可得所求概率为 $\dfrac{2}{e^2}$.

题源 2： 设某人有 5 发子弹，当他向某一目标射击时，每发子弹命中目标的概率为 $\dfrac{2}{3}$. 若他连续两发命中或连续两发不中，则停止射击，否则将子弹打完.

（1）求他前两发子弹只命中一发的概率.

（2）求他所耗用的子弹数 X 的分布列.

解析：

记"第 k 发子弹命中目标"为事件 A_k，则 A_1，A_2，A_3，A_4，A_5 相互独立，且 $P\ (A_k) = \dfrac{2}{3}$，$P\ (\overline{A}_k) = \dfrac{1}{3}$，$k = 1$，2，3，4，5.

（1）方法一：他前两发子弹只命中一发的概率为

$P\ (A_1\overline{A}_2)\ + P\ (\overline{A}_1 A_2)\ = P\ (A_1)\ P\ (\overline{A}_2)\ + P\ (\overline{A}_1)\ P\ (A_2)\ = \dfrac{2}{3} \times \dfrac{1}{3} + \dfrac{1}{3} \times \dfrac{2}{3} = \dfrac{4}{9}$.

方法二：由独立重复试验的概率计算公式知，

他前两发子弹只命中一发的概率为 $P = C_2^1 \times \dfrac{2}{3} \times \dfrac{1}{3} = \dfrac{4}{9}$.

（2）X 的所有可能值为 2，3，4，5.

$P\ (X = 2)\ = P\ (A_1 A_2)\ + P\ (\overline{A}_1\ \overline{A}_2)\ = \dfrac{2}{3} \times \dfrac{2}{3} + \dfrac{1}{3} \times \dfrac{1}{3} = \dfrac{5}{9}$,

$P\ (X = 3)\ = P\ (A_1\overline{A}_2\overline{A}_3)\ + P\ (\overline{A}_1 A_2 A_3)\ = \dfrac{2}{3} \times \left(\dfrac{1}{3}\right)^2 + \dfrac{1}{3} \times \left(\dfrac{2}{3}\right)^2 = \dfrac{2}{9}$,

$P\ (X = 4)\ = P\ (A_1\overline{A}_2 A_3 A_4)\ + P\ (\overline{A}_1 A_2 \overline{A}_3\ \overline{A}_4)\ = \left(\dfrac{2}{3}\right)^3 \times \dfrac{1}{3} + \left(\dfrac{1}{3}\right)^3 \times \dfrac{2}{3} = \dfrac{10}{81}$,

$P\ (X = 5)\ = P\ (A_1\overline{A}_2 A_3\overline{A}_4)\ + P\ (\overline{A}_1 A_2\overline{A}_3 A_4)\ = \left(\dfrac{2}{3}\right)^2 \times \left(\dfrac{1}{3}\right)^2 + \left(\dfrac{1}{3}\right)^2 \times$

$\left(\dfrac{2}{3}\right)^2 = \dfrac{8}{81}$.

故 X 的分布列为

表 8 - 3 - 1

X	2	3	4	5
P	$\frac{5}{9}$	$\frac{2}{9}$	$\frac{10}{81}$	$\frac{8}{81}$

【思维升华】

求离散型随机变量 X 的分布列的步骤：

1. 理解 X 的意义，写出 X 可能取的全部值.

2. 求 X 取每个值的概率.

3. 写出 X 的分布列. 求离散型随机变量的分布列的关键是求随机变量所取值对应的概率，在求解时，要注意应用计数原理、古典概型等知识.

变式 2：已知 2 件次品和 3 件正品混放在一起，现需要通过检测将其区分，每次随机检测一件产品，检测后不放回，直到检测出 2 件次品或者检测出 3 件正品时检测结束.

（1）求第一次检测出的是次品且第二次检测出的是正品的概率.

（2）已知每检测一件产品需要费用 100 元，设 X 表示直到检测出 2 件次品或者检测出 3 件正品时所需要的检测费用（单位：元），求 X 的分布列.

解析：

（1）记"第一次检测出的是次品且第二次检测出的是正品"为事件 A，

则 $P(A) = \dfrac{A_2^1 A_3^1}{A_5^2} = \dfrac{3}{10}$.

（2）X 的可能取值为 200，300，400.

$P(X=200) = \dfrac{A_2^2}{A_5^2} = \dfrac{1}{10}$，$P(X=300) = \dfrac{A_3^3 + C_2^1 C_3^1 A_2^2}{A_5^3} = \dfrac{3}{10}$，

$P(X=400) = 1 - P(X=200) - P(X=300) = 1 - \dfrac{1}{10} - \dfrac{3}{10} = \dfrac{3}{5}$.

故 X 的分布列为：

表 8 - 3 - 2

X	200	300	400
P	$\frac{1}{10}$	$\frac{3}{10}$	$\frac{3}{5}$

三、数据分析在统计问题中的应用

题源 1： 某公司为确定下一年度投入某种产品的宣传费，需了解年宣传费 x（单位：千元）对年销售量 y（单位：t）和年利润 z（单位：千元）的影响，对近 8 年的年宣传费 x_i 和年销售量 y_i（$i = 1$，2，$\cdots$，8）数据作了初步处理，得到下面的散点图及一些统计量的值.

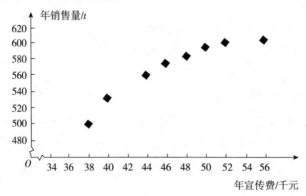

图 8 − 3 − 5

表 8 − 3 − 3

$\overline{x}$	$\overline{y}$	$\overline{w}$	$\displaystyle\sum_{i=1}^{8}(x_i-\overline{x})^2$	$\displaystyle\sum_{i=1}^{8}(w_i-\overline{w})^2$	$\displaystyle\sum_{i=1}^{8}(x_i-\overline{x})\cdot(y_i-\overline{y})$	$\displaystyle\sum_{i=1}^{8}(w_i-\overline{w})\cdot(y_i-\overline{y})$
46.6	563	6.8	289.8	1.6	1469	108.8

表中 $w_i = \sqrt{x_i}$，$\overline{w} = \dfrac{1}{8}\displaystyle\sum_{i=1}^{8}\omega_i$.

（1）根据散点图判断，$y = a + bx$ 与 $y = c + d\sqrt{x}$ 哪一个适宜作为年销售量 y 关于年宣传费 x 的回归方程类型？（给出判断即可，不必说明理由）

（2）根据（1）的判断结果及表中数据，建立 y 关于 x 的回归方程；

（3）已知这种产品的年利润 z 与 x，y 的关系为 $z = 0.2y - x$. 根据（2）的结果回答下列问题：

① 年宣传费 $x = 49$ 时，年销售量及年利润的预报值是多少？

② 年宣传费 x 为何值时，年利润的预报值最大？

附：对于一组数据 (u_1, v_1)，(u_2, v_2)，$\cdots$，(u_n, v_n)，其回归直线 $\hat{v} = \hat{\alpha} +$

$\hat{\beta}u$ 的斜率和截距的最小二乘估计分别为 $\hat{\beta} = \dfrac{\sum\limits_{i=1}^{n}(v_i - \bar{v})(u_i - \bar{u})}{\sum\limits_{i=1}^{n}(u_i - \bar{u})^2}$, $\hat{\alpha} = \hat{v} - \hat{\beta}\hat{u}$.

解析：

（1）由散点图可以判断，$y = c + d\sqrt{x}$ 适宜作为年销售量 y 关于年宣传费 x 的回归方程类型.

（2）令 $w = \sqrt{x}$ ，先建立 y 关于 w 的线性回归方程，由于 $\hat{d} = \dfrac{\sum\limits_{i=1}^{8}(w_i - \bar{w})(y_i - \bar{y})}{\sum\limits_{i=1}^{8}(w_i - \bar{w})^2} = \dfrac{108.8}{1.6} = 68$,

$\hat{c} = \bar{y} - \hat{d}\bar{w} = 563 - 68 \times 6.8 = 100.6$,

所以 y 关于 w 的线性回归方程为 $\hat{y} = 100.6 + 68w$,

因此 y 关于 x 的回归方程为 $\hat{y} = 100.6 + 68\sqrt{x}$.

（3）①由（2）知，当 $x = 49$ 时，年销售量 y 的预报值

$\hat{y} = 100.6 + 68\sqrt{49} = 576.6$,

年利润 z 的预报值 $\hat{z} = 576.6 \times 0.2 - 49 = 66.32$.

②根据（2）的结果知，年利润 z 的预报值

$\hat{z} = 0.2(100.6 + 68\sqrt{x}) - x = -x + 13.6\sqrt{x} + 20.12$.

所以当 $\sqrt{x} = \dfrac{13.6}{2} = 6.8$ ，即 $x = 46.24$ 时，$\hat{z}$ 取得最大值.

故年宣传费为 46.24 千元时，年利润的预报值最大.

【思维升华】

回归分析问题的类型及解题方法：

1. 求回归方程.

（1）根据散点图判断两变量是否线性相关，如不是，应通过换元构造线性相关.

（2）利用公式，求出回归系数 $\hat{b}$.

（3）待定系数法：利用回归直线过样本点的中心求系数 $\hat{a}$.

2. 利用回归方程进行预测，把线性回归方程看作一次函数，求函数值.

3. 利用回归直线判断正、负相关；决定正相关还是负相关的是系数 $\hat{b}$.

4. 回归方程的拟合效果，可以利用相关系数判断，当 $|r|$ 越趋近于 1 时，两变量的线性相关性越强.

变式 1：（2018·全国Ⅱ）图 8-3-6 是某地区 2000 年至 2016 年环境基础设施投资额 y（单位：亿元）的折线图.

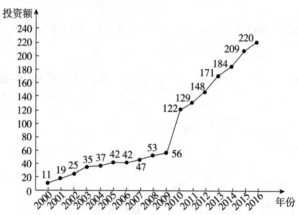

图 8-3-6

为了预测该地区 2018 年的环境基础设施投资额，建立了 y 与时间变量 t 的两个线性回归模型. 根据 2000 年至 2016 年的数据（时间变量 t 的值依次为 1，2，⋯，17）建立模型①：$\hat{y} = -30.4 + 13.5t$；根据 2010 年至 2016 年的数据（时间变量 t 的值依次为 1，2，⋯，7）建立模型②：$\hat{y} = 99 + 17.5t$.

（1）分别利用这两个模型，求该地区 2018 年的环境基础设施投资额的预测值；

（2）你认为用哪个模型得到的预测值更可靠？并说明理由.

解析：

（1）利用模型①，可得该地区 2018 年的环境基础设施投资额的预测值为 $\hat{y} = -30.4 + 13.5 \times 19 = 226.1$（亿元）.

利用模型②，可得该地区 2018 年的环境基础设施投资额的预测值为 $\hat{y} = 99 + 17.5 \times 9 = 256.5$（亿元）.

（2）利用模型②得到的预测值更可靠.

理由如下：

（ⅰ）从折线图可以看出，2000 年至 2016 年的数据对应的点没有随机散布在直线 $y = -30.4 + 13.5t$ 上下，这说明利用 2000 年至 2016 年的数据建立的线性模型①不能很好地描述环境基础设施投资额的变化趋势. 2010 年相对 2009 年的环境基础设施投资额有明显增加，2010 年至 2016 年的数据对应的点位于一条直线的附近，这说明从 2010 年开始环境基础设施投资额的变化规律呈线性增长趋势，利用 2010 年至 2016 年的数据建立的线性模型 $\hat{y} = 99 + 17.5t$ 可以较好地描述 2010 年以后的环境基础设施投资额的变化趋势，因此利用模型②得到的预测值更可靠.

（ⅱ）从计算结果看，相对于 2016 年的环境基础设施投资额 220 亿元，由模型①得到的预测值 226.1 亿元的增幅明显偏低，而利用模型②得到的预测值的增幅比较合理，说明利用模型②得到的预测值更可靠.

题源 2：（2017·全国Ⅱ）海水养殖场进行某水产品的新、旧网箱养殖方法的产量对比，收获时各随机抽取了 100 个网箱，测量各箱水产品的产量（单位：kg），其频率分布直方图如下：

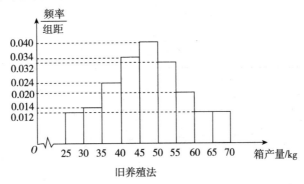

图 8 - 3 - 7

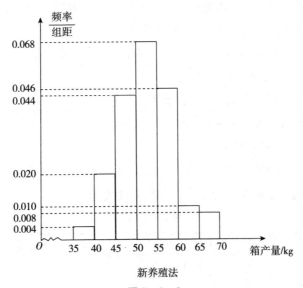

图 8 - 3 - 8

（1）设两种养殖方法的箱产量相互独立，记 A 表示事件"旧养殖法的箱产量低于 50kg，新养殖法的箱产量不低于 50kg"，估计 A 的概率；

（2）填写下面列联表，并根据列联表判断是否有 99% 的把握认为箱产量与养殖方法有关：

表 8 - 3 - 4

	箱产量 <50kg	箱产量 ≥50kg
旧养殖法		
新养殖法		

（3）根据箱产量的频率分布直方图，求新养殖法箱产量的中位数的估计值（精确到 0.01）．

附：

表 8 - 3 - 5

$P(K^2 \geqslant k_0)$	0.050	0.010	0.001
k_0	3.841	6.635	10.828

$$K^2 = \frac{n(ad-bc)^2}{(a+b)(c+d)(a+c)(b+d)}.$$

解析：

（1）记 B 表示事件"旧养殖法的箱产量低于 50kg"，C 表示事件"新养殖法的箱产量不低于 50kg"．由题意知，$P(A) = P(BC) = P(B)P(C)$．

旧养殖法的箱产量低于 50kg 的频率为

$(0.012 + 0.014 + 0.024 + 0.034 + 0.040) \times 5 = 0.62$，

故 $P(B)$ 的估计值为 0.62.

新养殖法的箱产量不低于 50kg 的频率为

$(0.068 + 0.046 + 0.010 + 0.008) \times 5 = 0.66$，

故 $P(C)$ 的估计值为 0.66.

因此，事件 A 的概率估计值为 $0.62 \times 0.66 = 0.4092$.

（2）根据箱产量的频率分布直方图得列联表如下：

表 8 - 3 - 6

	箱产量 <50kg	箱产量 ≥50kg
旧养殖法	62	38
新养殖法	34	66

$$K^2 = \frac{200 \times (62 \times 66 - 34 \times 38)^2}{100 \times 100 \times 96 \times 104} \approx 15.705.$$

由于 $15.705 > 6.635$，故有 99% 的把握认为箱产量与养殖方法有关.

（3）因为新养殖法的箱产量频率分布直方图中，箱产量低于 50kg 的直方图面积为 $(0.004 + 0.020 + 0.044) \times 5 = 0.34 < 0.5$，

箱产量低于 55kg 的直方图面积为 $(0.004 + 0.020 + 0.044 + 0.068) \times 5 = 0.68 > 0.5$，

故新养殖法箱产量的中位数的估计值为 $50 + \dfrac{0.5 - 0.34}{0.068} \approx 52.35$（kg）.

【思维升华】

1. 比较几个分类变量有关联的可能性大小的方法：

（1）通过计算 K^2 的大小判断：K^2 越大，两变量有关联的可能性越大.

（2）通过计算 $|ad - bc|$ 的大小判断：$|ad - bc|$ 越大，两变量有关联的可能性越大.

2. 独立性检验的一般步骤：

（1）根据样本数据制成 2×2 列联表.

（2）根据公式 $K^2 = \dfrac{n(ad - bc)^2}{(a+b)(a+c)(b+d)(c+d)}$ 计算 K^2 的观测值 k.

（3）比较 k 与临界值的大小关系，做统计推断.

变式 2：某企业生产的某种产品被检测出其中一项质量指标存在问题. 该企业为了检查生产该产品的甲、乙两条流水线的生产情况，随机地从这两条流水线上生产的大量产品中各抽取 50 件产品作为样本，测出它们的这一项质量指标值. 若该项质量指标值落在（195，210］内，则为合格品，否则为不合格品. 甲流水线样本的频数分布表和乙流水线样本的频率分布直方图如下：

表 8 - 3 - 7　甲流水线样本的频数分布表

质量指标值	频数
（190，195］	9
（195，200］	10
（200，205］	17
（205，210］	8
（210，215］	6

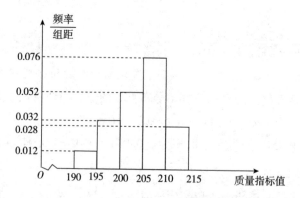

图 8 – 3 – 9　乙流水线样本频率分布直方图

（1）根据乙流水线样本频率分布直方图，估计乙流水线生产产品的该项质量指标值的中位数.

（2）若将频率视为概率，某个月内甲、乙两条流水线均生产了 5000 件产品，则甲，乙两条流水线分别生产出不合格品约多少件？

（3）根据已知条件完成下面 2×2 列联表，并回答是否有 85% 的把握认为"该企业生产的这种产品的该项质量指标值与甲、乙两条流水线的选择有关"？

表 8 – 3 – 8

	甲生产线	乙生产线	总计
合格品			
不合格品			
总计			

附：

表 8 – 3 – 9

$P(K^2 \geq k_0)$	0.15	0.10	0.05	0.025	0.010	0.005	0.001
k_0	2.072	2.706	3.841	5.024	6.635	7.879	10.828

$$K^2 = \frac{n(ad - bc)^2}{(a+b)(c+d)(a+c)(b+d)}$$（其中 $n = a + b + c + d$）.

解析：

（1）设乙流水线生产产品的该项质量指标值的中位数为 x，

因为 $(0.012 + 0.032 + 0.052) \times 5 = 0.48 < 0.5 < (0.012 + 0.032 + 0.052 + 0.076) \times 5 = 0.86$，

则（0.012 + 0.032 + 0.052）× 5 + 0.076 ×（x – 205）= 0.5，解得 $x = \dfrac{3900}{19}$.

（2）由甲、乙两条流水线各抽取的 50 件产品可得，甲流水线生产的不合格品有 15 件，

则甲流水线生产的产品为不合格品的概率为 $P_甲 = \dfrac{15}{50} = \dfrac{3}{10}$.

乙流水线生产的产品为不合格品的概率为 $P_乙 =$（0.012 + 0.028）× 5 = $\dfrac{1}{5}$.

于是，若某个月内甲、乙两条流水线均生产了 5000 件产品，则甲、乙两条流水线生产的不合格品件数分别为 $5000 \times \dfrac{3}{10} = 1500$，$5000 \times \dfrac{1}{5} = 1000$.

（3）2 × 2 列联表：

表 8 – 3 – 10

	甲生产线	乙生产线	总计
合格品	35	40	75
不合格品	15	10	25
总计	50	50	100

则 $K^2 = \dfrac{100 \times（35 \times 10 - 40 \times 15）^2}{50 \times 50 \times 75 \times 25} = \dfrac{4}{3} \approx 1.3$，$\because 1.3 < 2.072$，

$\therefore$ 没有 85% 的把握认为"该企业生产的这种产品的该项质量指标值与甲、乙两条流水线的选择有关".

参 考 文 献

[1] 肖凌懿，张先龙. 高中数学优效课堂研究［M］. 西安：陕西师范大学出版社，2017.

[2] 黄燕玲. 对数学理解的再认识［J］. 数学教育学报，2002 (3).

[3] 王光明. 对学生数学认知理解的调查和思考［J］. 当代教育科学，2005 (23).

[4] 陈美英. 学习迁移能力在数学教学中的功能和培养［D］. 武汉：华中师范大学，2006.

[5] 任樟辉. 数学思维论［M］. 南宁：广西出版社，1996.

[6] 隗峰. 变易理论及其应用［J］. 上海教育科研，2008 (6).

[7] 植佩敏. 如何促进学生学习——变易理论与中国式教学［J］. 人民教育，2009 (8).

[8] 蒋海燕. 中学数学核心素养培养方略［M］. 济南：山东人民出版社，2017.

[9] 童其林. 高中数学核心素养解读［M］. 哈尔滨：哈尔滨工业大学出版社，2017.

[10] 曹一鸣. 基于学生核心素养的数学学科能力研究［M］. 北京：北京师范大学出版社，2017.

[11] 余文森. 核心素养导向的课堂教学［M］. 上海：上海教育出版社，2017.

[12] 曹仁寿. 学习场的诱惑［M］. 长沙：湖南教育出版社，2018.

[13] 张奠宙. 关于四基教学模型［J］. 数学教学，2016 (8).

[14] 史宁中. 数学的抽象［J］. 东北师大学报，2008 (5).

[15] 方厚良. 谈数学核心素养之数学抽象与培养［J］. 中学数学，2016 (7).

[16] 俞菊华. 高中数学建模浅议［J］. 数学教学通讯，2013 (7).

[17] 李跃仁. 跨越运算这道障碍［J］. 中学数学研究，2013 (8).

[18] 方厚良. 谈数学核心素养之直观想象与培养［J］. 中学数学，2016 (10).

[19] 邓军民. 新课标高中数学66讲［M］. 杭州：浙江大学出版社，2019.

[20] 邓军民. 高考数学复习讲义与重难点突破［M］. 广州：广州出版社，2017.

[21] 邓军民. 高考数学热门考点与解题技巧［M］. 广州：广州出版社，2017.